대 한 민 국

영어 혁명!
독서 혁명!

대한민국 영어 혁명! 독서 혁명!
영어습득은 습관과의 전쟁이다

개정판 1쇄 발행 2025년 3월 7일

지은이 홍세일
펴낸이 장길수
펴낸곳 지식과감성#
출판등록 제2012-000081호

교정 김원영
검수 한장희, 이현
마케팅 김윤길

주소 서울시 금천구 벚꽃로298 대륭포스트타워6차 1212호
전화 070-4651-3730~4
팩스 070-4325-7006
이메일 ksbookup@naver.com
홈페이지 www.knsbookup.com

ISBN 979-11-392-2450-4(03190)
값 20,000원

- 이 책의 판권은 지은이에게 있습니다.
- 이 책 내용의 전부 또는 일부를 재사용하려면 반드시 지은이의 서면 동의를 받아야 합니다.
- 잘못된 책은 구입하신 곳에서 바꾸어 드립니다.

지식과감성#
홈페이지 바로가기

개정판

대 한 민 국

영어 혁명!
독서 혁명!

영어습득은 습관과의 전쟁이다

★ ★ ★ ★ ★

"20세기에 태어난 사람들은 영어를 외국어로 배웠지만
21세기에 태어난 사람들에게 세계 공용어인 영어는 모국어이다!"

목차

'영어 교육' 무엇이 문제인가?   7

1. 저자의 말   8
2. 전문가란?   14
3. 영어를 배워야 하는 이유   18
4. 배움의 이유   22
5. 저출산 시대 무엇을 준비해야 하는가?   26
6. 영어 교육에서의 세대 구분과 효과적인 영어 교육의 단계   30
7. 연봉 차이   35
8. 한국 영어 교육의 세 가지 문제점   39
9. 잘못 알려진 아이들의 능력(집중력과 습득력)   45
10. 편견과 상식이라는 함정   52
11. 가장 큰 죄 '잘못된 깨달음'   64
12. 학습권 방해와 교육의 본질   71
13. 성인이 영어를 쉽게 습득할 수 없는 이유   75
14. 영어 발음   83
15. 쓰레기 분리배출   91
16. 영어 교육의 자발성   96
17. 예루살렘의 아이히만과 영어 교육   100
18. 본질과 현상   104

영어 교육 사회적 문제 해결 방법   111

19. 영어를 잘할 수 있는 원리 1: '음절 교육'   112
20. 영어를 잘할 수 있는 원리 2: '연결고리 인지법'   122
21. 영어를 잘할 수 있는 원리 3: '가지 뻗기 회화법'   128
22. 연결고리 인지법의 효율성   140
23. 가지 뻗기 회화 원리의 발견   144
24. 한나절이면 한글의 원리를 이해하는 것처럼   150
25. 교재의 단권화   153
26. 단순함의 힘   157
27. 영어 교육의 복리의 마법   161
28. 반복의 친구 지겨움   164
29. 지루함과 슬럼프를 극복하는 방법   170
30. 영어 교육은 '습관 교육'   176
31. 물건을 들 수 있는 힘과 습득력   184
32. 영어 능력의 임계점   188
33. 환경의 중요성   192
34. 100만 개의 선물   199
35. 인간의 손과 뇌   205

문화 강국에서 교육 강국으로   213

36. 기술 경쟁력과 시간 경쟁력   214
37. 0.1%의 차이   218
38. 서비스가 눈에 보이게 하라   223
39. 단체교육에서 개인 교육으로   227
40. 표준을 만드는 자 세계를 지배   235
41. 영어 강사와 학습자 10만 명 양성   241

대한민국 독서 혁명! **245**

42. 독서의 중요성과 독서 경영　　　246
43. 양질(EQ) 독서법이란?　　　250
44. 반복의 중요성과 반복 독서　　　254
45. 독서와 두뇌　　　259
46. 독서의 효능　　　263
47. 독서 능력이 학습 능력(독서와 영어)　　　269
48. 아이들의 독서 능력　　　273
49. 양면(상대) 독서의 중요성　　　277
50. 원리의 힘　　　285
51. 독서 임계점: 닫힌 뇌가 열리는 독서　　　289
52. 6가지 독서 원리 소개　　　297
53. 뒷받침 독서 원리　　　301
54. 증거 독서 원리　　　306
55. 본질 독서 원리　　　312
56. 원리 독서법　　　318
57. 통찰력 독서 원리　　　334
58. 깨달음 독서 원리　　　343
59. 독서 원리 《어린 왕자》에 적용　　　350
60. 1가구 1도서관 갖기 프로젝트　　　359

'영어 교육' 무엇이 문제인가?

1.
저자의 말

    한 심리학 연구에 의하면 인간은 하루에 평균 6만 번 정도의 생각을 하지만 대부분 99% 이상은 어제와 같은 생각을 한다고 합니다. 매일 새로운 것을 생각하고 있다고 생각하지만, 사실은 과거부터 반복해서 해온 생각과 행동들의 연속입니다. 독자분들에게 정중히 질문을 하나 드려보겠습니다. 만일 독자분께서 지금부터 20년 전으로 돌아간다면 영어 공부를 어떻게 시작해보시겠습니까? 많은 사람들은 20년 전이나 지금이나 효과적인 영어 습득 방법에 대해 잘 알지 못합니다. 영어 습득에 도움을 주는 많은 전자 제품들이 나오고 있지만, 실질적으로 개인의 습득 능력에는 큰 도움이 안 됨을 잘 알고 있을 것입니다. 이 작은 예만으로도 20년 전이나 지금이나 달라진 것은 별로 없다는 것을 알 수 있고, 어제의 생각을 여전히 반복해서 하고 있다는 것을 잘 이해할 수 있습니다. 필자는 이 책을 통해 한국 사람들이 영어를 잘 습득할 수 없는 이유에 대해 먼저 얘기할 것입니다. 그런 후 영어를 가장 효과적으로 습득하는 방법에 대해서도 공유할 것입니다. 남녀노소 누구나 기본적인 영어 습득 능력은 충분히 가질 수 있습니다. 하지만 고급 수준의 영어 실력은 개인의 독서력과도 많은 연관성이 있기에 독서의 중요성과 독서법에 대해서도 말씀드릴 것입니다.

　필자가 오랫동안 어학원을 운영하면서 반복해서 경험한 사례를 하나 나누고 싶습니다. 초등학교 5학년 학생들로 구성된 이 반에는 학원생이 8명 정도 있었습니다. 이 반 학생들은 학원을 적게는 3년 많게는 5년째 다닌 아이들로 구성되어 있었습니다. 이 반에서 누가 영어 실력이 가장 좋은지 상식적으로 생각하면 가장 오랜 시간 학원비를 가장 많이 들여서 배운 원생이 가장 잘해야 하지만 실상은 전혀 그렇지 않았습니다. 이 반에 신입 5학년 학생이 한 명 들어왔습니다. 이 학생은 5학년 때까지 어려운 가정 형편 때문에 단 한 번도 영어 사교육을 받아본 적이 없는 원생이었습니다. 이 원생은 한 달 정도 학원을 잘 다녔고 한 달 정도 지난 후, 기존에 3년, 5년을 다니고 있는 다른 원생들보다 성취도가 높았습니다. 필자는 이러한 비슷한 사례를 반복해서 경험하면서 뒤늦게 등록한 원생 중 이러한 우수한 능력을 보인 아이들의 공통된 점을 발견했습니다. 이 원생들은 학원은 늦게 다녔지만 대부분 책을 많이 읽고 있다는 공통점이 있었습니다. 평소 독서를 꾸준히 해온 아이들은 교과 지식이나 능력은 언제든지 마음만 먹으면 쉽게 성취할 수 있다는 사실을 알게 되었습니다. 필자는 독서의 중요성을 알고 영어 교육과 독서는 반드시 함께 교육해야 하는 것을 정확히 알게 되었습니다. 이 책을 통해 세계 최초로 영어 교육의 표준과 독서법이라는 신장르에 대해서도 공유할 것입니다. 미국 오바마 전 대통령은 재임 기간 중 여러 번 한국 교육의 우수성에 대해 말했습니다. 이제 전 세계 문화 강국에 이어 세계 교육 강국으로 우리의 위상을 펼쳐가야 할 때가 지금이라 생각합니다. 새로운 분야를 펼치는 것의 중요성을 다음 글을 통해 소개하고자 합니다. 제로 투 원의 저자 피터 틸은 미국 아이티 기업의 경영자입니다. 피터 틸은 회사에서 신입 사원을 뽑을 때 자주 하는 질문이 있다고 했습니다.

"정말 중요한 진실인데 남들이 당신한테 동의해주지 않는 것은 무엇입니까?" 피터 틸은 이 질문에 대한 좋은 대답의 형태는 다음과 같다고 했습니다. 즉, "대부분의 사람은 X라고 믿지만, 진실은 정반대예요." "What important truth do very few people agree with you on? Most people believe in X, but the truth is the opposite of X."

통념과 반대되는 생각을 묻는 이 질문은 기존의 생각과 행동 방식으로는 차별화될 수 없다는 것을 의미하는 질문입니다. 이와 같은 맥락의 일화는 아인슈타인의 기자회견 일화에서도 찾아볼 수 있습니다. 아인슈타인은 한 기자와의 인터뷰에서 학습에 대한 개인적인 생각을 다음과 같이 전해주고 있습니다.

아인슈타인: 당신이 소리의 속도가 몇이냐고 물어도 나는 정확한 답을 모릅니다. 물리학 책을 찾아봐야 알 수 있지요. 나는 사전에서 찾을 수 있는 지식에는 별 관심이 없습니다.
기자: 그럼 당신의 머릿속에는 무엇이 들어 있나요?
아인슈타인: 아직 책에 실리지 않은 내용들이 들어 있지요. 책에서 볼

수 있는 사건이나 사람들의 이름, 공식만 외우는 게 공부라면 굳이 대학에 갈 필요가 있겠습니까? 고등 교육은 학생들에게 사고하는 힘과 탐구할 수 있는 재능을 양성하는 데에 중점을 둬야 한다고 생각합니다. 세계적인 문제는 책이 아니라 사람들의 사유와 지혜로만 해결할 수 있으니까요.

    필자는 전 세계가 완전히 하나로 연결된 21세기를 살아가면서 아직 미개척된 분야에 대한 생각을 자주 하게 되었습니다. 남들이 상식이라고 생각하고 받아들여진 많은 것들에 대해서도 생각해 볼 수 있었습니다. 더 이상 지구상에서 새로운 대륙은 발견될 수는 없겠지만 여전히 미개척 분야들은 차고 넘친다는 것을 알고 있습니다. 이 책을 통해 많은 사람들이 지금까지 상식이라고 생각해온 잘못된 영어 교육에 대해 함께 공유하고자 합니다. 인류 역사적으로 산업혁명 이후 한번 세계 패권을 장악한 세계 선진국들은 이후 단 한 번도 순위 변동 없이 여전히 선진국의 위상을 이어가고 있습니다. 우리나라는 6·25 전쟁 이후 가장 빠른 성장으로 당당히 선진국 반열에 올라서게 되었습니다. 이전까지는 세계 선진국들이 이룬 업적들만 잘 따라 하면 발전할 수 있는 시대였지만 이제는 세계를 선도하는 선진국으로서 새로운 분야 즉, 신장르를 스스로 개척해내지 않으면 안 되는 시대를 우리는 살아가고 있습니다. 대학 시절 한 교수님께서 다음과 같은 질문을 하셨습니다. 반만년 역사 동안 세계 최초로 우리나라 자력으로 만든 세계적인 물건 또는 우리가 열어놓은 새로운 분야가 있는지 질문을 하셨습니다. 질문을 받은 학생들은 도자기, 거북선, 금속활자 등 여러 가지 대답들을 하였지만 내세울 만한 것을 찾기가 쉽지는 않았습니다. 인류역사상 가장 많은 사람들이 살아가고 있는 이 세상에서 21세기형 인간, 즉 창의성을 가진 사람을 가장 많이 보유하고 있는 나라가 앞으로 세상을 선도해갈 선진 국가가 되지 않을까를 생각하게 됩니다. 교육 사업을 20년 넘게 해오면서 이미 교육이라는 분야는 있었지만, 교육의 새로운 신장르를 펼쳐보고 싶었습니다. 필자는 이 책을 통해 그동안 인류가 단 한 번도 펼쳐보지 못한 교육의 또 다른 분야를 소개하고 싶습니다. 많은 사람들이 관행이나 상식으로 생각해왔던 잘못된 교육에 대한 본질적 이야기를 나누고 싶습니다. 21세기형 인간은 논문에도 없는 생각과 사고를 자유롭게 할 수 있는, 기존 틀의 바깥에서 생각하는 사람입니다. 또한 다소 도발적이면서도 엉뚱한 사람이며 이러한 사람들이 계속해서 환영받는 시대가 펼쳐질 것입니다. 더욱 세계적인 것이 되려면 보다 좁은 영역을 깊고 오랫동안 파고드는 전문가가 되어야 합니다. 전문 분야를 가장 좁혀야 합니다. 글로벌 인재의 첫 번째 자격 요건 중 하나는 세계 공용어인 의사소통 능력일 것입니다. 이 책을 통해 단 한 번도 사용해보지 못한 내면에 잠들어 있는 영어 능력이 잘 발굴될 것입니다. 그리고 최고의 독서법으로 평범한 뇌가 위대한 뇌로 변화될 수 있는 방법을 알게 될 것입니다. 교육의 목적은 변화입니다. 영어를 배우길 원하는 분들도 삶에서 변화를 원하기 때문입니다. 이 책은 분명한 변화를 가져다줄 것입니다. 끝으로 필자가 지난 23년 동안 한 분야에만 집중할 수 있도록 가까이에서 모든 것을 헌

신해준 6남매의 어머니이자 사랑하는 아내, 그리고 6자녀 의진, 의인, 의민, 의린, 의빈, 의현에게 작은 감사의 마음을 전하고 싶습니다. 이 교육이 지금의 형태를 갖추기까지 교육 현장에서 도움을 주신 교육 경영자, 교사 그리고 많은 학습자분에게 감사를 전하고 싶습니다.

2022년 11월 28일
홍세일

2.
전문가란?

    우리가 마주하는 대부분의 책은 짧게는 몇 년에서 길게는 수십 년에 이르기까지 한 분야에서 전문가로 불리는 사람들의 결과물들입니다. 독자의 한 사람으로서 단돈 얼마에 깊고 다양한 분야별 지식을 얻을 수 있다는 것에 감사를 넘어 경외심을 가집니다. 정기적으로 가까운 서점에 들러 관심 있는 책을 구매해서 읽게 됩니다. 수많은 책 가운데 감탄이 절로 나게 하는 책을 만나게 되면 책을 집필한 저자를 한번 만나고 싶다는 생각이 들게 됩니다. 오래전 제 인생에서 큰 전환점을 가져다준 한 권의 책을 읽게 되었습니다. 필자가 생각해 온 생각들을 대신 잘 정리해준 이 책을 통해 저자가 집필한 책을 모두 읽은 후, 이 저자가 진행하는 교육에 참여하게 되었습니다. 자신에게 강력한 영향을 끼친 책의 저자를 직접 만나 얘기하고 교육을 들을 수 있는 기회는 분명히 특별한 시간이 될 것입니다. 큰 기대를 하고, 저자가 진행하는 교육에 참여했습니다. 교육 내용은 이미 책을 통해 알게 된 내용이었기에 더 잘 이해가 되었습니다. 하지만 강의를 들으면서 조금 아쉬운 부분도 있었습니다. 이 저자는 자신의 분야에서 충분한 연구와 경험을 통해 자신만이 가질 수 있는 전문성이 많지만, 강의의 상당 부분을 자신보다 더 권위자라고 생각하는 세계 각지의 인물들이 이미 말한 것들을 예로 들어 설명하였습니다. '이 전문가는 이렇게 말했습니다.' '저 전문가도 이렇게 말했습니다.' 등의 자료들로 대부분의 수업 시간을 채웠습니다. 어떤 강의를 신청하신 분들의 강의 참여 목적은 모두 같을 수는 없을 것입니다. 성인으로서 먼 거리에 있는 어떤 분의 강의를 신청하는 이유는 그분만이 가진, 그리고 설명할 수 있는 그 무엇을 직접 배우기 위함도 있습니다. 신청한 강의 내용이 주변 어디서나 들을 수 있고, 찾을 수 있는 교육이라면 많은 시간과 돈을 들여 강의를 들을 이유는 없을 것입니다. 모든 교육에는 단 하나라도 유익이 되는 배움이 있다고 생각을 합니다. 하지만 한 분야의 전문가를 찾는 이유는 그 분야에 그분만이 최고의 전문가이기에 명성을 얻게 되고, 사람들을 불러 모을 수 있다고 생각하기 때문입니다. 필자가 원해서 듣게 된 이 저자의 강의에서 배운 교육 원리 중 하나는 바로 전문가는 자신만이 경험하고 알게 된 노하우에 대해 분명한 중심을 잡고 서 있어야 한다는 것이었습니다. 수업의 상당 부분이 '이분은 이렇게 말했습니다.'의 인용은 '폭넓은 학식과 연구를 했다.'라는 부분에서는 설득력을 줄 수 있지만 진정한 '핵심'을 놓치게 되는 때도 있게 된다는 것입니다. 필자는 이 책을 집필하면서 중요성과 이해도를 높이기 위해 어쩔 수 없이 인용해야 할 전문가들의 글은 최소한으로 사용하되 가능하면 직접 경험하고 알게 된 내용들을 바탕으로 설명할 것입니다. 무엇이든 원본이 흐리면 복사본도 흐릿할 수밖에 없습니다. 요리할 때 너무 많은 조미료와 양념들을 사용하면 본연의 주 요리의 참맛을 잃게 될 것입니다. 20년 전에 필자의 첫 번째 영어 교재를 집필하면서 어떤 유혹을 받게 되었습니다. 이미 주위에 잘 쓰인, 인기 책들을 참고하고픈 유혹이었습니다. 어떤 것을 카피하게 될 때 원본이 가진 독창성과 처음 계획한 부분들이 심각하게 훼손된다는 것을 잘 알게 되었습니다. 필자는 이러한 유혹을 떨쳐내기 위해 그 당시 오랜 세월 동안 공부하고 모아둔 영어 교재들을 모두 고물상에 가져다주었습니다. 세월이 지나 모든 일에서 단번에 명작이 나올 수 없음을 알게 되었습니다. 조금 부족함이 있더라도 자신만의 고유한 생각들을 처음부터 표현해내는 것이 중요합니다. 학부모 상담을 통한 경험을 하나 나누겠습니다. 매년 첫째 아이 영어 교육에서 큰 효과를 보지 못한 부모님 중 둘째 자녀에게는 더 효과적인 교육을 해주기 위해 상담을 오신 부모님들을 상담한 경험이 여러 번 있었습니다. 이렇게 상담을 드렸습니다. 무엇이 고민이십니까? 대부분의 영어 교육 프로그램은 책 속에 들어가는 삽화나 원어민의 음성, 음악, 수업 도구, 교재의 디자인만 조금 다르지 책 안의 콘텐츠는 거의 같습니다. 어느 회사의 교육을 선택해도 첫째 자녀분과 비슷한 결과일 것입니다. 이렇게 상담을 드리면서 여러 회사의 교재를 실물로 보여드렸습니다. 왜 모두 비슷할까요? 그것이 가장 좋은 방법과 구성을 이루고 있기 때문일까요? 필자는 그렇게 생각하지 않습니다. 모두가 비슷한 생각을 하고 있고, 여러 교재를 참고해서 만들고 있기 때문에 여전히 결과가 비슷한 것입니다. 전문가는 아무리 복잡한 것도 단순화시킬 수 있는 능력을 가진 사람입니다. 열심히 배울 때는 자신의 분야에서 배울 수 있는, 전 세계의 모든 내용을 배운다는 자세로 배워야 합니다. 하지만 한 분야에서 10년, 이십 년의 시간을 치열하게 살아오신 분들은 자신만의 독창성이 분명히 있어야 합니다. 남을 흉내 내려고 할 때 이것은 자신의 것도 타인의 것도 아닌 것이 됩니다. 완전히 자신의 것이 되었을 때 목소리의 힘이 달라집니다. 배움을 이어가는 분들은 어떤 것에 대해 자신이 생각하고, 알게 된 것이 최초라는 생각에서 배움의 폭을 넓혀갈수록 이미 수 세기 전에 누군가가 이미 먼저 생각한 것이 대부분이고 자신이 착각했다는 것을 알게 될 수도 있습니다. 하지만 너무 걱정하지 않아도 될 것입니다. 생각과 이론은 누군가 먼저 할 수 있지만, 이것을 실제 각자가 속한 분야에서 직접 경험해서 얻어지는 것은 언제나 '최초'와 '유일'이 될 것입니다. 사람들은 각자가 가진 스토리를 듣고 싶어 합니다. 사람들은 한 분야에서 평생을 바쳐 일한 전문가의 이야기를 듣고 싶어 합니다. 미국의 어떤 저명한 누군가가 말한 것을 듣고 싶어 하는 것이 아닙니다. 누군가 '정직'을 얘기하고, 인용할 순 있지만 각 사람들이 자신의 방식대로 경험한 '정직'은 모두 다릅니다. 전문가는 자신만의 경험이 다양한 사람입니다. 복잡한 것들을 가장 단순화시킬 수 있는 능력을 가진 사람입니다. 이 책의 각 주제는 필자가 교육 현장에서 계획하고, 경험하고, 평가하고, 수정해서 가장 효과적인 교육에 대한 것입니다. 모든 내용에는 중요한 교육원리가 담겨 있습니다. 이 책을 통해 영감을 얻어 자신의 분야에서 전문가가 되시길 바랍니다.

3.
영어를 배워야 하는 이유

"20세기에 태어난 사람들은 영어를 외국어로 배웠지만 21세기에 태어난 사람들에게 세계 공용어인 영어는 모국어이다!"

   사람들이 살아가는 이 지구상에는 많은 국가와 민족뿐 아니라 다양한 언어가 있습니다. 다양한 민족만큼이나 다양한 언어가 언제부터 만들어지고 사용되었는지에 대해 명확히 모든 것을 말해 줄 수 있는 완전한 문헌은 찾을 수 없을 것입니다. 국가별 언어의 변천사에 대한 기록들은 많지만, 국가 간 사용하고 있는 다양한 언어의 시작에 대한 정보를 알 수 있는 기록은 부족합니다. 기독교 신앙을 가진 사람들은 언어의 혼란에 대한 명확한 이유와 기원을 성경에 기록된 내용에서 찾고 있습니다. 성경이 특정 종교인들의 성서로서의 관점이 아닌 역사서이자 실존하는 최고의 인문학, 책으로의 관점에서 국가만큼이나 다양한 언어의 혼란에 대한 이야기를 잠시 인용하고자 합니다.

'바벨탑과 언어의 혼란 이야기(창세기11:5~9)'

5 여호와께서 사람들이 건설하는 그 성읍과 탑을 보려고 내려오셨더라

6 여호와께서 이르시되 이 무리가 한 족속이요 언어도 하나이므로 이같이 시작하였으니 이 후로는 그 하고자 하는 일을 막을 수 없으리로다

7 자, 우리가 내려가서 거기서 그들의 언어를 혼잡하게 하여 그들이 서로 알아듣지 못하게 하자 하시고

8 여호와께서 거기서 그들을 온 지면에 흩으셨으므로 그들이 그 도시를 건설하기를 그쳤더라

9 그러므로 그 이름을 바벨이라 하니 이는 여호와께서 거기서 온 땅의 언어를 혼잡하게 하셨음이니라 여호와께서 거기서 그들을 온 지면에 흩으셨더라

5 And the Lord came down to see the city and the tower, which the children of men builded.

6 And the Lord said, Behold, the people is one, and they have all one language; and this they begin to do: and now nothing will be restrained from them, which they have imagined to do.

7 Go to, let us go down, and there confound their language, that they may not understand one another's speech.

8 So the Lord scattered them abroad from thence upon the face of all the earth: and they left off to build the city.

9 Therefore is the name of it called Babel; because the Lord did there confound the language of all the earth: and from thence did the Lord scatter them abroad upon the face of all the earth.

　세상에 언어가 다양해진 이유에 대해 성경에서는 명확하게 말해주고 있습니다. 이 이야기를 역사적 사실로 받아들이든 아니면 신화적 한 이야기로 생각하든 이것은 중요한 것이 아닙니다. 중요한 것은 우리가 살아가는 세상에는 너무나 많은 언어들이 있고, 국가 간 지리적 경계를 제외하면 완전히 하나로 연결된 세상을 우리 모두는 함께 살아가고 있다는 사실입니다. 바벨탑 언어 혼란 이후 대부분의 국가는 고유의 언어와 지역 방언을 사용하며 살아왔습니다. 하지만 정치, 교육, 경제, 문화 등에서 서로 연결된 시대에 바벨탑 이야기 이전 시대처럼 지구상에는 하나의 약속된 언어가 필요했습니다. 무역업을 할 때 일본 사람과 중국 사람이 만났을 때 중국어나 일본어를 사용하는 것이 아닙니다. 독일 사람과 프랑스 사람이 만나서 독일어나 불어를 사용하는 것이 아닙니다. 전 세계인들은 바벨탑 언어 혼란 이후 최초로 세계 공용어를 약속했는데 이 언어가 바로 영어입니다. 영어는 미국의 국력 때문에 배우는 것도 아니며, 전 세계인들이 가장 많이 사용하는 언어 중 하나이기 때문에 배워야 하는 것도 아닙니다. 바벨탑 언어 혼란 이후 처음으로 세계 공용어로 약속하고 전 세계인들이 사용하는 언어로 사용하는 것입니다. 필자는 이 책을 통해 학습 동기, 학습법, 배움의 태도, 임계점, 평범함에서 위대함으로 등의 다양한 주제를 가지고 영어 학습에 의미를 부여하게 될 것입니다. 영어 습득은 많은 단어와 문장을 습득해야 하는 장거리 여행입니다. 문자 그대로 여행입니다. 단거리 여행보다 더 지속적인 여행의 즐거움을 경험할 수 있다는 것이 큰 기대감이자 즐거움이 될 것입니다.

4.
배움의 이유

　사교육 시장에서 일반인들을 대상으로 영어 교육과 자기 경영 세미나를 진행하다 보면 지속적인 배움을 추구하는 연령층이 다양합니다. 필자 또한 정규교육과정을 마친 후 사회생활을 하며 살아가면서 필요한 많은 부분의 교육은 학교에서 가르쳐주지 않는 것이 더 많다는 것을 알게 되었습니다. 수업에 참여한 40대 이상 정도의 나이가 되신 분들의 수업에서는 이런 질문들을 가끔 합니다. 왜 이 수업에 등록을 하셨습니까? 다양한 대답들이 있지만 지금 시대는 평생교육 시대이기 때문에 계속 새로운 것을 배우고 있다는 말씀들을 많이 하십니다. 학습자들과 수업 후 식사 자리를 한번 잡으려면 다수의 학습자분 들은 주간 일정이 다른 것을 배우는 시간들로 채워져 있는 것을 볼 수 있습니다. 반백 년을 살아오신 분들이 계속 배움에만 전념하면 장점도 있지만, 단점도 있지 않겠습니까? 수업에 참여하는 학습자분들에게 계속 배우기만 하는 분들은 자기 생각과 자신을 표현하는 데 장애가 있을 수 있다고 얘기를 드리곤 합니다. 교보문고 창립자 대산 신용호 선생의 평전 《맨 손가락으로 생나무를 뚫고》에는 이러한 내용이 있습니다.

"대산은 자신의 인생을 이야기할 때 전반은 맨 손가락으로 생나무를 뚫는 과정이요. 후반은 맨 손가락으로 생나무 뚫는 것을 많은 사람 앞에 실천해 보인 과정이었다."라고 비유했습니다.

필자에게 배우기 위해 오시는 분들에게 수업을 시작하기 전 반드시 교육의 목적 중 하나를 반드시 알려드립니다. 책을 읽고, 세미나에 참여하고 교육을 받는 이유 중 하나는 자신이 준비하는 일에 대한 '영감'을 받기 위해 이 교육에 참여하셨음을 말씀드립니다.

"교육, 배움, 독서의 목적 중 하나는 바로 '영감'을 받기 위해서입니다."

배움의 즐거움을 알고 계시는 분들은 새로운 정보나 지식에 대해 귀가 즐겁고, 가슴이 뜨거워지는 경험들을 반복해서 합니다. 이것은 한 끼의 좋은 식사를 맛있게 먹는 것과 같아서 짧은 시간이 지난 후 또 허기를 느끼게 됩니다. 사람이 살아가면서 교육을 받는 이유 중 하나는 '영감'을 받기 위함입니다. 살아오면서 계속 배움을 실천해 오신 분들은 모든 교육에 참여할 때 교육 내용을 이제 자신의 전문영역이나 생활에 어떻게 적용해야 할지에 대한 '영감'을 받기 위해 교육을 받는다면 단지 새로운 것을 배우는 것이 아닌 실제 생동하는 배움이 될 수 있습니다. 교육 종류에 따른 교육 목적을 먼저 정확하게 이해한다면 확실한 유익을 얻을 수 있습니다. 이와 함께 성공한 사람들의 특성까지 이해한다면 교육의 중요성을 좀 더 이해할 수 있습니다. 여러 조사에 따르면 교육 수준이 높은 사람일수록 평생교육의 힘을 믿고 배움을 실천해간다고 합니다. 성공한 사람들의 특징에 대해 설명을 드리고 싶습니다.

성공한 사람들과 가난한 사람들의 습관

가난하게 태어난 것은 당신의 잘못이 아니지만 가난하게 죽는 것은 당신의 잘못이다.
〈빌 게이츠〉

　성공한 사람들은 그렇지 않은 사람들과 대비되는 특징이 있습니다. 성공한 사람들의 86%는 독서 습관을 지니고 있습니다. 성공한 사람들의 86%가 평생교육의 힘을 알고 생활 속에서 실천하고 있으며, 주 4일 이상 규칙적인 운동 습관도 74%나 실천하고 있습니다. 목표도 80% 이상이 가지고 있었으며, 목표를 가지고 있을 뿐 아니라 67%는 자신의 목표를 종이에 기록해서 관리하고 있었습니다. 부지런히 가장 먼저 하루를 시작하는 사람들의 그룹도 성공한 사람들임을 알 수 있습니다. 필자 사무실이 있는 빌딩 주차장의 이른 아침 모습을 조금만 주의 깊게 살펴보아도, 고급 승용차들이 가장 먼저 주차장을 채우고 있음을 볼 수 있습니다. 교육의 목적을 알고 성공한 사람들의 삶의 특징들을 이해하고 실천하게 된다면 자신의 가치를 발견하게 될 것입니다. 이 주제에 대한 글을 마무리하며 법정스님께서 그의 저서 무소유에서 말씀하신 글을 전해드립니다. "내면에서 들려오는 그 소리는 미처 편집되지 않은 성서다." 우리가 누군가의 강의를 듣고, 책을 읽을 때 스쳐 지나가는 생각을 잡아 두어야 합니다. 이것이 진정한 배움의 목적 중 하나인 것입니다. 이러한 '영감'이 모여 각자의 분야에서 생산성을 두 배로 가져다줄 것입니다.

5.
저출산 시대 무엇을 준비해야 하는가?

 1970년대만 해도 한 해 출산 아기의 수는 100만 명이 넘었습니다. 1950년대 베이비붐 세대를 지나 산아 제한 정책을 오랜 기간 시행한 정부는 2000년대 이후 출산 장려정책을 시행하지만, 이제는 세계 최저의 출산율을 매년 기록하며 미래에는 국가의 존망까지 위협한다는 보도들을 자주 들을 수 있습니다. 이러한 저출산 문제를 해결하기 위해 지난 2005년 저출산·고령사회기본법 제정 이후 정부에서는 지금까지 150조 이상의 예산을 사용해서 출산을 장려해왔지만, 세계 최저라는 출산율이 말해주듯 정책에 어떤 효과도 거두지 못하고 있습니다. 국가 경쟁력과 시장 경쟁력에 출산율과 인구수가 중요한 비중을 차지한다는 사실도 중요하지만 막대한 예산을 투입해가며 시행한 정책이 별 실효성을 거두지 못하고 있다면 출산율 문제는 출산율 문제 해결이라는 정책을 계속 시행하면서 또 다른 방안을 모색해보는 것도 중요하다고 생각합니다. 앞으로 문제는 저출산과 고령화 문제 등이 노동력 감소로 우리 사회에 큰 위기와 부담으로 작용한다는 뻔한 얘기들만 늘어놓기보다는 세계적으로 부유하고 성공한 국가 중 국토와 인구는 우리나라보다 훨씬 작지만 성공적으로 세계를 주도해가고 있는 국가들을 살펴볼 필요가 있습니다. 언제까지 저출산과 고령화를 탓하며 걱정만 얘기할 수는 없습니다. 우리나라보다 인구는 훨씬 작지만, 세계 경쟁력에 조금도 뒤지지 않는 몇 개국을 잠시 생각해보고 싶습니다. 싱가포르는 국토 면적이 부산보다 조금 작고 인구는 600만이 조금 되지 않는 나라입니다. 한국보다 인구가 훨씬 적지만, 1인당 국민 총소득은 7만 달러가 넘습니다. 그리고 핀란드는 국토 면적은 지도에서 한반도의 3배 정도로 보이지만 실제로는 한반도와 비슷한 크기이며 인구는 550만 정도에 불과하지만, 1인당 국민 총소득은 5만 달러가 넘습니다. 또 다른 국가 이스라엘은 국토 면적이 한국의 5분의 1 크기에 인구는 1,600만 명 정도입니다. 하지만 이스라엘 또한 1인당 국민 총소득은 5만 달러 가까이 됩니다. 이러한 국가들은 우리나라보다 국토 면적이 비슷하거나 훨씬 작고 인구도 적지만, 세계적인 국가이자 부유국입니다. 이 국가들의 공통점이 있습니다. 그들만의 모국어가 있지만, 국민 대부분이 영어를 공용어로 사용하고 있다는 것입니다. 세계 공용어인 영어를 국민 모두가 사용할 수 있으니 국민이 세계 어디에 있든지, 생활하는 데 언어적 어려움은 없습니다. 세계 금융 강국 싱가포르, 교육 강국 하면 유대인과 핀란드교육을 여전히 손꼽고 있습니다. 세계를 선도해가기 위한 필수 조건 두 가지는 먼저 세계 공용어인 영어가 되어야 합니다. 그리고 세계적인 인재를 발굴하기 위한 교육이 뒷받침되어야 합니다. 지난 2005년 이후 우리나라가 저출산 해결을 위해 사용한 예산이 150조 이상이라고 합니다. 이 돈을 우수한 인재를 발굴하는 좋은 교육정책에 적절히 사용했다면 교육에서 세계 강국이 되는 데 한 발자국 나아가게 되었을 것입니다. 출산 문제를 해결할 수 없다면 자라나는 세대 한 명 한 명의 교육 경쟁력에 더 많은 예산을 투입해서 세계적인 인재를 발굴하는 정책을 더 다양하게 펼쳐야 할 것입니다. 필자는 미래의 경쟁력은 사람 숫자에 있다고는 생각하지 않습니다. 국가 경쟁력이 정말 인구수에 있다면 세계 최고의 국가는 중국이나 인도가 되어야 할 것입니다. 국가 세계 경쟁력은 인구수가 아닌 바로 개인의 능력에 있습니다. 이제라도 우리나라도 앞서 소개한 나라들처럼 영어를 공용어로 사용하는 국가가 되어야 할 것입니다. 국가 경제력 80% 이상을 수출에 의존하고 있는 나라가 각 가정과 사교육에 영어 교육 책임을 떠맡기고 있다는 사실은 이제는 조금 늦은 감도 있지만, 국가가 앞장서서 해결해 주어야 하는 사회적 문제입니다. 국가 교육을 운영하는 대부분의 분들이 20세기에 태어나서 20세기 교육을 받고 영어를 외국어로 배운 세대이기에 이분들의 생각에는 영어를 여전히 과목으로 생각하고 있는 것은 아닌지 생각해 볼 필요가 있습니다. 21세기에 태어난 사람들에게 영어는 과목이나 선택 사항이 아닙니다. 각종 전자 기기로 세계가 완전히 연결된 지금 시대는 영어가 모국어 역할을 하고 있습니다. 나아가서 우리의 문화, 우리의 독창적인 상품, 우리의 기술과 창의성을 판매하는 모든 것은 의사소통을 통해 이루어집니다. 개인 여행, 가벼운 일상생활에 필요한 의사소통 능력은 통·번역기에 의지할 수 있습니다. 하지만 국가 경쟁력과 생존이 달린 문제에는 모국어 수준의 영어 구사 능력이 요구된다는 사실을 더 늦기 전에 다시 한번 기억해야겠습니다. 저출산 문제 해결 방안과 교육을 통한 개인 경쟁력을 위한 정책을 함께 펼쳐야 할 뿐 아니라 바로 영어를 공용어로 시작해야 할 때입니다. 지금 시작해도 영어를 공용어로 사용하기 시작한 나라들의 수준이 되려면 60년의 세월이 소요될 수 있습니다. 세계 최고의 두뇌와 학력을 가진 우리나라라면 30년은 앞당길 수 있습니다. 우리 민족의 힘은 언제나 위대합니다. 좋은 정책과 지도력이 높은 세계 경쟁력으로 인도할 것입니다.

6.
영어 교육에서의 세대 구분과 효과적인 영어 교육의 단계

 필자는 몇 가지 기준을 가지고 영어 교육에서 세대 구분을 합니다. 첫째, 학교에서 언제부터 영어를 배우기 시작했는지를 가지고 세대 구분을 합니다. 중학교 1학년부터 영어 교육을 배우기 시작했다면 이전 세대라고 말하며, 초등학생 때부터 학교에서 영어를 배우기 시작한 세대를 신세대라고 말합니다. 두 번째 영어 교육 세대 구분은 알파벳부터 배우기 시작했다면 이전 세대라고 합니다. 그리고 파닉스(Phonics)부터 배우기 시작한 세대를 신세대라고 말합니다. 세 번째 세대 구분 기준은 필자 세대 전후로 한창 국민의 사랑을 받은 영어 교재 '성문종합'이나 '맨투맨(Man to Man)' 등의 교재로 공부를 한 세대와 그렇지 않은 세대인지를 두고 세대 구분을 해보곤 합니다. 이렇게 다양한 기준을 가지고 세대 구분을 해보는 이유가 있습니다. 그것은 바로 그동안 한국에서 영어를 배운 학습자들이 어떤 시기에 어떤 교재에 노출되었느냐보다는 영어 교육 세대 구분을 통해 어떤 교수법을 통해 교육을 받았는지 짐작할 수 있기 때문입니다. 사람이 태어나서 성장하면서 언어를 배울 수 있는 결정적 시기가 있다는 것을 언어와 뇌를 연구하는 학자들은 알려주고 있습니다. 지금까지 밝혀진 뇌의 발달 과정에 따르면 뇌는 앞에서 뒤로 발달한다고 합니다. 사람의 뇌는 태어나서 0세~3세까지 뇌의 전체가 발달합니다. 3세~6세까지는 전두엽이 발달하고, 6세~12세 전후로 언어를 관장하는 측두엽 특히 베르니케 영역이 발달한다고 합니다. 12세~16세까지는 후두엽 순으로 발달하게 됩니다. 뇌의 발달 과정을 보면 언어를 언제 교육하면 가장 좋은 시기인지 알 수 있습니다. 대부분의 사람들에게 언어 습득의 최적기는 6세 전후부터 13세 전후가 외국어를 모국어처럼 배울 수 있는 시기입니다. 하지만 우리나라 교육은 뇌과학 따로, 현장 교육 따로였습니다. 이러한 뇌 발달과정에 따른 언어 습득의 최적의 시기를 증명해준 많은 학자들이 있습니다. 대표적인 인물인 세계적인 언어학자 노암 촘스키 교수는 모든 사람들에게는 태어날 때부터 언어를 습득할 수 있는 장치를 가지고 태어난다고 합니다.

'선천적 언어습득 장치(LAD: Language Acquisition Device)'라고 알려진 이러한 장치는 모든 아이들은 적절한 언어 환경에 노출되어 자연스럽게 언어 습득이 가능하며, 12세 특히 취학 전에 가장 왕성하다고 말했습니다. 하지만 이러한 뇌 속의 장치는 13세 전후로 자연스럽게 소멸된다고 했습니다. 또한 신경 언어학자 에릭 레너버그 Eric Lenneberg(1967) 또한 "뇌의 유연성 상실 및 기능의 특화와 같은 변화는 언어 습득의 결정적 시기의 종료를 특징짓는 것이며, 그 시기는 사춘기 부근이다."라고 말했습니다.

독자분들은 언제부터 학교에서 영어를 배우기 시작하셨나요? 조금 극단적으로 말씀드리면 선천적으로 언어를 습득할 수 있는 장치가 뇌 속에 있을 때 시작하셨나요? 아니면 이미 이러한 기능이 상실되어 갈 때 시작하셨나요? 이건 너무나 중요한 문제입니다. 다시 한 번 간단히 뇌의 발달 과정을 정리해봅니다.

〈인간의 뇌의 발달 과정〉

0세~3세: 뇌의 전체 부분 발달
3세~6세: 전두엽 발달
6세~12세 측두엽(베레니케)영역: "외국어 습득을 모국어처럼 할 수 있는 시기."
12세~16세: 후두엽 발달

영어 교육 현장에서 많은 사람들을 지도하면서 영어 교육을 시작하는 시기의 중요성을 알게 되었습니다. 뇌 발달 과정이 말해주는 것처럼 너무나 중요한 시기가 있다는 것을 말입니다. 언어를 가르치는 분들은 사람의 뇌 발달 과정을 먼저 이해해야 합니다. 사람의 뇌 발달 과정을 이해하게 되면 영어를 가르치는 방법, 교재, 수업 도구들이 달라집니다. 필자는 한국에서 영어 교육의 사회적 문제를 해결하기 위해서는 뇌 발달 과정에 따른 2가지 교육 단계에 따른 교육이 필요하다고 생각합니다. 다음 표를 주의 깊게 보시길 바랍니다.

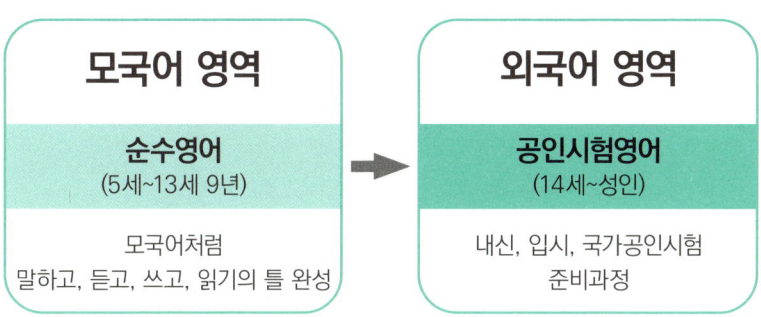

　뇌 발달 단계에서 언어를 담당하는 측두엽 베르니케영역이 발달하는 시기인 6세 전후부터 13세 전후의 학습자들은 모든 외국어를 모국어로 인지합니다. 이에 따라 모국어처럼 외국어를 습득할 수 있기 때문에 '순수영어 교육 단계'라고 이름을 붙였습니다. 그리고 14세부터는 우리 뇌는 모국어와 외국어를 명확히 구별해서 습득하기에 두 번째 단계를 '외국어 영역'이라고 했습니다. 이 두 단계에서 언제부터 영어를 시작하는지는 정말 중요합니다. 모국어처럼 영어를 접하는 시기의 교수법과 영어를 외국어로 받아들이는 시기의 교수법은 같을 수 없습니다. 독자님들께서 지금까지 배운 영어 습득 방법을 잘 되돌아보십시오. 대부분의 사람들은 각종 시험이나 입시 위주의 교수법에 따라 영어를 배워오지 않았습니까? 해마다 수많은 교재가 쏟아져 나오고 있지만, 뇌의 발달 과정에 따라 다양한 교재만큼 교수법도 발전해 온 것은 아닙니다. 이 책을 통해 인간 뇌의 발달 과정과 영어 교육의 두 가지 단계만 잘 이해하셔도 결코 실패할 수 없는 영어 습득 훈련을 할 수 있습니다. 나이에 따라 모국어처럼 영어 교육을 지도할지, 아니면 외국어로서 교육을 해야 할지 이것은 교육 전 가장 중요한 부분입니다.

7.
연봉 차이

    2000년도 이전 학창 시절에 영어 교육을 받은 세대들은 영어를 모국어처럼 받아들일 수 있는 시기를 지난 때부터 성적을 위해 외국어로서 영어를 배운 세대입니다. 저는 영어 교육의 단계를 두 단계로 소개를 하였습니다. 영어를 모국어처럼 습득할 수 있는 시기 5세~13세, '순수영어 단계'와 영어를 외국어로서 받아들이는 시기 14세~성인, 즉 입시나 각종 시험을 위해 배우는 단계인 '외국어 영역 단계'의 차이는 여러 가지가 있습니다. 이 두 단계별 나이를 대상으로 교육하는 일타 강사들의 연봉 차이도 엄청나다는 사실을 먼저 알려드리고 싶습니다. 첨부한 자료를 잘 보시길 바랍니다.

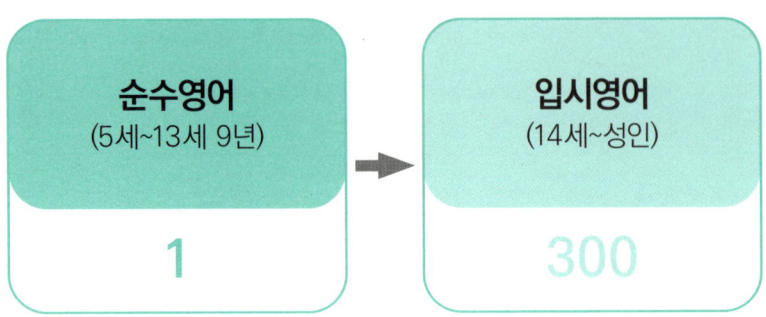

　유아들이나 초등학생들을 가르치는 한국 최고의 영어 강사의 연봉은 얼마 정도 된다고 생각하십니까? 그리고 입시나 국가 공인시험을 가르치는 최고의 강사 연봉은 어느 정도 된다고 생각하십니까? 대상은 다르지만 똑같은 영어를 가르치고 강사의 스펙 또한 절대로 뒤지지 않지만, 왜 초등학생들을 가르치는 영어 강사는 연봉 1억도 힘들지만, 각종 시험을 위해 영어를 가르치는 최고의 강사는 교재 판매 수익 등을 포함해서 수백억이라는 몸값을 받을 수 있을까요? 가장 큰 이유는 교육의 결과 때문이라고 생각합니다. 수능 시험을 준비하는 학생 중 수능 등급을 올리기 위해 유명 강사의 수업을 듣게 되면 성적이 향상되는 결과가 많기 때문에 엄청난 연봉을 받고 있을 것입니다. 하지만 유아나 초등학생을 가르치는 강사의 이력이 화려해도 연봉을 1억 이상 받지 못하는 것은 가르친 교육에 관한 결과 때문임을 짐작해 볼 수 있습니다. 유아부터 초등학생까지 9년을 가르쳐도 눈에 보이는 영어 교육적 결과가 없습니다. 참으로 이상하게도 이 순수영어 단계를 가르치는 교사들은 자신의 색깔로 영어를 가르치지 못합니다. 아무리 좋은 아이디어와 교수법이 있다고 할지라도 유아들을 가르치기 위해 교육을 받아보면 아이들은 집중을 잘하지 못할 것이라는 편견으로 몸을 사용하는 율동과 각종 도구를 만들어서 수업을 하도록 교육을 받습니다. 영어 교육을 잘 할 수 있는 방법은 결코 하나가 아니기에 어떤 방법이 좋고 나쁨을 말할 순 없지만 50년 전이나 지금이나 언어 습득의 흥미를 위해 전자 기기를 다양하게 사용하는 것 외에는 달라진 것이 없습니다. 한 교사에게 5세 아이가 영어 교육을 위해 맡겨졌다면 1년 후, 2년 후, 3년 후에는 눈부신 교육적 결과가 있어야 함은 당연하지만 가르치는 사람도 자녀를 교육기관에 맡기는 부모님도 유아기와 초등학교 시기는 그냥 그냥 즐겁게 보내는 시기라는 무언의 약속 같은 이해관계가 맞아떨어진 것이 아닌가를 생각하게 됩니다. 14세부터 배우는 단계 외국어 영역에서 연봉 수백억의 몸값을 자랑하는 스타 강사가 있다면 분명히 순수영어 단계 영어를 모국어로 받아들이는 시기의 아이들을 가르치는 스타 강사도 분명히 머지않아 탄생하게 될 것입니다. 각종 시험을 위한 영어 강사는 문제분석 능력도 뛰어나야 합니다. 영어를 전공했다면 더 좋을 것이구요. 하지만 영어를 모국어처럼 가르치는 단계의 아이들을 가르치는 강사는 교수법에 정통한 코칭의 능력이 탁월한 강사면 충분합니다. 아이들의 잠재력을 일깨우는 방법을 배우게 된다면 가장 짧은 시간에 가장 효과적인 교육 결과들을 자연스럽게 만들어 낼 수 있습니다. 필자가 순수영어 교육 단계의 아이들을 가르쳐서 가장 놀라운 결과들을 만들어낸 모든 강사는 영어를 전공하지 않은 순수하게 아이들의 심리를 잘 이해하고 아이들의 내면에 잠들어있는 잠재력을 잘 끌어낸 평범한 주부 또는 유아교사님들이었습니다. 순수교육 단계의 아이들은 잠재력이 무궁무진합니다. 이 아이들은 가르치면 가르칠수록 영어를 모국어보다 더 잘 할 수 있는 능력이 있다는 것을 알게 될 것입니다. 모국어는 그냥 배우지만, 영어는 전문가에게 교육비를 지불하고 배우는 것이기에 바른 교육을 받았다면, 모국어보다 더 잘해야 함은 당연할 것입니다.

8.
한국 영어 교육의 세 가지 문제점

　수년 전 미국 교육평가원(ETS)에서 국가별 영어 읽기와 말하기 순위를 발표한 적이 있습니다. 이 순위에 따르면 한국인들의 영어 읽기 수준은 평가 국가 중 35위를 기록했습니다. 하지만 더 놀라운 사실은 말하기 평가 순위는 157개국 중 121위를 기록했습니다. 사람들은 종종 세계에서 가장 노벨상을 많이 받은 민족 중 하나인 유대인과 우리나라 사람들을 비교해서 많이들 얘기합니다. 유대인들은 전 세계 지능지수 평가에서 26위 정도의 지능을 가지고 태어나지만 가장 좋은 교육을 통해 가장 우수한 두뇌로 바뀐다고 합니다. 하지만 우리나라 사람들은 지능지수에서는 세계 1~2위의 우수한 두뇌를 가지고 태어나지만 가장 좋은 교육을 받으면서 성장한다고 말할 수는 없을 것입니다. 전 세계적으로 영어 사교육비에 많은 돈을 사용하고 있지만 어떤 문제로 인해 말하기 순위가 전 세계 최하위권의 결과를 가지게 되었을까요? 지금까지 영어 교육을 해오면서 크게 3가지 문제가 있음을 알게 되었습니다.

　첫 번째는 공교육에서 영어를 시작하는 시기가 너무 늦다는 것과 영어를 과목으로 가르친다는 것입니다. 앞서 말씀드린 바와 같이 영어를 외국어가 아닌 모국어로 인식하는 시기에 영어를 시작해야 한다는 것입니다. 영어를 결정적 시기가 아닌 외국어로 접하는 시기는 말 그대로 시험으로 평가받고 영어는 생활이 아닌 과목으로 배우기 때문에 영어를 세계 공용어로서 의사소통이나 전 세계 사람들과의 관계를 위해 배우는 목적이 아니기에 영어 교육은 사회적 문제가 될 수밖에 없었습니다.

두 번째 이유는 공교육에서는 현재 초등학교 3학년부터 영어 교육을 시작하지만, 학생들이 고등학교 3학년까지 영어를 배워서 한국에서 손꼽히는 입학 점수가 높은 대학을 가기 위해서 습득해야 할 어휘의 수가 1만에서 2만 어휘 정도면, 좋은 점수를 얻기에 충분한 어휘력이기에 이 또한 영어를 모국어로 사용하는 또래 고등학생이 20만 영어 어휘력을 가진 것에 비교하면 너무나 빈약한 수준입니다.

세 번째 이유는 교육 공급 시스템과 수준별 교재의 문제입니다. 대부분 영어를 공급하는 업체에서는 단계별 또는 레벨식 교재를 만들어 왔습니다. 유아교육원에 공급되는 교재부터 일반인들이 사용하는 대부분의 교재들은 낮은 수준부터 높은 수준으로 점점 어려워지도록 만들어져 있습니다. 이러한 레벨식 교육 공급 시스템과 교재 구성은 모든 사람이 똑같은 지점에서 영어를 배우기 시작하지만 결국 소수만이 결승점을 통과할 뿐입니다. 다음 차트를 참고해 보시길 바랍니다.

한국 영어 교육의 문제점

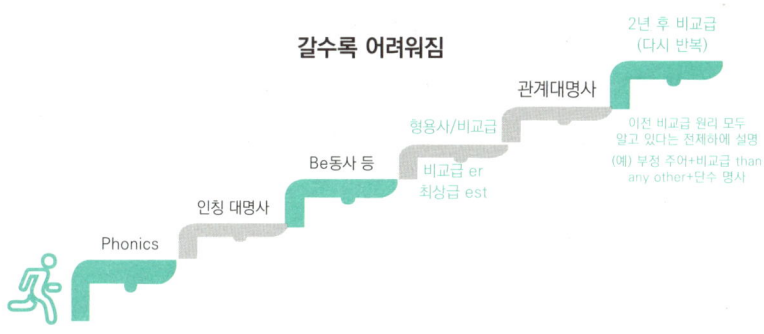

　학습자분들께서 영어를 배우는 방법은 여러 가지가 있습니다. 잠시 우리 아이들이 배우는 교육 시스템과 교재를 살펴보겠습니다. 만일 어떤 한 아이가 학습지 영어 또는 학원에서 영어를 배운다고 가정해봅시다. 대부분의 학원이나 학습지 등의 교육에서는 매월 공부해야 하는 책이 월 교재로 만들어져 있고, 이것을 사용하고 있습니다. 이번 달에는 가장 기초 수준의 내용을 시작으로 새로운 한 달 한 달이 지나면서 교육 내용들로 조금씩 어려워집니다. 첨부한 차트를 보시면 처음에는 기본 파닉스부터 내용이 조금씩 어려워지는 교재로서 배우게 될 것입니다. 기초부터 배운 아이들은 어느 시점 영어의 품사도 배우게 될 것입니다. 명사, 동사, 형용사의 역할도 배우게 될 것입니다. 형용사를 배웠다면 분명히 비교급도 배우게 될 것입니다. 예를 들자면 'old', '늙은'이라는 형용사에 'er'를 붙이면 '더 늙은'이라는 비교급이 되고 'est'를 붙이면 '가장 늙은'이라는 최상급이 된다는 규칙들도 가르치게 됩니다. 그런데 이 비교급을 배우는 달에 우리 자녀가 잠시 집중을 하지 못해 이 원리를 이해하지 못했다면 어떤 문제가 발생하게 될까요? 이번 달에 이해하지 못했거나 완전히 습득하지 못한 내용이 있다면 똑같은 내용을 다시 배우려면 또 언제 반복해서 배울 수 있을까요? 월 교재를 사용하는 프로그램이나 레벨식 수업을 진행하는 교육에서는 서서히 아이들이 영어를 이해할 수 없는 것으로 만들기가 너무나 당연합니다. 대부분 월 교재를 사용하는 교육업체에서는 그달에 비교급을 만드는 원리를 교육했지만 이해하지 못한 아이들이 이 내용을 다시 배우려면 2년 내에는 다시 다루지 않게 됩니다. 평균 2년이 지난 후 형용사의 비교급을 다시 다루지만, 이제는 2년 전에 기본 형용사의 비교급을 이해했다는 전제하에 한층 어려워진 원리로 내용을 배우게 됩니다. 예를 들면 다음 형식과 같이 말입니다. (부정 주어+비교급 than any other+단수 명사) No other mountain in the world is higher than Mt. Halla. 와 같은 방법으로 최상급을 만드는 내용을 가르치게 됩니다. 2년 전 기본 기초적인 원리도 이해하지 못한 학생들이 좀 더 레벨이 어려워진 내용을 잘 이해하기에는 분명히 어려움이 있을 것입니다. 우리 사회에서 영어 교육이 사회적 문제가 된 것은 교재나 선생님들의 교수 능력 부족이 분명히 아닙니다. 영어 교육을 공급하는 유통 구조에서부터 레벨식 수업으로 인해 영어를 생활이 아닌 과목으로 배우고 있기 때문입니다. 영어 교육은 두 가지 단계가 있습니다. 첫 번째 단계는 영어를 모국어처럼 배우는 순수영어 교육 단계입니다. 시기는 5세~13세까지입니다. 이 시기에는 영어를 월 교재나 레벨식 수업으로 배우는 것보다는 모국어 학습처럼 배워야 합니다. 교재의 수준도 처음과 끝이 거의 동일한 수준이 되어야 합니다. 다음 차트를 잘 살펴보시길 바랍니다.

말하기, 쓰기 교재는 처음과 마지막의 수준이 거의 같아야 함

처음과 마지막의 수준이 거의 같음

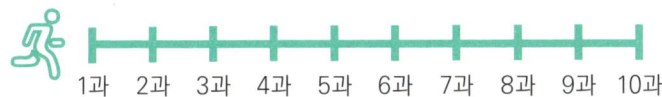

영어를 모국어처럼 말하고, 듣고, 읽고, 쓰기를 하려면 성적을 통해 실력을 확인하는 과목처럼 교육을 해서는 안 됩니다. 한국에서 아이가 태어나면 한국말을 과목처럼 시간을 정해놓고 가르친다고 생각해 보십시오. 오전 9시부터 10시까지 한국말 배우는 시간이며, 아이가 태어난 지 3일 되었으니 '엄마만 가르쳐야지' 하고 가르친다면 이 아이가 한국에서 태어났다고 할지라도 아이의 한국어 실력은 그동안 영어를 과목으로 배워서 지금 영어 실력 정도만 가진 결과만이 있지 않겠습니까? 분명히 우리는 아이들을 양육할 때 한국말을 수준 별로 과목처럼 가르치지 않았습니다. 아이가 누워 있을 때부터 아이 옆에서 시사, 정치, 연예 정보, 날씨 등의 얘기를 마음껏 했을 것입니다. 모국어처럼 영어를 배우는 시기는 월 교재를 통해 과목처럼 배우는 시스템을 바꾸지 않으면 아무리 교재를 잘 만든다고 할지라도 결과는 같을 것입니다. 레벨식 수업을 해야 하는 시점이 있습니다. 그때는 바로 영어평가시험을 위해 배워야 할 때입니다. 영어 교육의 두 번째 단계, 영어를 외국어처럼 배워야 할 시기입니다. 학교 성적이나 각종 국가 공인시험을 위해 배울 때는 레벨식 수업이 바른 방법이 될 수 있습니다. 한국에서 영어 교육의 문제를 이해하셨다면 반드시 같은 방법을 답습해서는 안 됩니다.

9.
잘못 알려진 아이들의 능력
(집중력과 습득력)

독자분들에게 정말 중요한 질문 두 가지를 드리겠습니다. 첫 번째 드리는 질문은 여러분들은 유아기 5세부터 7세 정도 되는 아이들의 집중력이 어느 정도 될 것 같다고 생각하십니까? 지금까지 똑같은 질문을 많은 세미나에서 교육경영자, 교사, 학부모님들에게 해보았습니다. 거의 대부분의 사람들은 공통적으로 5분에서~10분 정도라고 대답을 하셨고, 가끔 소수의 분들은 20분 정도는 되는 것 같다고 말씀을 하셨습니다. 저는 이러한 대답을 들을 때면, 또다시 관련 질문을 드립니다. 아이들의 집중력이 5분에서 20분 정도 된다는 것에 대해 책이나 전문가로부터 배운 적이 있습니까? 이렇게 여쭈어보면 유아교육을 전공하신 분들도, 그냥 아이들을 보면서 그럴 것이라고 생각했다고 말씀을 하십니다. 저 또한 아이들을 교육 현장에서 자세히 관찰하고 교육해 보지 않았다면 똑같은 대답을 했을 것입니다. 저는 유아들의 집중력에 대해 정확히 이해시켜 드리기 위해 이렇게 설명해 드립니다. "만일 유아들에게 만화영화를 보여준다면 집중력은 어느 정도 될까요?"라고 질문을 드리면 단 한 분도 예외 없이 영화가 끝날 때까지 눈도 떼지 않고 집중한다고 하십니다. 이렇게 말씀을 하시면, 그렇다면 그것이 집중력이 아니고 무엇이겠습니까? 사실 유아들의 집중력은 2시간도 넘습니다. 단, 조건이 따르게 됩니다. 재미있다면, 이라는 조건입니다. 유아들의 집중력과 성인들의 집중력은 큰 차이가 있습니다. 아이들은 자신이 좋아하는 만화영화를 보여주면 아무리 옆 사람이 뛰어다녀도 집중하는 데 큰 방해를 받지 않습니다. 하지만 성인들은 집중해서 영화를 보다가도 옆 사람의 작은 몸짓이나 소리에도 금방 집중력이 깨지고 맙니다. 유아교육학이라는 학문이 체계적으로 정립된 역사는 1세기도 되지 않았을 것입니다. 바로 지난 1세기 동안 인류는 엄청난 실수를 유아교육에 적용해왔습니다. 서두에서 정말 중요한 질문이라고 말씀을 드린 이유가 있습니다. 지금까지 유아들의 교육을 위한 교재나 수업 도구를 만들어 온 다수의 사람들이 만일 유아들의 집중력이 단 5분도 되지 않는다는 편견에 의해 교재를 만들고 수업 도구를 만들어왔다면, 집중력이 2시간도 넘는 아이들의 교육에 어떠한 영향을 끼쳐 왔을지를 생각해보시길 바랍니다. 이와 함께 아이들이 성인들보다 새로운 것에 대한 호기심과 배움의 욕구가 훨씬 높다면 더 큰 문제를 안고 지금까지 유아교육을 해왔다는 사실은 너무나 자명한 사실입니다. 저는 유아들의 능력을 정확히 이해하지 못한 채 만들어진 교육들은 모두 재활용센터로 보내야 한다고 생각합니다. 아이들의 집중력은 5분에서 20분이 아닙니다. 아이들의 집중력은 어른들보다 훨씬 높습니다. 이것을 인정하게 되면 유아들을 위한 교육은 완전히 바뀌게 됩니다. 그리고 다시 바로 잡아야 할 일들이 너무나 많아지게 될 것입니다.

 이제 유아들이 가진 능력을 더 잘 이해하기 위해서 두 번째 질문을 드리겠습니다. 유아들과 성인 중 습득력은 누가 더 빠르겠습니까? 이 질문에는 물론 분야별로 습득력의 대상에 따라 성인이 빠른 것도 있고 유아들이 빠른 것도 있을 것입니다. 아이들의 능력 중 많은 부분은 성인보다 좋을 순 없을 것입니다. 하지만 언어를 습득하는 능력이나 새로운 것을 습득하는 능력 중 많은 부분에서는 어른들보다 훨씬 뛰어납니다. 아이들이 컴퓨터 자판을 습득하는 능력만 보아도 눈으로 게임하는 모습만 보다가도 자신이 좋아하는 오락으로 며칠만 가지고 놀면 손이 보이지 않을 정도로 자판을 빨리 배울 수 있습니다. 하지만 성인들은 아이들처럼 쉽게 배우지는 못합니다.

 한 경험을 통해 아이들이 가진 습득력의 힘이 얼마나 대단한지 말씀드리겠습니다. 대학을 졸업하기 전부터 영어 강사로 활동해오면서 이 영어 교육을 통해 인간의 놀라운 능력들에 대해 알게 되었습니다. 평범한 영어 강사의 경험을 바탕으로 어느 정도 세월이 지난 후 어학원을 운영하게 되었습니다. 예비 초등학생들부터 중고등부 수업을 진행하면서 하루는 예비 초등학생을 가르치는 영어 선생님께서 건강 문제로 결근을 하게 되었습니다. 어쩔 수 없이 처음으로 예비 초등학생 7세반 아이들 수업을 해야만 했습니다. 아이들에게 입시 영어만 가르치다가 갑자기 난생처음으로 유아들을 가르치게 된 경험은 제 인생에서 완전한 전환점이 되었습니다. 처음에는 이 어린아이들을 어떻게 가르쳐야 하는지를 몰라서 영어 게임 등을 하며 수업을 진행하였습니다. 그런데 건강 문제로 결근을 하셨던 선생님은 하루 이틀이 지나도 출근하지 않으셨고 이 반을 제가 계속 가르쳐야만 했습니다. 어느 날 수업 시간보다 조금 일찍 온 아이들 몇몇이 어떤 카드 게임을 하는 것을 보게 되었습니다. 아이들이 가지고 놀던 카드에는 어떤 사진들이 있었고 사진 아래에는 영어 단어보다 발음하기 어려운 긴 이름들이 적혀 있었습니다. 아직 한글도 잘 모를 아이들은 그림만 보고도 수십 장도 넘는, 모든 카드의 이름을 알고 있었습니다. 제가 이 카드의 이름을 어떻게 알게 되었는지 물어보았을 때 아이들은 그냥 친구들과 게임을 하다 보면 모두 알게 됩니다, 라고 말을 했습니다. 아주 짧은 시간과 경험이었지만 갑자기 제 머릿속을 스쳐 지나가는 생각이 있었습니다. 만일 이 카드가 영어 단어라면 어떨까 생각하게 된 것이지요. 만일 어른들에게 이 카드의 이름을 모두 외우라고 한다면 어떻게 외울 것 같습니까? 아이들은 새로운 것을 배우는 것도 성인들이 하는 방법과는 같지 않습니다. 아이들이 가진 습득력은 분명히 성인들의 능력을 훨씬 넘어선 힘을 지니고 있습니다. 그때 아이들이 가지고 놀던 카드의 종류는 기억나지 않지만, 아이들은 카드의 이름이나 공룡 이름들도 게임을 통해 너무나 쉽게 습득할 수 있습니다. 우리는 이러한 힘을 유아교육에 사용할 줄 알아야 합니다.

적어도 아이들이 가진 능력 중 '집중력'과 '습득력'은 조금의 교육만으로 성인의 능력을 넘어서게 할 수 있습니다. 이러한 숨은 잠재력을 발굴해서 활용하는 것은 시기가 중요합니다.

하버드대학교 하워드 가드너(Howard Gardner) 교수는 1983년 다중지능 개념을 제안하기 전까지 사람의 지능을 검사하는 방법은 오로지 언어지능과 논리-수학 지능만을 측정하는 것이었습니다. 하지만 가드너 교수는 인간에게는 8가지 이상의 지능이 있다고 했습니다. 저는 이러한 지능의 종류보다 이 지능들 가운데 반드시 유아기에만 엄청나게 발달할 수 있는 두 가지 지능에 대해 말씀드리고 싶습니다. 절대음감의 능력이 살아 있는 음악적 지능과 언어를 습득할 수 있는 지능은 유아기라는 결정적 시기를 놓치게 되면 고통이라는 대가를 지불하지 않고는 좀처럼 쉽게 얻을 수 없는 지능임을 말씀드리고 싶습니다.

아이들 세상에는 암기라는 단어가 없습니다. 유아기에 이 능력을 교육하지 않으면 새로운 것을 배워도 돌아서면 잊어버리는 머리를 갖게 된다는 것입니다.

다중 지능 이론
[다중 지능 이론. Multiple Inteligence Theory]

NO	지능의 종류
1	√ 언어 (linguistic)
2	√ 논리 수학 (logical-mathematical)
3	√ 공간 (spatial)
4	√ 신체 운동 (bodily-kinesthetic)
5	√ 음악 (musical)
6	√ 대인 관계 (interpersonal)
7	√ 자기 이해 (intrapersonal)
8	√ 자연 탐구 (natural)

가드너는 인지과학 및 신경과학의 이론, 뇌 손상 환자들에 대한 임상적 자료, 천재·자폐성 아동 등 특수 집단의 지적 능력에 관한 자료들에 근거하여 8개의 지능 모두가 우수한 '전능한' 사람은 없다고 주장한다. 그런 측면에서 정신지체 아동이라 할지라도 8개 지능 모두가 지체된 것은 아니라고 할 수 있다.

아이들의 능력 중 어른들의 능력을 넘어서는 능력은 바로 '집중력'과 '습득력'입니다.

성인들을 능가하는 유아들의 능력 '집중력'과 '습득력'

언어습득의 결정적 시기에 있는 아이들에게 바른 교육 방법으로 이미 선천적으로 타고난 능력을 발굴할 수 있는 교육으로 아이들을 교육해야 합니다. 아이들을 다시 제대로 평가해서 이에 맞는 교육을 해야 합니다. 성인들의 잘못된 편견으로 이어져 온 교육은 이제라도 제대로 이해해서 바로잡아야겠습니다. 아이들의 능력을 제대로 이해하게 되면, 지금까지의 교육 중 많은 부분은 사라지게 될 것입니다.

10.
편견과 상식이라는 함정

언어의 민감기이자 언어의 결정적 시기를 지나고 있는 5세~13세 전후 아이들의 집중력과 습득력이 성인들보다 뛰어나다면 지난 1세기 동안 유아들에게 해온 교육은 어떻게 해야 하는 것일까요? 일반적으로 유아들의 집중력은 5분~20분도 채 되지 않는다는 그릇된 편견으로 만들어온 교육들은 어떻게 해야 하는 것일까요? 사람을 교육하기 위해서는 학습과 놀이 시간을 엄격히 구분해서 교육할 필요가 있습니다. 학습 현장에서 한 인간의 인생에서는 다시 반복되지 않는 언어의 결정적 시기를 지나고 있는 아이들을 위해 만들어진 교육들 중에는 정말 교육이라기보다는 만행에 가깝다고 느껴지는 교육들도 있습니다. 필자의 상식을 한 번에 무너뜨린 아인슈타인의 글을 나누고 싶습니다. 아인슈타인은 우리가 알고 있는 상식에 대한 본질을 이렇게 알려주었습니다.

"상식이란? 18세 이전에 획득된 편견의 집합체이다. Common sense is the collection of prejudices acquired by age eighteen."

독자분들께서도 곰곰이 생각해 보시길 바랍니다. 우리가 상식이라고 알고 있는 많은 것들은 성인 이전에 알게 된 편견의 집합들이 얼마나 많은지 말입니다. 필자가 종사하고 있는 영어 교육에서는 이 편견들이 넘쳐납니다. 영어 발음에서부터 유아들에게 영어를 교육하는 방법에 대한 상식들이 언어의 결정적 시기를 완전히 허비해왔습니다. 간단한 예로 이해를 도울 수 있습니다. 여러분들은 처음 영어를 배우는 5세 아이들에게 어떻게 영어를 교육하겠습니까? 만일 A라는 알파벳을 가르치면 이 알파벳을 가진 과일을 함께 가르칩니다. 바로 'apple'입니다. 알파벳 B도 함께 가르치는 과일이 있습니다. 'banana'입니다. 알파벳 C를 가르칠 때는 이 동물을 가르칩니다. 바로 'cat' 이것이 상식입니다. 어린 아이들에게는 그렇게 가르치는 것이 상식입니다. apple은 빨간색이며, 사과 노래와 율동도 함께 가르칩니다. 왜일까요? 이것이 상식이기 때문입니다. 싱가포르나 핀란드 등 영어가 모국어가 아닌 나라의 아이들이 7세 이전에 2개 국어나 3개 국어를 유창하게 할 때 우리는 알파벳도 가르쳐내지 못하는 교육을 해오면서 조기 영어 교육의 효율성을 말해왔습니다. 한국에서는 유치원 때 영어를 능통하게 하는 아이가 있으면 TV 프로그램 중 '세상에 이런 일이'에 나오는 아이가 됩니다. 아무리 가르쳐도 상식으로 둔갑한 교수법으로 가르치니 결과가 없습니다. 언어의 결정적 시기를 보내고 있는 아이들이 성인들의 집중력과 습득력을 능가한다는 것을 이해하게 된다면, '결코, 결코' 우리는 잘못된 상식으로 만들어진 교육으로 아이들을 지도하지 않게 될 것입니다. 언어의 결정적 시기에 배우는 아이들의 교재를 한 번 살펴보시길 바랍니다.

〈일반 아이들 영어 교재〉

사진 1

사진 2

첨부된 사진 1은 '뱀'이라는 영어 단어 'snake'를 가르치기 위해 '뱀 그림 그리기' 수업도 함께합니다. 사실 이 단어 하나를 가르쳐 주기 위해서는 1분이면 충분합니다. 아이들의 손으로 '뱀 그림'을 그려 가며 수업을 한다면 20분은 소요될 것입니다. 유아들의 영어 수업이 평균 1회 30분인 것을 생각하면 무엇을 더 깊게 가르칠 수 있겠습니까? 첨부 사진 2는 알파벳 'A'를 가르치기 위해 상식적으로 '사과'를 가르쳐야 하기에 '사과' 그림 그리기와 함께 수업을 합니다. 이 밖에도 아이들의 수업 흥미도를 높여주기 위해 '날씨 그림'을 보고 알맞은 스티커 붙이기 수업 그리고 점을 이어 그림을 통해 단어를 습득하는 활동 등의 다양한 수업들은 너무나 일반 사람들이 상식으로 알고 교육해왔던 영어 교육의 상식이 아니겠습니까?

필자가 23년 동안 개발하고 교육해온 이 영어 교육의 원리는 세계 최고의 교육입니다. 독자분들께서는 분명히 이 교육이 왜 세계 최고인지 알 수 있습니다. 그릇된 상식을 넘어 세계 최고의 영어 교육에 대해 잠시 설명을 하겠습니다. 다음 사진에서 보시는 알파벳의 공통점이 무엇일까요?

〈알파벳의 공통점은?〉

abcdefghijklm
nopqrstuvwxyz

특정한 유아기의 아이들 눈에는 대부분의 알파벳이 거꾸로 보인다는 것입니다. 다음 첨부한 사진과 같이 말입니다.

〈글자가 거꾸로 보임〉

ɔ ɘ 2

대략 5세~6세 정도 되는 아이들에게 c, e, s 등의 알파벳을 보고 따라 적어보도록 하면 첨부한 사진처럼 아이들은 모든 글자를 거꾸로 적게 됩니다. 이러한 현상은 인간의 뇌 발달 과정에서 아주 자연스러운 현상입니다. 한때는 유아들에게도 학습지나 사교육 영어 교육 업체들도 유아들에게 간단한 쓰기 교육을 했지만, 아이들에게 쓰기를 시키면 대부분의 글자를 거꾸로 쓰기도 하고, 손의 소근육 미

발달로 쓰기에 어려운 점이 한둘이 아니었기에 우리가 유아 영어 교육하면 상식으로 알고 있는 교육으로 채워왔습니다. 어린 아이들에게 영어를 가르쳐보지 않아도 유아들이 글자를 거꾸로 쓰는지를 알아볼 방법이 있습니다. 이와 비슷한 현상으로 첨부한 사진에서 보시는 것처럼 특정 유아시기를 지나고 있는 아이들은 대부분 신발을 거꾸로 신습니다.

〈신발을 거꾸로 신는 시기〉

필자가 처음 유아들에게 영어를 지도해보았을 때 이러한 문제를 해결하지 않으면 영어 습득 영역 중에 쓰기의 영역이 두뇌에 미치는 영향이 가장 중요한데 언어 습득의 결정적 시기를 지난 후에나 가능할 것이라는 생각이 들었습니다. 필자는 소수의 7세 아이들과 새벽반 6시~7시까지 영어 수업을 진행하면서 세계 최초로 이 문제를 해결하게 되었습니다. 유아기의 특정 시기에 신발을 거꾸로 신고, 글자를 거꾸로 쓰는 것은 우리 뇌의 발달 과정에서 정상적입니다. 하지만 소수의 유아들 중에는 이러한 과정을 겪지 않거나 짧은 시기 동안만, 거꾸로 인식하는 과정을 거치는 아이들이 있습니다. 필자가 경험한 바로는 이러한 아이들의 언어 습득 능력이 탁월했습니다. 다른 분야는 몰라도 영어 교육에서만큼은 좋은 교육을 통해 이러한 문제를 빨리 해결시켜주는 것이 중요하다는 것을 알게 되었고, 다양한 교수법 적용으로 실제 현장에서 문제 해결 방법을 찾게 되었습니다. 인간의 뇌 성장 발전 단계에 따라 그림을 인식하고 표현하는 실험을 한 내용을 TV에서 방송한 적이 있습니다. 아이들에게 사각 모형으로 그려진 삼각형을 따라 그려보도록 했습니다. 3세~7세까지 아이들은 첨부한 사진에서처럼 뇌의 발전 단계에 따라 그려내는 능력도 달랐습니다.

〈실험: 3세~7세 나이별 아이들에게 다음 그림을 따라 그려보게 하는 실험〉

유아기 삼각형 그리기 실험

〈나이별 실험 결과〉

3세 삼각형 그리기 결과

3세

4세 삼각형 그리기 결과

4세

5세 삼각형 그리기 결과
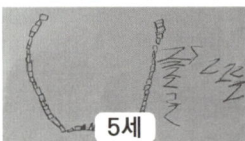
5세

6세 삼각형 그리기 결과
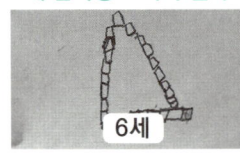
6세

7세 삼각형 그리기 결과

7세

(자료출처:Channel 5)

　이 실험을 통해 아이들의 뇌 발달 단계에 따라 그림의 정확성이 달라진다는 것을 이해하게 되었습니다. 그리고 똑같은 실험을 우뇌와 좌뇌에 문제가 있는 환자에게도 해보았습니다.

　첨부한 사진에서 보시는 바와 같이 우뇌에 문제가 있는 환자는 삼각형 전체는 보지 못하고 사각형 모형만 그릴 수 있었습니다. 그리고 좌뇌에 문제가 있는 환자는 사각형 모형은 보지 못하고 삼각형 모형만을 그릴 수 있었습니다. 이 실험에서 인간의 뇌는 사각형 모형으로 그려진 삼각형을 그리기 위해서도 우뇌와 좌뇌가 정상적으로 기능을 해야 함을 알 수 있습니다. 유아기의 아이들은 아직 한참 좌뇌와 우뇌가 발달하고 있는 시기이기에 나이별로 능력이 차이가 나는 것입니다. 아직 뇌가 발달 중인 아이들에게는 알파벳을 거꾸로 인식하는 것입니다. 하지만 필자는 연구와 수업 현장에서 이러한 문제를 해결할 수 있었습니다.

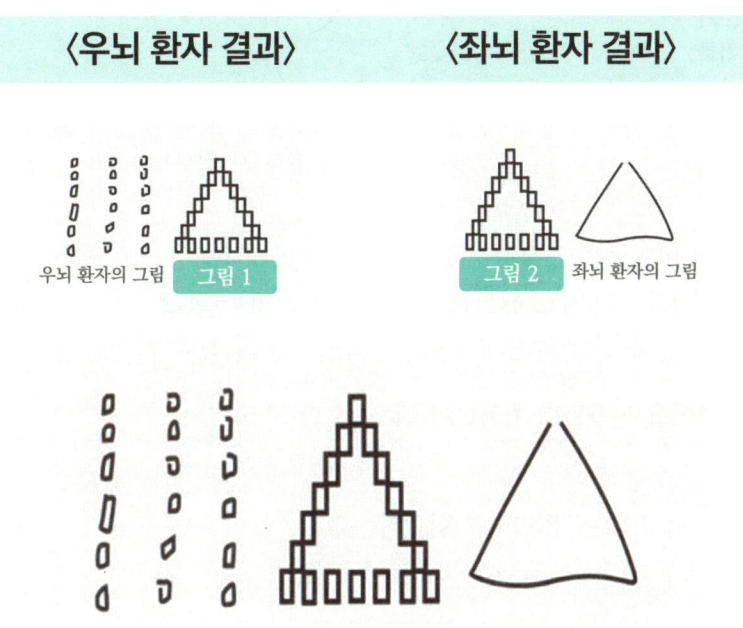

인간의 두뇌에서 좌뇌, 우뇌의 역할이 얼마나 중요한지 실험을 통해 정확히 이해할 수 있습니다. 유아들에게 영어 쓰기를 지도해보면 앞서 설명드린 바와 같이 C자를 거꾸로 그립니다. S자도 거꾸로 그리며, e자도 거꾸로 인식하고 그리게 됩니다. 이러한 문제는 필자가 개발한 교수법으로 완전히 해결할 수 있었습니다.

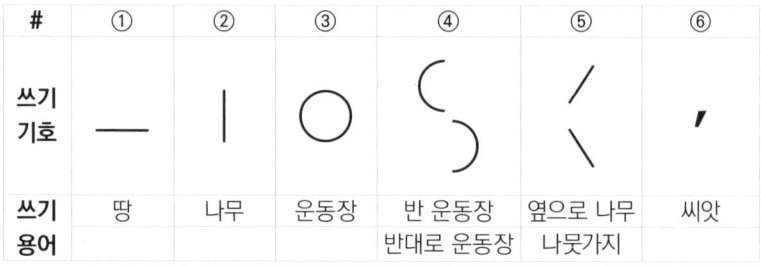

5세 아이들은 연필로 선을 그을 수는 있습니다. 선을 그을 수 있다면 다음 기호들도 조금의 연습만으로 따라 그릴 수 있게 됩니다. 다음 6개의 기호만으로 26개의 알파벳을 완벽하게 적을 수 있고 영어 단어와 문장들도 거침없이 적을 수 있습니다.

'—' 이 기호는 '땅'이라고 합니다.
'｜' 이 기호는 '나무'라고 합니다.
'○' 동그라미는 '운동장'이라고 합니다.
'(' 이 기호는 반 운동장이라고 합니다. 동그라미를 그릴 수 있는 아이들은 반 운동장도 그릴 수 있습니다.
')' 이 기호는 반대로 반 운동장이라고 합니다. 운동장을 그릴 수 있는 아이들은 반대로 반 운동도 그릴 수 있습니다.
'｀' 이 기호는 씨앗이라 합니다.
'／' 이 기호는 옆으로 나무라고 합니다.
이 기호들로 유아들이 글자를 거꾸로 인식하는 문제와 쓰기 문제를 완전히 해결할 수 있습니다.

지금부터 글자 모양 만들기 연습을 본격적으로 해보겠습니다.

'—' 이 기호와 'ㅣ' 이 기호로 '十'자가 됩니다. 여기에 'O' 이 기호가 합쳐지면 十O가 됩니다.

그럼 m자는 어떻게 그릴 수 있을까요? 'ㅣ,' '—,' 'ㅣ,' '—,' 'ㅣ.' 이 기호로 m자가 쉽게 됩니다.

이 기호들을 이용해서 단어들이 완성이 되는 것을 첨부한 사진을 통해 확인해 보시길 바랍니다.

〈기호로 단어 쓰기 교육 방법〉

#	음절 순서	쓰기 용어					
		①	②	③	④	⑤	⑥
1.	I	땅	나무	땅			
2.	to	땅	나무	운동장			
3.	a	운동장	나무				
4.	in	씨앗	나무	나무	땅	나무	
5.	is	씨앗	나무	반 운동장	반대로 반 운동장		
6.	you	옆으로 나무	옆으로 긴 나무	운동장	나무	땅	나무
7.	it	씨앗	나무	땅	나무		
8.	at	운동장	나무	땅	나무		
9.	of	운동장	땅	나무	땅		
10.	be	나무	반 운동장	땅	반 운동장		

간단한 기호로서 글자 모양 만들기 교육을 한 후 아이들은 문장들도 쉽게 적을 수 있는 능력을 가지게 됩니다. 이렇게 단순한 기호로서 시작된 쓰기 교육이 1년도 지나지 않아 첨부한 사진에서처럼 놀라운 교육 결과들을 만들어 내게 됩니다.

〈5세~7세 아이들 영어 쓰기 실력 자랑하기〉

　이 방법을 배워서 가르치는 강사는 물론이고, 학습자들 모두 소름 돋는 경험을 했고, 발전하게 되었습니다. 유아들에게 이 교육을 처음 할 때 영어 쓰기를 교육하는 것이 아닙니다. 영어 그림그리기를 통해 소근육 운동을 충분히 한 후 그림으로 영어를 모두 적을 수 있게 됩니다. 우리가 18세 이전에 획득한 편견만 몰아내도 모든 분야에서는 기적 같은 일들이 매일 일어나게 될 것입니다. 이 교육이 아니었다면 여전히 모든 아이들은 그릇된 상식으로 사과를 그리고 스티커를 붙이면서 의미 없는 언어의 결정적 시기를 보내고 있을 것입니다. 필자가 개발한 쓰기 교수법은 언어의 결정적 시기를 보내게 될 아이들에게 가장 큰 선물이자 잃어버린 3년을 찾아주는 교육입니다. 아이들의 손끝에서 펼쳐지는 영어 습득의 감동을 느껴 보시길 바랍니다. 이 쓰기 교수법을 배운 유아 담당 선생님들께서는 이 교수법 덕분에 한글 쓰기에도 바로 적용해서 효과를 보았다는 보고가 계속되었습니다. 모든 언어를 습득하는 데 최고의 교수법입니다.

11.
가장 큰 죄 '잘못된 깨달음'

과거의 시간을 되돌아볼 때면, 그때는 몰랐지만, 시간이 지난 후에야 알게 되는 소중한 것이 많습니다. 인간은 '후회'라는 독특한 연료로서 과거의 잘못된 일을 바로잡아 성장하기도 합니다. '후회'도 여러 종류로 나누어서 생각해볼 수 있습니다. 우리의 안정과 욕구에 기인하는 '기반성 후회,' 성장과 경험을 가져주는 '대담성 후회,' 선함에 대한 성장과 관련된 '도덕성 후회,' 사랑과 친절의 속성과 관련된 '관계성 후회' 등이 있습니다. 하지만 사람들이 흔히 하는 후회는 '하지 않은 일'에 대한 후회일 것입니다. 미국 시인 존 그린리프 휘티어는 "모든 슬픈 말과 글 중에 가장 슬픈 것은 '그럴 수도 있었을 텐데' For all sad words of tongue and pen, the saddest are these, It might have been" 하지 않은 것에 대한 후회라고 했습니다. 어떤 일을 잘못해서 하는 후회와 하지 않아서 하는 후회 모두 성장에 도움을 가져다줍니다. 살다 보면 우리가 진실이라고 굳게 믿고 있는 것도 사실이 아닐 때가 있고 진실이 아닌 것으로 알고 있던 것이 진실인 것도 있습니다. 우리가 살아가는 세상에는 지식의 공백들이 많이 있습니다. 일찍이 소크라테스는 산파술이라는 질문법으로 스스로 오류에 빠진 의식이나 명쾌한 답을 찾을 방법을 알려주었습니다. 이 질문의 방식은 이 시대를 살아가는 모두에게 분명히 유익할 것입니다.

> "본질이 아닌 것을 본질로 알고 있는 사람의 고정관념을 깨뜨리고, 그로 하여금 진정한 본질이 무엇인가에 관해 탐구하게 하며, 그 탐구의 과정을 통해 진리의 세계에 이르도록 한다."

사람들은 큰 성공을 위해 모든 열정과 시간을 바쳐가며 결국 원하는 것을 이루지만 가장 높은 곳에서도 마음의 허전한 공백을 채우지 못하는 경우가 허다합니다. 앨런 판함의 저서 《위대한 성공 신화》에는 잘못된 깨달음에 대한 교훈적인 이야기를 볼 수 있습니다. 책 속 도미노 피자 창업자 톰 모나건에 대한 이야기를 통해 '잘못된 깨달음에 대한 죄'에 대한 교훈적인 내용을 잠시 인용하고 싶습니다.

톰 모나건은 도미노 피자의 창업자다. 고아였던 그가 서른세 살에 이미 백만장자가 되었다. 1960년 12월, 미시간대학교 동부 캠퍼스 근처에 허름한 가게를 재단장해서 '모나건 브라더스 피자'라는 식당을 열었다. 갖가지 여러 우여곡절을 경험하면서 그의 사업은 날로 번창했는데, 1980년대에 들어서 눈에 띄게 성공을 거두었다. 당시 모나건은 회사 지분 중 97퍼센트를 소유하고 있었다. 그의 계좌에는 가맹점으로부터 들어오는 돈이 날이 갈수록 쌓였다. 그는 당시를 이렇게 회상했다. "10년 동안 내 계좌에 찍혀 있는 액수를 보고 믿을 수 없었다. 가맹점에서 들어오는 돈이 그처럼 많았던 적은 없었다. 이제 내가 열심히 번 돈을 쓸 때가 되었다고 생각했다." 그때부터 그는 엄청난 돈을 소비하기 시작했다. 희귀한 부가티 스포츠카를 810만 달러에 매입했고, 1억 5,000만 달러를 들여 클래식 자동차를 150대 넘게 사들였다. 저명한 건축가 프랭크 로이드 라이트가 설계한 대저택을 구매하는 데 열을 올렸다. 당시 그의 소비욕은 언론에 큰 관심을 끌기도 했다. 흥청망청 돈을 쓰던 어느 날 그는 우연히 한 권의 책을 만나게 되었다. 영국의 작가 C.S. 루이스가 쓴 '순전한 기독교'였다. 모나건은 그 책에서 자부심을 다룬 장을 읽다가 이런 경험을 했다. 모나건은 이 세상에서 '가장 큰 죄'가 잘못된 깨달음이라는 진리를 깨달았다. 그는 불현듯 자기 재산이 얼마나 큰 죄악의 덩어리인지 깨달았다. "나는 그날 밤 자리에 누웠지만, 한숨도 자지 못했다. 내가 얼마나 자만심이 강한 존재인지 깨달았다. 그리고 나는 부자로서 가난한 사람들에 대한 서약을 했다."

이 경험을 통해 모나건은 완전히 새로운 삶을 살게 됩니다. '잘못된 깨달음'은 삶의 시간을 낭비하게 합니다. 우리가 지금까지 받은 교육에는 그러한 것이 없는지 곰곰이 생각해볼 필요가 있습니다. 자신이 잘못 생각해서 '잘못된 깨달음'을 가지고 시간을 낭비할 수 있지만, 사회에 영향력 있는 사람들에 의해서도 이러한 일은 일어나게 됩니다. 'State of American Manager'라는 보고서에 따르면 리더 직위에 적합하지 않은 인물을 리더 자리에 배치하는 경우는 82%, 그 피해 비용은 매년 수백억 달러가 넘는 손해를 끼친다고 합니다. 필자가 몸담고 있는 영어 교육에서는 어떨까요? 독자분들과 잠시 생각해볼 중요한 첫 번째 문제에 대한 소크라테스의 질문, 산파술을 통해 스스로 명확한 답을 얻어가도록 돕고 싶습니다.

오래전 한국 영어 교육의 견인차 구실을 했던 책들이 있습니다. '성문종합' '맨투맨' 등 책의 제목만 들어도 반갑지 않습니까? 이제는 이러한 책으로 공부하는 사람들이 드물지만, 시대를 통해 세대 교체가 되었습니다. 80년대 후반부터는 영어의 기초부터 배우는 사람들은 '파닉스'부터 배우기 시작했습니다. 한국 영어 교육의 역사에서 '파닉스'가 차지하는 세월도 무시할 수 없는 시간이 되었습니다. 필자는 파닉스부터 영어를 배운 학생들을 정말 많이 만나 보았습니다. 필자의 교육을 배우고 싶어 하는 학습자분들 중에 파닉스부터 영어를 배운 사람들에게 두 가지 질문을 합니다. 첫 번째는 파닉스를 배웠으니 파닉스를 알고 있나요? 질문에 대한 대답들이 어떨 것 같습니까? 파닉스의 개념과 원리를 이해하는 사람은 거의 만나보지 못했습니다. 필자는 현장에서 영어를 가르치는 선생님들 교육도 많이 해왔습니다. 똑같은 질문을 선생님들께도 하면 파닉스의 원리를 제대로 이해하고 있는 선생님도 찾기 어렵습니다. 왜 지난 수십 년 동안 한국 영어 교육의 기초가 파닉스라는 생각을 집단적으로 생각하며 한 번도 의심하지 않고, 가르치고 배우며 세월을 보냈을까요? 두 번째 질문은 숫자 1부터 100까지 셀 수 있나요? 그리고 더하기 빼기를 할 수 있는 사람 있나요? 라고 물어보면 의심의 여지 없이 초등 저학년생들도 거의 손을 들고 할 수 있다고 합니다. 모든 학문에서 기초는 끝이 있습니다. 하지만 아이들에게 영어의 기초라며 가르치는 파닉스의 기초는 무엇일까요? 파닉스를 배우면 글을 읽을 수 있다고 생각하는 사람들이 있습니다. 파닉스를 가르치는 교사, 배우는 학생, 덩달아 거들고 있는 학부모입니다. 그냥 간단한 질문만으로 이것은 사실이 아님을 설명할 수 있습니다.

'사과 apple' 여러분들께서 이 단어를 한 번도 배워본 적이 없다는 가정하에 단지 파닉스의 기본 원리만 알고 있다는 전제하에 읽어 보십시오. 일단 'A'는 발음이 '아, 어, 애, 오, 에이.' 등 다양한 발음들로 소리를 내게 됩니다. 그렇다면 일단 아플레, 어플레, 애플레, 오플래, 에이플레로 읽어야 정상이지 않겠습니까? 영어 단어는 100만 개가 넘습니다. 이 중 파닉스의 원리로 읽을 수 있는 단어의 수는 몇 퍼센트나 될 것 같습니까?

영어사전 맨 앞에 알파벳 순으로 나와 있는 철자 'A'만 해도 거의 읽을 수 없습니다. 파닉스는 영미권에 거주하는 아이들이 모국어인 영어를 자유롭게 사용할 수 있는 능력을 가진 이후 잠시 모국어인 영어 파닉스 원리를 간단히 배우고 지나가는 과정입니다. 영어를 학문적으로 접근하지 않을 사람들은 굳이 하지 않아도 영어를 배우는 데 전혀 문제가 없습니다. 필자를 잘 모르는 사람들이 나에 대한 직업을 묻거나 공개석상에서 스스로를 소개할 때면 필자는 망설임 없이 다음과 같이 소개합니다. 저는 '한국' 아이들에게 잃어버린 3년을 찾아주는 사람입니다. 라고 소개합니다. 한국 대부분의 유치원이나 유아교육원들에서 모든 아이들이 영어를 처음 배울 때 파닉스를 가르칩니다. 그리고 5세부터 7세, 3년을 배우고 졸업하지만 영어 알파벳도 거의 모릅니다. 그리고 초등학교 입학 후 방과 후 수업이나 어학원에서 입학 전 테스트를 받고 또 파닉스를 배웁니다. 1년을 배우지만 여전히 영어 실력에 별 발전이 없기에 다른 방법을 찾거나 다른 교육원으로 옮깁니다. 그곳에서도 또 파닉스 테스트를 받고 낙제점을 받는 아이는 파닉스부터 또 교육을 받습니다. 3학년이 되면 이제는 더 이상 파닉스를 하지 않습니다. 이제는 학교 영어 성적을 준비해야 하기 때문입니다. 한국 유아 교육에 파닉스 교육만 사라져도 영어 발전은 3년이 빨라집니다. 세종대왕께서 세계 최고의 언어인 표어 문자인 한글을 만들어 주셔서 영어뿐 아니라 전 세계 모든 언어의 발음을 표기할 수 있고, 세계 최고의 발음력을 가질 수 있게 되었습니다. 조선 중기의 사역원 강우성이 일본어 학습을 위하여 편찬한 《첩해신어》와 조선 후기의 몽골어 학습서 《첩해몽어》 등에는 한글로 발음을 표기한 것을 볼 수 있습니다. 우리는 세계에서 가장 우수한 말과 글을 가진 민족이지만 일제 강점기 이후 외국어를 배우기 위해 한글을 효율적으로 사용하지 못하고 있습니다. 고려 시대를 지나 조선 시대까지는 통역과 번역을 담당했던 역관들의 외국어 습득 능력이 주변국의 나라보다 뛰어났지만 일제 강점기에 잘못 시작된 교육이 지난 1세기 동안 우리 국민들의 머릿속에 '잘못된 깨달음'을 심어 주었습니다.

첩해신어/ 첩해몽어

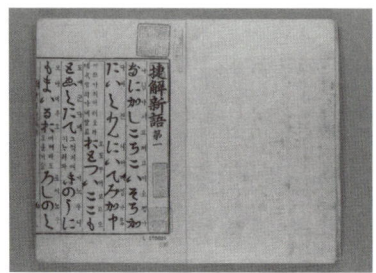 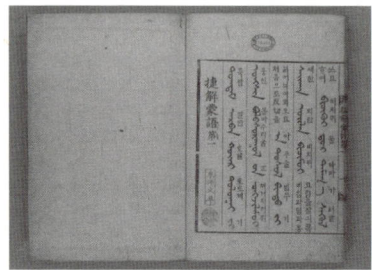

〈조선 시대 일본어와 몽골어 학습서 발음을 한글로 표기〉
출처: 고려대학교 해외한국학자료센터(http://kostma.korea.ac.kr/)

도미노 피자 톰 모나건이 자신의 삶에서 '잘못된 깨달음'이 가장 큰 죄라고 인식한 후 그의 삶이 완전히 바뀌었듯이 이제는 한국 영어 교육에서 가장 '잘못된 깨달음'의 죄가 무엇인지 소크라테스의 질문법 산파술로 해답에 접근해 보시길 바랍니다. 외국에서 강도 다음으로 나쁜 사람은 모르는 것을 모른다고 말하지 않고 아는 체하는 바람에 길을 잘못 들게 한 사람이라고 합니다. 교사와 부모가 깨닫고 나면 아이들에게 잃어버린 3년을 찾아줄 수 있습니다. 아인슈타인은 "모두가 비슷한 생각을 한다는 것은, 아무도 생각하고 있지 않다. When all think alike, no one thinks very much."라는 말을 남겼습니다. 필자가 개발한 3가지 영어 습득 원리는 이러한 잘못을 바로잡는 가장 바른 방법을 제시할 것입니다.

12.
학습권 방해와 교육의 본질

　이름난 대학병원들은 늘 사람들로 인산인해를 이룹니다. 종합병원에서 건강검진을 받아본 분들은 과별로 다양한 검사를 받아보셨을 것입니다. 간단히 검사할 수 있는 곳에서는 검사가 밀리지 않고 바로 할 수 있지만, 시간이 조금 길게 소요되는 검사에서는 사람들이 많은 시간을 기다려야 합니다. 수십 년 동안 이러한 현상을 당연하게만 생각하고 개선의 의지조차 없던 병원에서 휴리스틱을 통해 문제를 해결한 병원도 있습니다. 건강검진을 받을 때 환자들이 시간과 관계없이 순서대로 받던 검사를 이제는 시간이 적게 소요되는 검사부터 자율적으로 검사를 받도록 하였더니 검사별로 정체된 문제가 해결되었습니다. 사람들이 익숙해진 불편함도 당연하게 여기기만 하고 개선 방안을 찾으려 하지 않는다면, 불편한 것이 당연한 것으로 학습되게 됩니다. 이러한 원리는 유아들의 집중력과 습득력을 제대로 이해하고 활용하지 못할 때도 똑같이 문제가 반복됩니다. 필자는 지난 20년이 넘는 시간 동안 아이들을 가르치는 곳에서 아이들을 가르치는 교수 방법들을 유심히 관찰했습니다. 많은 곳에서 '학습권 방해'에 해당하는 교육을 하고 있다는 사실조차 모른 체 교육을 하고 있었습니다. 특히 학습권 방해가 가장 많이 일어나고 있는 곳이 유아들에게 교육을 가르치는 곳이었습니다. 사실은 영역 대부분에서지만, 특별히 유아들을 가르치는 영어 교육에서 말씀드리고 싶습니다. 유아들에게 영어 교육을 하는 모습을 보면, 교사는 광대 아이들은 구경꾼입니다. 공교육, 사교육 현장 어디든 예외 없이 일어나고 있습니다. 유아들의 능력을 제대로 이해하지 못한 분들은 아이들이 5분 이상 집중하지 못한다는 생각으로 대부분의 수업 시간을 아이들의 집중력이 흩어질까를 염려하며, 율동과 음악을 사용해가며 큰 목소리로 가르치는 교사가 거의 대부분의 수업 시간 동안 말을 하고 수업을 주도해갑니다. 아이들의 잠재된 집중력을 교육을 통해 이끌어 내는 교육이 아니라 외적 현상만을 위한 수업을 하는 것입니다. 처음부터 좋은 능력이 준비된 로봇과 같은 아이들은 거의 없습니다. 그래서 좋은 교수법이 필요하고 연구가 필요합니다. 수업의 당연한 주체와 중심은 누가 되어야 하는지에 대한 교육원리가 담긴 글을 나누도록 하겠습니다.

> "행동해야 할 사람은 아이들입니다. 교사가 주목을 받는다거나, 주역이 된다든가, 모든 말을 한다든가, 또는 모든 활동을 한다면, 이는 교사가 아이들의 학습을 방해하는 것이 확실합니다. It is the children who have to be put into action. When a teacher takes the spotlight, becomes the star of the show, does all the talking, and otherwise takes over all of the activity, it is almost certain that he is interfering with the learning of the class members."

유아들을 가르치는 교육원에서 영어를 지도하는 모습을 단 한 번만 보신다면 '학습권 방해'의 의미를 이해하게 될 것입니다. 3년을 교육하고도 언어적 뇌의 성장이 그대로인 이유는 '학습권 방해' 때문이지 않겠습니까? 효과적인 교육 방법은 다양할 것입니다. 교육을 진행한 시간과 기간에 비해 영어 습득 능력이 별로 향상되지 않았다면 방법을 바꾸어야 할 때입니다. 유아들을 교육할 때 늘 화려한 수업 도구나 큰 소리와 음악이 필요한 것은 아닙니다. 사실 지식은 조용하고 차분한 가운데 전달되는 경우가 많습니다. How's weather today? 날씨에 대한 주제 내용에 대해 영어를 가르쳐줄 때 이 문장을 가르친 후 가장 많이 말하고 표현하는 연습은 교사보다 배우는 학습자가 완전히 이 문장이 습득될 때까지 가장 많이 연습해야 합니다. 하지만 수업 현장에서의 현실은 목이 쉬도록 교사가 더 많이 말을 많이 합니다. 배움은 학습자가 이해되고 발전하고 있다고 확신할 때 즐거움이 계속됩니다. 수업을 잘하는 교사들의 유형은 크게 두 분류가 있는 것 같습니다. 수업을 재미있게만 하는 교사와 가르칠 내용을 정확하게 알게 하는 교사입니다. 수업을 재미있게 하면서도 알게 하도록 가르칠 수 있다면 얼마나 훌륭한 교사이겠습니까? 필자는 유아들이 가진 능력을 제대로 이해한 후 바른 교육으로 제대로 배우는 즐거움을 알도록 교육하자는 제안을 하는 것입니다. 한국 교육 시장이 얼마나 큰 시장입니까? 얼마나 중요한 영역입니까? 이러한 시장에서 현장에서 지도하는 교사분들 중 아이들을 교육하면서 얻게 된 정보를 통해 책을 한 권 내신 분을 만나보지 못했습니다. 지역별로 교육원별로 더 많은 교사분께서 자신의 분야에서 전문성을 가진다면 세계 최고의 교육 강국은 자연스럽게 될 수 있습니다. 유아들의 능력을 제대로 이해하고, 혹시 자신이 '학습권 방해'를 교육적 선의와는 관계없이 해오지 않았는지 되돌아보면 좋겠습니다. 영어 교육에서 교사는 새로운 모르는 것에 대해서만 가르치고, 연습은 완전히 습득할 때까지 학습자가 하도록 해야 합니다.

13.
성인이 영어를 쉽게 습득할 수 없는 이유

　성인반 수업을 개설해서 수업을 진행해보면 대부분의 사람들은 너무 똑똑함을 볼 수 있습니다. 그런데 왜 많은 성인들은 영어를 쉽게 습득할 수 없을까요? 이 또한 여러 이유들이 있겠지만 다양한 직업들 때문이라고 생각합니다. 성인영어 회화반에는 다양한 직업을 가진 분들이 다양한 이유들로 영어를 배우기 위해 등록을 하십니다. 수업을 시작하기 전 성인반 영어 회화반에 등록하신 분들에게 공통된 질문을 드려봅니다. 왜 영어를 배우려고 하십니까? 이 질문에 대한 대답으로 가장 많이 들었던 대답은 해외여행 가면 영어를 자유롭게 사용하고 싶다는 말씀이었습니다. 어떤 분은 시대에 뒤처지지 않기 위해서라고 말씀도 하십니다. 이러한 대답들을 듣고 난 후 이렇게 말씀을 드립니다. 그렇다면 영어를 배울 수 없겠는데요. 성인이 되어서 영어를 배우기 위해서는 그 정도 동기를 가지고는 영어 근처에도 가보지 못하고 다들 그만두게 됩니다. 적어도 영어를 배우기 위해서는 앞으로 있게 될 크고 작은 어려움을 이겨낼 수 있는 더 큰 동기가 필요함을 말씀드린 후 영어를 꼭 배워야 할 이유를 좀 더 구체적으로 생각해 오시도록 부탁한 후 수업을 진행합니다. 사실 성인 분들에게 영어를 효과적으로 가르칠 수 없는 가장 큰 이유는 다양한 직업 때문입니다.

　성인 영어 회화반에는 나이, 직업 등에서 다양한 성인들이 참여합니다. 예를 들어 성인들이 영어를 효과적으로 배울 수 없는 가장 큰 이유를 설명해 드리겠습니다. 성인 회화반에는 은행원, 공무원, 택시 기사, 대학생, 자영업자, 주부 등 다양한 분들이 참여를 합니다. 은행원이 영어 회화반에 참여했다는 이유는 먼저 외국 손님이 은행에 오시면 은행 업무를 영어로 처리할 수 있는 실력을 쌓기 위해 수업에 참여하셨을 것입니다. 만일 택시 기사 분께서 등록하셨다면 자신의 손님 중 원어민 손님이 탑승을 하시면 목적지는 어디이며, 지금 방문한 지역의 명소부터, 방문 목적 등에 대해 자연스럽게 영어로 대화를 할 수 있는 실력을 위해 수업에 등록을 하셨을 것입니다. 성인 영어 회화반에 참여하는 분들의 직업을 보면 그들이 어떤 대화를 영어로 구사하고 싶은지 알 수 있습니다. 하지만 현실은 다양한 나이의 다양한 직업군의 성인을 대상으로 개인 맞춤형 수업을 해 줄 수가 없기에 시중에 성인들을 위한 공통 교재를 하나 선정해서 자신은 관심도 없는 영어 주제를 배우다가 실질적으로 사용할 수도 없기에 지속적으로 영어를 배우지 못하게 되는 것입니다. 교사에게는 교사들이 자주 사용하는 어휘와 말들이 있습니다. 우리는 이것을 교실 영어라고 얘기하기도 합니다. 교사는 수업을 영어로 할 수 있는 영어부터 시작합니다. 기사분들에게는 기사분들이 반드시 사용할 수 있는 영어 회화를 가르쳐드리면 됩니다. 은행원은 은행 업무를 보기에 지장이 없는 영어 회화를 가르쳐주면 됩니다. 결혼한 여성은 기혼 여성들이 많이 사용하는 대화 주제들을 가르치면 되고, 무역업을 하는 분들에게는 무역업을 하는 데 필요한 영어를 가르치면 되지만 현재 우리나라에는 직업별로 사용할 수 있는 영어 교재들이 잘 준비되어 있지 않습니다.

　이렇게 생각해 본다면 영어를 배우기 위해 가장 적절한 시기는 학생 때임은 분명합니다. 아이들의 직업은 하나이고 대부분의 학생들은 아침에 일어나서 저녁에 잠들 때까지 하는 행동들이 거의 비슷하기에 자신의 생활이나 생각들을 영어로 표현하는 것을 배우기는 어렵지 않다는 것입니다. 필자는 택시를 타서 이러한 경험을 해보았습니다. 목적지까지 가는 시간이 30분 정도 소요되었기에 미리 준비한 택시 기사님을 위한 영어회화 자료를 드리며 여러 얘기를 나누어 보았습니다. 혹시 가끔 이 택시에 외국인도 탑승을 하십니까? 물론 기사님은 손님이 있다고 말씀하셨지만 외국인이 택시를 타려고 하면, 일부러 부담스러워 피하는 경우도 있다고 하셨습니다. 갑자기 질문을 하면 곤란하기도 하고, 그냥 말없이 목적지까지 모셔다드리는 것도 마음이 불편하기에 일부러 태우지 않는다는 말씀도 하셨습니다. 택시 기사님들께 외국인이 탔을 때 사용할 수 있는 손 코팅한 영어 회화 자료를 드리면서 "이러한 내용으로 단기 한 달 속성반을 수업하고 있는데 배워볼 생각이 있습니까?" 이렇게 여쭈어보았을 때 당장 배우고 싶다는 반응을 보이는 분들이 계셨습니다. 성인 영어 회화반이 성공하려면 가르치는 강사는 니즈의 정확한 필요를 파악한 후 수업을 진행하면 성공할 수밖에 없다는 것입니다. 그리고 성인 영어 회화반은 6개월 1년 또는 기간도 없이 그냥 시작하면 안 됩니다. 꼭 기간을 정해놓고 정확한 목적을 가지고 수업을 해야 합니다. 주 3회 3주 과정 주요 수업 내용: '여행 가서 쇼핑할 때 필요한 영어' 이렇게 명확한 주제를 가지고 수업을 한다면 성인반 수업은 보다 효율적으로 성인 개개인이 만족할 수 있는 수업을 할 수 있습니다. 직업별 영어 회화 수업 내용 중 기사님들을 위한 회화 자료와 은행원들을 위한 회화자료 일부 내용을 참고해 보시길 바랍니다.

택시 기사님 영어

Driver:	Welcome! Thank you for riding with us. Where can I take you?
Guest:	You are so kind and good at English! Please take us to Korea Hotel.
Driver:	What is the purpose of your visit to this area?
Guest:	I am visiting because I had an important business meeting.
Driver:	Is this your first visit to Korea? Which country are you from?
Guest:	I am from the united states.
Driver:	What city are you from in the united states?
Guest:	I am from LA.
Driver:	I have heard a lot about LA but still do not really know much. Can you share some famous things in LA.

Guest:	LA is just like this city.
	There are movie industries that are well known around the world.
	People from all over the world live in the city.
	So, they are leading in culture, food, and fashion.
Driver:	Now I would like to share with you a brief description of our area.
	This city has a very modern design. As you can see,
	There are many tall buildings and there are a lot of people living in the center of the city.
	It has a population of about 300.000 people.
	There are many working opportunities which allows a lot of young people to leave their homes to come work here.
	This has created an imbalance problem in our area.
	I think this is a common problem around the world.
	Seafood is really famous in our area. I hope you will be able to eat seafood while you are here.
	This is a temple, which is about 500 years old, and is a historical place.
	There are some mountains that are high enough to climb.

Guest:	Thank you for explaining the area to me.
Driver:	We've almost reached our destination while we're talking.
	If you need any help, you can contact me on this number on my business card.
	The taxi fee is 5.000 won.
	I wish you a successful business trip.

은행원 영어

(Situation 1: 통장 만들기)

Clerk:	Welcome. Is this your first visit to our bank? How can we help you?
Client:	I want to make a personal bank account. What steps do I need to take?
Clerk:	In order to make a personal bank account, you will need an ID and a personal stamp (or seal)
Client:	I have those right here.
Clerk:	Please fill out this document with your name, address, email, password, etc.
Client:	There is something I do not understand. Can you explain it to me?
Clerk:	Your account has been opened! Thank you for becoming a new client. Goodbye!

(Situation 2: 대출 상담)

Clerk: Welcome. How can we help you?

Client: My business suddenly become difficult, so I need money I'd like to inquire about a loan.

Clerk: There are two main types of loans. First, we have a credit loan and another is a mortgage loan. credit loans are based on personal credit, so the loanamount and loan limit are not high. The mortgage can be a lot of money because it collateralizes your current home or real estate property.

Client: Can you tell me the documents needed for a mortgage loan?

Also, I'd like to know the mortgage limit.

Clerk: In order to tell you the amount of your mortgage, we need to check your home first. It will take about a week to check your home.

A professional will check the home and we will loan you about 80% of the result. You will need some documents in order for the home check to be done.

Client: Where can I prepare these documents?

Clerk: The documents can be issued through the community center and the internet.

| Client: | Ok. I'll prepare the documents and visit you again. |
| Clerk: | Please prepare the documents and visit us again. Thank you for visiting us. |

이렇게 직업별로 꼭 필요한 내용을 영어로 가르쳐 준다면 대한민국 모든 성인들은 영어 배우는 재미에 밤새는 줄 모를 것입니다. 필자는 모든 직업에 종사하는 분들을 위한 영어 교재를 만들 수는 없기에 결혼한 주부용 교재와 결혼한 남성들이 주로 사용하는 어휘를 바탕으로 교재를 만들어 수업에 적용하고 있습니다. 대부분의 내용이 자신의 현재 상황이기에 실용적이면서도 바로 사용할 수 있기에 이 교육으로 수업을 배우는 성인들은 거의 포기하지 않고 영어를 배워가게 됩니다. 개인별 맞춤형 교육이 되어야 가장 효과적인 교육이 될 것입니다.

14.
영어 발음

　인류 역사상 사람들이 의심 없이 진실은 A라고 믿고 있었는데 사실은 알고 보니 B였다는 지식들이 많습니다. 대표적인 것이 천동설과 지동설이었습니다. 관련 전문가들에 의하면 사상가들이 거짓도 꾸준히 30년 동안 주장하면 사실로 받아들이게 된다는 것입니다. 우리나라 영어 교육사에서 예외 없이 여러 부분에서 이러한 일들이 발생했다는 것에 대해 말씀드리고 싶습니다. 지난 1세기 동안 우리나라 영어 교육사에는 어떤 일들이 발생했고 지금까지 그 영향들이 우리 교육에 미치고 있는지 대표적인 '영어 발음'에 대한 얘기를 나누고 싶습니다. 어학원을 운영하면서 경험한 한 사례를 나누면서 이야기를 시작하도록 하겠습니다. 아이들을 가르치다 보면 늘 교육에 만족하지 못하고 불만을 가진 학부모님들이 계십니다. 사실 이러한 분들 때문에 수업을 좀 더 철저히 준비하고 아이들 관리도 좀 더 잘해야 한다는 동기를 얻게 되기도 합니다. 하지만 가끔 이해하기 힘든 불평들을 하는 부모님들도 계십니다. 어느 날 교육원에서 수업을 하고 있는데 한 어머님께서 원에 방문해 주셨습니다. 자신의 자녀를 가르치는 여자 선생님의 영어 발음이 좋지 않다며 자녀의 반을 옮겨

달라는 말씀을 하셨습니다. 사실 이 여선생님은 미국에서 영어로서 학위까지 하신 우리 교육원에서도 영어에 능통하기로 소문이 난 선생님이십니다. 그런데 왜 이 어머님께서는 이 선생님의 발음에 문제가 있다고 하시는지 잘 이해가 되지 않았습니다. 이 어머님에게 그럼 누가 자녀를 위해 수업을 가르쳐주면 좋겠는지 여쭈어 보았습니다. 그 당시 원장인 필자인 제가 수업을 맡아주면 좋겠다고 말씀하셨습니다. 이러한 상담을 짧게 한 후 수업이 마친 후 담임 선생님과 이 어머님의 자녀에 대해 무슨 문제가 있는지 얘기를 나누어보았습니다. 이 친구는 수업에 흥미를 느끼지 못하고 영어 과제물 그리고 수업에도 자주 지각 또는 결석을 하는 아이였습니다. 물론 이 친구가 수업에 흥미를 느끼지 못하는 근본적인 이유는 있을 것입니다. 하지만 수업에 흥미를 느끼지 못하고 교육 과정을 따라가지 못하는 문제를 담임 선생님 발음을 문제 삼아 반을 옮겨 달라는 요구를 하는 것이기에 조금 난감한 경험을 했습니다. 현장에서 영어 교육을 하다 보면 심심치 않게 가장 많이 듣는 얘기들이 바로 영어 발음 문제입니다. 앞서 나눈 경험은 한번이 아닌 몇 번을 반복해서 경험하면서 알게 되었습니다. 물론 전체는 아니지만, 한국 사람들은 영어를 열심히 하지 않는 이유도 자신이 발음이 좋지 않아서이고, 선생님을 평가하는 가장 쉬운 기준도 발음인 경우가 많다는 것입니다. 자신의 자녀를 가르치는 선생님이 발음이 좋지 않기 때문에 저에게 가르쳐달라는 요구를 들을 때마다 참 마음속으로 난감합니다.

필자는 종종 영문학을 전공한 아내에게 발음이 좋지 않다는 비난을 자주 듣기 때문입니다. 대부분의 영어 선생님들의 발음은 객관적으로 평가해도 저보다는 좋은데 왜 발음 문제로 사실 본질이 아닌 문제를 가지고 불만을 표현하는지 생각해 볼 문제입니다. 학부모님들 교육 세미나에서 그리고 이러한 본질이 벗어난 문제를 제기하는 분들을 만나면서 좋은 영어 발음은 무엇이고, 한국 사람들에게 교육해야 할 표준 발음에 관한 연구를 더 많이 해보지 않을 수 없었습니다. 필자는 영어 교육을 시작하기 전에 이제는 반드시 영어 발음에 대한 주제를 가지고 교육을 한 후 영어 교육을 시작합니다. (변명을 없애려는 의도입니다). 잘못 이식된 생각은 작은 질문만으로도 충분히 문제를 바로잡을 수 있습니다. 독자분들께서도 제가 드리는 발음에 대한 질문에 대한 답을 곰곰이 생각해 보시길 바랍니다. 영어를 모국어로 사용하는 나라들이 많습니다. 영국, 미국, 호주, 캐나다 등입니다.

"영어 교육을 할 때 어느 나라 발음으로 가르쳐주면 되겠습니까? 그리고 여러분들이 알고 계시는 영어표준 발음은 어느 나라라고 생각하십니까?"

여러분들은 명확한 기준이나 답을 얘기할 수 있겠습니까? 알고 계시다면 필자에게 제보해 주시길 바랍니다.

필자가 이렇게 질문을 드리면 어떤 분들은 미국식 발음이 '표준 발음'이라고 대답하는 분들도 계시며, 또 어떤 분들은 영국이라고 말씀하는 분들도 계십니다. 미국식 발음이 표준 발음이라고 생각하시는 분들에게 아주 공손히 하나의 질문을 더 드리게 됩니다. 그렇다면 우리나라보다 영토가 수십 배나 큰 미국에서 동부, 서부, 남부, 북부 지역 중 어느 지역 발음으로 발음을 가르쳐주면 됩니까? 이런 질문을 드리면 질문을 받은 분들은 더 이상 말을 이어가지 못하는 경우가 대부분입니다. 물론 학부모님들이나 성인분들께서는 영어 교육 전문가가 아니기에 알아서 해주겠지, 라는 생각으로 막연히 표준 발음에 대한 교육 기대를 하고 있을 것입니다. 한국에서 영어 교육을 가르쳐온 지 1세기가 지났지만, 여전히 미국식 발음, 영국식 발음, 원어민 발음 속에 갇혀 한 걸음도 나아가지 못하고 있지는 않습니까? 영어를 모국어와 공용어로 사용하는 나라들은 과거 역사에서 영어를 모국어로 사용하는 어떤 강대국의 식민지였는지에 따라 발음은 물론이고, 강대국의 문화들이 많이 배어 있습니다. 싱가포르는 미국식 영어나 영국식 영어를 하는 것이 아니라 싱글리쉬를 합니다. 필리핀도 핑글리쉬를 합니다. 10억이 넘는 인구를 가진 인도 역시 인도식 영어를 합니다. 원어민들과 의사소통하는 데 아무런 문제 없이 자유롭게 모국어처럼 그들 문화 속에서 융화된 그들 민족만의 고유한 억양과 발음으로 정감 있게 세계 공용어를 자유롭게 모국어처럼 구사하며 세계 속에 깊이 속해가고 있다는 사실은 경쟁을 무기로 살아가는 지금 시대에 위협적이지 않을 수 없습니다. 영어를 배울 때 미국식 영어 발음을 배워도 영국 사람들을 만나면 그 발음에 익숙해지기 위해서는 다시 시행착오를 경험하며 배워가야 합니다. 영국식 영어 발음이나, 호주, 캐나다 등의 영어 발음도 마찬가지입니다. 필자는 영어 교육을 하면서 한국 사람들이 영어 발음이 정말 좋다는 사실을 분명히 알게 되었습니다. 영어 발음은 긴 문장을 말하는 연습을 많이 하면 자연스럽게 좋아지게 됩니다. 필자의 의견은 이렇습니다. 누군가에게 영어 발음이 나쁘다고 얘기하는 것은 그 사람이 부모님께 물려받은 성대의 목소리가 나쁘다고 비난하고 있는 것과 같다는 사실을 기억하길 바랍니다. 모든 사람들은 모두 다른 목소리와 음색, 음성 톤 등이 있습니다. 우리는 누군가에게 우리나라 말을 할 때 발음이 좋지 않다고 함부로 평가하지는 않지 않습니까? 그런데 왜 영어 표준 발음에 대해 잘 알지도 못하는 분들이 함부로 영어 발음에 대해서는 그렇게 쉽게 평가하는 것일까요? 상대방에 대해 아무리 작은 평가라도 겸손하지 못한 마음의 상태를 알려 줄 때가 많습니다. 꼭 기억해주시길 바랍니다. 상대방의 영어 발음이 나쁘다고 평가하는 것은 영어 발음이 아닌 타고난 성대를 욕하고 있다는 사실에 대해 말입니다.

우리나라 사람들이 왜 이렇게 영어 발음에 민감하게 되었는지 잠시 살펴보도록 하겠습니다. 한국 영어 교육에 가장 큰 영향을 끼친 시기는 일제 강점기입니다. 우리가 좋든 싫든 다른 나라에 대해 배우려면 많은 사람들이 일본을 통해 배우지 않을 수 없었습니다. 일본 영어 교육에서 지금까지 우리나라에 지속적으로 영향을 끼친 부분은 영어 발음입니다. 우리나라 사람들은 전 세계에서 가장 영어 발음이 좋으면서도 자신은 영어 발음이 좋지 않다고 생각합니다. 한국 사람들이 생각하는 영어 발음에 대한 잘못된 믿음이 어떻게 역사적으로 구전되어 왔는지에 대해 타고난 언어적 재능을 잘 발전시켜 우리 사회에 많은 깨달음을 주고 있는 작가 조승연 씨가 알려준 영어 발음에 대해 설명한 내용과 필자의 의견을 정리해서 나누어봅니다.

"일제 강점기에 일본의 국가 운영 철학은 2가지로 나누게 됩니다. '탈아입구'와 '화혼양재'입니다. 이중 첫 번째인 '탈아입구'의 뜻은 일본이 문명국으로 인정받기 위해서는 아시아를 벗어나 유럽으로 들어가야 한다는 의미입니다. 좀 더 간략하게 설명 드리자면 어떤 사람이 말을 할 때 일본 사람이라는 티가 전혀 나지 않아야 된다는 철학입니다. 그리고 또 하나의 철학은 '화혼양재'입니다. 일본의 정신 위에 서양의 유용한 것들만 가져와 쓴다는 철학입니다. 이 또한 좀 더 간략하게 설명해 드리자면 겉모습은 서양식으로, 속은 일본식이라는 뜻입니다. 전 세계를 지배하고 있던 서방 국가들 가운데 일본이 문명국으로 인정받기 위해 자신들의 말투조차 완전히 서양인이 되기 위해 가르친 그릇된 철학이 결국 전 세계에서 가장 영어 발음이 좋지 않은 국가가 현재 되었고, 우리나라는 그들의 영향을 받아 전 세계에서 영어 발음이 가장 좋으면서도 자신은 영어 발음이 좋지 않다는 그릇된 믿음이 지난 1세기 동안 구전되어온 것입니다. 우리나라 사람들은 오늘날 영어 표준 발음으로는 자신들은 잘 설명할 수 없지만 미국 CNN 방송 앵커 발음 정도로 생각하고 있는 것 같습니다. 하지만 이것은 사실이 아닙니다. 미국에서 영어 표준 발음은 미국 전역에서 지상파 방송을 최초로 한 방송국 ABC 방송사에서 미국 전역에 TV 송신을 하게 되었고 그 당시 한 가지 고민에 빠지게 되었습니다. 미국 수십 개 주에 해당하는 국민들의 발음과 사투리가 전혀 다름을 알고 표준 발음을 정해야만 했습니다. 이 매뉴얼이 ABC English 방송 매뉴얼입니다. 이 매뉴얼에는 개인의 억양, 성격, 개성, 액센트 등 어떠한 인위적인 감정도 사용하지 못하도록 하고 있습니다. 비유하자면 갈비 굽는 냄새가 솔솔 나지만 아무런 느낌도 감정도 없이 미 전 국민이 알아듣는 표준 발음으로 원고를 읽는 것에만 집중한 것입니다. 우리는 그러한 것을 모방하고, 배우려고 지금까지 시도한 것입니다. 그래서 그 어떠한 사람도 영어 발음에 대해 얘기하지만 어느 국가, 어느 지역, 어떤 사람들의 발음으로 배워야 하는지는 전혀 알지 못하는 것입니다. 정확히 영어 발음에 대해 정의를 내려드리자면 한국 사람들의 인식 속에 영어 표준 발음이라고 생각하는 것은 미네소타 지역의 발음을 얘기하는 것입니다. 그런데 놀라운 사실은 지금 50대에 해당하는 사람들이 미 동부 지역 4년제 대학을 나온 화이트칼라들이 정통 엘리트 교육을 받지 않은 사람들은 인간으로 취급하지 않은 사상들이 깔려 있는 사람들의 말투와 발음을 말하는 것입니다. 인종 차별과 성차별이 만연한 사람들의 생각과 사상이 깔려 있는 지역의 주류인들의 발음 말입니다. 우리나라 사람들이 지난 1세기 동안 영향을 받은 영어 발음에 대한 생각은 일본인들이 세계 열강에 들어서기 위해 모습은 일본인이지만 말은 전혀 일본인처럼 발음해서는 안 된다는 '탈아입구와 화혼양재' 철학 때문에 영어를 배워도 원어민과 똑같이 발음하지 못하면 부끄러운 민족임을 스스로 느끼게 만든 이 일본 철학이 우리나라에 그대로 이식되어 있습니다. 일제 강점기 이후 일본인들은 수많은 분야에서 우리에게 좋지 않은 유산을 남겼습니다. "화혼양재" 철학 '혼은 일본식으로, 재능은 서양의 것을 가져온다.'라는 철학은 '한국인이지만 발음은 한국식으로 하면 안 된다.'라는 생각을 무시무시하게 우리 조상들의 인식 속에 이식해두었습니다."

필리핀 영어 발음이 영어 표준 발음입니까? 인구 12억의 인구 인도인들이 모국어와 공용어로 사용하고 있는 영어 발음이 영어 표준 발음입니까? 모든 나라에서 자신의 혼과 재를 따로 구분해서 영어 발음을 따로 구분해서 사용하기 위해 영어를 사용하지 않습니다. 오직 그렇게 생각하고 사용하는 국가는 지구상에서 단 두 곳 일본과 한국일 것입니다. 이 두 나라가 영어 말하기 순위가 세계 최하위입니다. 세계에서 가장 많은 사교육비를 사용하는 두 나라 중 일본이 가장 발음이 좋지 않고, 그리고 이들에게 영향을 받은 우리나라 사람들은 세계에서 가장 발음이 좋으면서 가장 나쁘다고 믿고 있습니다. 우리는 영어 발음을 잘하기에 세계 최고의 구강 구조와 문자 그리고 소리를 가지고도 영어 교육에서 발음에 관해 얘기하는 것은 잘못된 영어 교육의 시작 때문이었습니다. 한국인들의 '콩글리쉬' 이제 장려해야 할 때입니다. 우리나라 사람들은 영어 발음이 정말 좋습니다. 목소리가 아름다운 민족이기 때문입니다.

15.
쓰레기 분리배출

"영어를 전공 후 현장에서 유경험자들이 새로운 교수법으로 가르치는 것이 어려운 이유"

쓰레기를 요일별로 분리 배출하게 된 세월이 그렇게 오래되지 않았습니다. 어릴 때 기억으로는 쓰레기차가 동네 구석구석을 다니며 한 통에 모인 쓰레기를 분리수거 없이 한 번에 수거해갔습니다. 우리가 시행하고 있는 쓰레기 분리배출은 전 세계적으로 성공한 정책 중 하나라고 합니다. 필자가 거주하고 있는 지역에서는 재활용품인 플라스틱 종류는 수요일에 배출해왔습니다. 생활용품이 다양해질수록 쓰레기 배출 용품도 많아졌고, 종류별로 좀 더 신경 써서 분리해야 하는 수고도 많아졌습니다. 얼마 전 필자가 거주하는 지역에는 분리수거에 작은 변화가 있었습니다. 그동안 플라스틱 재활용품은 수요일에 배출하다가 이제는 플라스틱병은 월요일에 배출하도록 정책이 변경된 것입니다. 이 새로운 정책이 시행되기에 앞서 시행 안내장이 집집마다 전해졌고, 시민들에게 혼란 없이 새로운 정책이 잘 정착되도록 많은 안내문이 곳곳에 붙었습니다. 본격적으로 새로운 분리 정책이 시작되었을 때 이 새로운 정책이 잘 정착되고 있는

지 매주 분리수거일에 유심히 살펴보았습니다. 필자는 한동안 이 정책이 잘 자리 잡기까지 상당한 어려움이 있겠다는 예상을 했습니다. 예상대로 요일에 맞는 종류별 분리수거는 효과적으로 이루어지지 않고 있음을 보게 되었습니다. 이것을 쉽게 예측할 수 있었던 이유는 사람들은 처음부터 월요일에는 플라스틱병 종류의 재활용품, 수요일에는 일반 플라스틱 재활용품 이렇게 정책이 시행되었다면 전혀 혼란 없이 생활 속에 몇 번의 실천만으로도 분리수거 요일별 분류는 쉽게 정착될 수 있습니다. 하지만 이미 수년 동안 반복해서 해오던 행동을 바꾸기는 정말 어렵다는 것입니다.

다음 질문으로 이 말의 의미가 무엇인지 잘 이해 할 수 있을 것입니다. 사람들의 행동을 바꾸기 위해서, 이미 잘못 학습된 것을 잃어버리게 하는 것이 어렵겠습니까? 아니면 새로운 것을 배우는 것이 어렵겠습니까? 교육 현장에서 아이들과 성인들을 교육해보면 완전히 깨끗한 아이들을 가르치는 것은 쉬운 일입니다. 하지만 잘못 학습된 성인들을 가르치는 것은 어렵다는 것을 알게 되었습니다. 이전에 전혀 배워보지 않은 것들은 가르치기가 쉽지만, 자신이 이전에 배워본 것에 대해서는 그 방법이 전혀 효과적이지 않았음을 알면서도 이전의 교수 방법이나 학습법과 다르다면 의문을 품고 마음을 닫아버린다는 것입니다. 유아교육원에서 3년간 영어를 교육하고도 유아교육원을 졸업할 때는 아이들이 영어로 자신 이름이나 나이, 그리고 알파벳도 알지 못하게 가르친 교수법으로 수십 년을 가르치고도 영어 교육 방법에 대해 깊은 생각을 하지 않습니다. 그리고 유아들을 가르치는 방법이 전혀 효과도 없는 것임을 알고도 신입 교사가 자신의 교수법대로 가르치지 않으면 큰일 날 것처럼 말하고는 똑같은 교수법을 알려줍니다. 의심 없이 습관적으로 해온 생각과 행동을 바꾸는 것은 언제나 위험하고 큰 도전을 받게 되는 것 같습니다. 이것은 모든 분야에서 그대로 적용되는 것입니다.

20세기 최고의 천재 경영학자로 불리는 존 메이너드 케인스는 이렇게 말했습니다. "세상에서 가장 어려운 일은 새로운 아이디어를 수용하는 것이 아니라 과거의 아이디어를 잊는 것이다." "The difficulty lie not so much in developing new ideas as in escaping from old ones." 과거에 습득된 잘못된 지식이나 행동들을 바꾸지 않고는 새로운 것을 쉽게 받아들일 수가 없습니다. 영어를 공용어로 사용하는 나라에서는 유창하지는 않지만, 부모님들을 통해 그들의 발음이나 교육 수준과는 관계없이 일상생활에서 영어를 자연스럽게 배웁니다. 하지만 전 세계 157개국 가운데 말하기 평가에서 121위를 한 결과는 영어를 전공한 사람들이 교육한 결과들이 아닙니까? 지난 1세기 동안 이렇게 교육을 해왔고 여전히 비효율적인 교수법과 수업 도구들로 영어 교육을 하고 있기에 여전히 별 발전을 이루지 못하고 있습니다. 국민 평균 학력 수준이 고등 교육 이상을 받은 고학력자가 넘쳐나는 우리나라에서 정부에서 영어를 공용어로 사용할 계획이 여전히 없다면 부모님들이 생활 속에서 영어를 사용하면 되는 것입니다.

사람들에게 한 번 잘못된 교육이 주입되면 이것을 바꾸기는 정말 어렵다는 사실을 우리는 잘 이해하고 있습니다. 책《어떻게 공부할 것인가》에는 다음과 같은 내용이 나옵니다.

"역설적인 사실은 새로운 학습을 위해 어느 정도의 망각이 꼭 필요할 때가 많다는 점이다. 윈도 기반의 컴퓨터를 사용하다가 매킨토시처럼 다른 운영체제를 사용하는 컴퓨터로 바꾼다고 해보자, 단순한 조작법이 아니라 작업에 집중할 수 있을 정도로 새로운 체계의 구성을 배우고 능숙하게 조작하기 위해서는 어마어마한 양의 정보를 잊어야 한다. 점프 스쿨 훈련도 이와 비슷한 예다. 군 복무를 마친 낙하산 부대원들은 화재 현장에 낙하산으로 강하하는 산림 소방대에 흥미를 보이는 경우가 많다. 산림 소방대원은 다른 항공기, 다른 장비, 다른 절차와 규약을 사용한다. 미군 점프 스쿨에서 훈련받은 경험은 산림 소방대 일에 확실히 불리하다고 간주된다. 반사적인 행동이 될 때까지 연습한 일련의 절차를 다른 절차로 대체해야 하기 때문이다. 경험이 없는 사람들에게는 둘 다 낙하산을 지고 비행기에서 떨어지는 일이라서 비슷해 보일지 모르지만, 훈련받은 사람이 새로운 지식을 습득하려면 지금 보유하고 있는 복잡한 지식과 관련된 단서들을 잊어야 한다."

이 글에서 가르쳐주는 원리는 아주 중요합니다. 영어를 가르치기 위해 최대의 장애가 잘못된 교육을 지속해온 영어 전공자가 될 수도 있다는 사실을 생각해 볼 때입니다. 누가 영어를 가르치면서 설마 내가 잘못된 교육으로 교육하고 있을까를 생각하시겠지만, 자신이 가르치는 학습자들이 몇 년을 배워도 영어를 구사할 수 없다면 그렇다고 말하는 것도 심한 평가는 아닐 것입니다. 필자가 개발한 교육으로 아이들에게 가장 좋은 결과들을 만들어 낸 최고의 교사는 영어 전공자는 단 한 사람도 없었습니다. 그동안 영어 전공자를 포함해서 해외 유학파까지 이 교육을 가르쳤지만 가장 높은 교육적 결과를 끌어낸 교사는 영어 교육에 경험이 없는 분들이었습니다. 교사는 가르치는 사람이 아니라 알게 하는 능력을 갖춘 사람입니다. 사람은 새로운 것을 배우는 것보다 잘못 습득된 지식들을 잊게 하는 것이 훨씬 어렵고 만일 이러한 것들이 몸에 습관처럼 배어 있다면 이것은 더 큰 문제입니다. 아인슈타인 또한 이러한 사실을 잘 알고 있었습니다. "잘못된 정보를 부정하기 위해 열 개 이상의 정확한 정보가 필요하다." 잘못된 학습법으로 가르쳐오셨다면 이것을 부정하기 위해 10배 이상의 노력이 필요할 수 있습니다. 알게 하는 것보다, 잊게 하는 것이 더 어렵기 때문입니다. 이미 습득된 것들과 앞으로 배우게 될 것들에 잘 적용해야 할 원리입니다.

16.
영어 교육의 자발성

　학부모님을 대상으로 영어 설명회를 할 때면 종종 다음 질문으로 시작합니다. 만일 여러분이 새로운 직업을 위해 특수용접이라는 자격증을 취득하려면 어떠한 방법이 가장 빠른 방법이 되겠습니까? 스스로 집에서 용접 시험을 준비하기 위해 공구들을 구매해서 배우는 방법과 이미 이러한 전문 기술을 가진 학원에서 배우는 것 중 어디에서 배우는 것이 더 나은 방법일까요? 이러한 질문을 하면 모든 부모님들께서는 당연히 전문 과정이 있는 학원에서 배우는 것이 빠른 방법이라고 말씀을 하십니다.

　그런데 우리는 깊이 생각해 볼 문제가 있습니다. 영어 습득을 위해서는 전문학원을 보내는 것이 빠르겠습니까? 아니면 스스로 배우면 빨리 배울 수 있을까요? 우리나라에서는 유아기 5세 정도부터 유치원 또는 어린이집에서 영어 교육을 시작하게 됩니다. 유아기 3년, 그리고 초등학교 6년, 중학교 3년, 고등학교 3년, 대학 4년 동안 영어와는 결별할 수 없는 시간을 가지게 됩니다. 하지만 이상한 것은 사람들은 영어를 혼자 배우면 어느 정도의 시간이 걸릴까에 대한 생각은 거의 해보지 않는 것 같습니다. 만일 유아기부터 영어 전문 학원을 보내고 있는 부모님이 계신다면, 자녀가 유아기 3년 동안 전문학원에서 교육을 받고 나면 영어를 할 수 있습니까? 초등학교 6년을 전문학원에서 배우면 영어를 할 수 있습니까? 학습 현장에서 경험한 분명한 사실은 이상하게도 기술이나 각종 자격시험은 전문학원을 보내면 스스로 할 때보다 시간과 돈을 절약할 수 있지만 특별히 영어나 수학 등의 과목은 학원을 보내게 되면 그때부터 언제 영어를 잘하게 되는지는 아무도 모른다는 사실입니다. 학원을 보내는 부모님도 모르시고, 배우는 아이도 모르고, 가르치는 선생님도 모릅니다. 누구나 한 번쯤 들어본 이 말처럼 '영어는 하루아침에 되는 것이 아니라 하다 보면 실력이 쌓여서 어느 날 실력이 좋아진다.'라는 전설 같은 말만 믿고 계속해서 학원을 다니고 있지나 않은지 생각해보시길 바랍니다. 직업전문학교에서 각종 컴퓨터 자격시험부터 기술 자격증 과정은 대부분 교육 기간이 정해져 있습니다. 이러한 자격 과정을 가르치는 분들은 자신의 기술 분야에서는 전문가들이기에 어느 정도 일정 기간 교육을 했을 때 국가 공인 시험에 합격할 수 있는지를 알고 있습니다. 하지만 이상하지 않습니까? 영어를 전문으로 가르친다고 간판을 걸고 있는 수많은 학원에서는 한번 자녀를 등록시키면 언제 영어를 잘하게 되는지에 대해 말해주는 사람은 아무도 없습니다. 영어뿐 아니라 다른 과목을 가르치는 사교육 교육 경영자 분들과 선생님들께서는 자신의 프로그램을 배우는 사람들은 얼마의 기간 안에 영어나 다른 과목을 잘 할 수 있게 될지에 대한 정확한 정보와 약속을 해야 함을 기억해야겠습니다. 영어는 스스로 열심히 공부하면 4년 정도면 충분히 좋은 능력을 가질 수 있습니다. 스스로 공부하면 4년이라는 시간이 소요되기 때문에 전문가가 있는 학원에 등록한다고 생각합니다. 전문교사가 있는 교육원에서 배우면 필자는 3년이면 충분한 시간임을 알고 있습니다. 이 세상에 완전한 것은 아무것도 없습니다. 결국 평생 학습을 통해 높은 실력을 계속 쌓아가야 합니다. 자발적으로 영어를 공부할 수 있는 수준까지는 3년이면 분명히 충분할 것입니다.

지금까지 한국 영어 교육 시장을 이렇게 만들 것으로 생각하지 못했겠지만 어쩜 한국 영어 교육의 사회적 문제를 해결하기 위해서는 현재의 교육시스템을 만들어 놓은 영어 교육회사 또는 교육자분들께서는 '결자해지'의 마음으로 교육 기간을 늘려서 회사나 자신의 이익만을 생각하는 교육 시스템을 완전히 바꾸어야 합니다.

한국 영어 교육 프로그램은 돌고 돕니다. 어떤 시기에는 어떤 회사의 영어 교육 프로그램이 많은 광고를 통해 교재들이 판매가 되지만, 1년 또는 2년 정도 지나고 나면 광고에서 약속한 영어 결과들은 없기에 자연스럽게 사람들의 머릿속에서 잊혀 가고 또 다른 교육 프로그램이 표지 디자인만 새롭게 된 내용은 거의 같은 콘텐츠를 통해 또 대중에게 인기를 얻지만, 이 또한 같은 전철을 밟게 됩니다. 영어 교육 방법은 변화가 없고 소비자의 감성을 뒤흔들 수 있는 광고만 잘 준비된다면 효과도 없는 영어 교육은 계속해서 윤회됨을 경험으로 배워오지 않았습니까? 영어 교육에 가장 많은 사교육비를 사용하지만 말하기 수준은 세계 최하위의 결과는 사람들의 능력이나 노력 부족이 분명히 아닙니다. 교육 시스템의 문제입니다. 한국 영어 교육시장을 보면서 한 영문 잡지에서 본 글이 우리나라 영어 교육에 대해 잘 말해주는 것 같아 나누어봅니다.

> Who learns and learns
> but never knows is like the one
> who plows and plows
> but never sows.
> 배우고 배우지만
> 결코 알 수 없는 것은
> 땅을 갈고 땅을 갈지만
> 결코 씨를 심지 않는 것과 같다.

우리 아이들과 많은 사람들이 얼마나 열심히 영어를 배우고 있습니까? 얼마나 많은 돈이 영어 교육을 위해 사용되고 있습니까? 이제는 더 이상 처음부터 잘못 끼워진 와이셔츠 단추와 같은 교육이 되어서는 안 될 것입니다. 영어 습득은 목적 없이 장기적으로 하는 것이 아닙니다. 스스로 하면 4년, 전문가에게 배우면 3년이면 충분합니다. 정확한 방법으로 기간을 정해놓고 끝을 보는 것입니다.

17.
예루살렘의 아이히만과 영어 교육

역사는 반복된다고 합니다. 이스라엘에 있는 예루살렘에서는 역사적으로 세계를 깜짝 놀라게 할 만한 두 번의 재판이 있었습니다. 한 번은 이천 년 전에 있었고, 또 한 번은 세계 2차 세계대전이 끝난 후 한 전범에 대한 재판이었습니다. 이천 년 전에 있었던 재판은 기독교 역사에서 죄 없이 빌라도 총독 앞에서 인류의 죄를 대신하신 예수님의 재판이었습니다. 그 당시 로마 총독 빌라도는 신성모독을 했다고 주장하는 유대인들에 의해서 잡혀 온 예수님을 심문하였고, 어떤 죄도 발견하지 못했지만, 유대인들의 동요와 소요를 걱정해서 십자가형을 명하게 됩니다. 이 사건은 인류 역사에서 가장 큰 영향을 미치게 된 재판입니다.

두 번째 재판은 세계 2차 대전 당시 유대인들을 몰살하기 위해 유럽 전역에 있는 유대인들을 색출하여 가스실로 이동하는 운송 절차를 지휘했던 한 인물에 대한 재판이었습니다. 이 재판이 세계에 생중계되고, 많은 사람들의 관심을 끌게 된 데는 이유가 많습니다. 전쟁 후 전범 재판은 폐망한 독일에서 이루어졌지만, 아이히만에 대한 재판은 수백만의 학살 피해를 당한 예루살렘에서 진행되었다는 것입니다. 이 재판의 시작에서부터 취재를 한 미국 여성 기자 한나 아렌트가 저술한 《예루살렘의 아이히만》은 출간 즉시 많은 사람들에게 판매가 되었습니다. 전쟁 후 다른 국가로 도망을 간 아이히만을 법정에 세우기 위해 이스라엘에서는 비밀경찰을 구성해서 도피 중인 아이히만을 전범 재판에 세웠습니다.

이 재판을 통해 사람들이 놀란 부분은 여러 이유들이 있습니다. 무고한 사람들을 죽음으로 몰고 간 이 악마 같은 사람은 분명히 사악한 얼굴을 하고 있을 것이라고 생각했지만, 재판장에 들어선 그의 얼굴은 평범한 이웃집 아저씨와 같은 모습에서 첫 번째 놀랐다고 합니다. 그리고 사람들을 놀라게 한 것은 계속되었는데, 자신은 전쟁 당시 단지 독일 정부의 고위급 중간 관리자였고, 상부에서 지시한 명령을 충실히 수행한 죄밖에 없다는 주장이었습니다. 여기에 자신은 사람을 직접 자신의 손으로 단 한 명도 죽이지 않았다는 주장이었습니다.

필자는 이 책을 읽으면서 이 전범자에 대한 죄를 어떻게 밝혀가는지에 관한 내용이 궁금했습니다. 그리고 만일 필자가 한 국가의 공직자로서 상부의 명을 받는다면 어떻게 행동했을까도 생각해 보았습니다. 이 재판을 처음부터 끝까지 취재한 기자 한나 아렌트는 이 재판을 통해 그의 잘못을 세 가지로 정리를 했습니다. 생각하기의 무능, 말하기의 무능, 판단하기의 무능이었습니다. 또한 한나 아렌트는 인간이 가진 악의 평범성이 우리 모두의 안에도 존재한다는 사실을 말해주고 있습니다. 결국 아이히만은 최종 재판에서 사형 선고를 받고 얼마 후 형이 집행되었지만 죽는 그 순간까지 자신의 죄를 반성하거나 후회하지 않았다고 합니다.

　예루살렘에서 진행된 이 두 인물에 대한 재판은 전 세계적인 관심뿐 아니라 우리들의 삶에도 충분히 영향을 미치고 있습니다. 이천 년 전에 있었던 재판에서는 무죄한 사람에게 거짓 혐의를 붙여 생명을 빼앗은 재판이었고, 두 번째 재판은 수백만 명의 무고한 사람들을 죽이는 정책을 실행하는 인물이 자신은 스스로 무죄하다고 주장한 범죄자에게 사형을 집행한 재판이었습니다. 필자는 이 책을 읽으면서 저를 포함해서 한국 영어 교육 현실에 대해서도 생각해 보았습니다. 아이히만은 자신은 상부의 지시대로 움직였고 자신은 충실히 임무를 수행했다고 변명만 늘어놓았습니다. 필자는 많은 영어 교육원 경영자분과 영어 강사를 교육해 왔습니다. 교육을 진행하면서 진솔한 말씀들을 많이 나누게 됩니다. 가르치는 직업을 가지고 있는 분들께서 솔직히 본인도 영어를 잘하게 할 수 있는 방법을 알지 못한다는 말씀들을 종종 듣습니다. 생업 상 영어 교육 사업을 시작했지만, 본인이 선택한 프로그램을 수년째 가르쳐도 결과가 없다는 고민을 털어놓는 분들이 많습니다. 영어 프로그램을 개발한 사람들과 영어 교재를 집필한 유능한 분들과 얘기를 나누면서 영어 교육 본사 따로, 지사 따로, 교육원 따로, 가르치는 교사 따로임을 볼 수 있었습니다. 본사는 분명한 의도를 가지고 프로그램을 개발합니다. 하지만 유통 구조나 관리와 교육 방법의 문제로 같은 프로그램을 가지고도 전혀 다르게 교육을 할 때가 많습니다. 교육 현장에서는 가르쳐도 교육 결과가 없다는 것을 알지만, 매스컴에 많이 광고하는 브랜드이기에 본사에서 알아서 하겠지 하는 생각과 본사에서는 프로그램을 만들어 주었으니, 교육 책임은 가르치는 교육원의 책임이라는 생각을 따로 하고 있습니다. 어떤 교육이든지 좋은 교육은 가르쳐 보면 효율성을 바로 평가해 볼 수 있습니다. 하지만 예루살렘의 아이히만에서 얻을 수 있는 교훈처럼 시켜서 충실히 임무를 수행했다는 변명만 늘어놓을 수도 있습니다. 지금까지 교육 분야에서도 예루살렘의 아이히만이 진행되어 왔습니다.

오래전 경북 영천에서 어학원을 운영하시는 한 교육경영자분은 필자와 교육 상담을 하면서 저에게 이렇게 말씀을 하셨습니다. 본인의 교육원의 원생들은 보통 초등학교 1학년 때부터 6년 이상 교육원을 다니고 있는 원생이라고 했습니다. 하지만 최근에는 잠이 오질 않고 가슴이 답답하다고 했습니다. 6년을 전문 교육원에 다닌 원생들이 중학교에 입학해서 학교에서 중간고사 시험을 보면 30점도 나오지 않는다는 것입니다. 6년을 전문어학원을 보낸 부모님의 심정이 어떨지 생각만 해도 숨이 막혀온다고 말씀하셨습니다. 그렇다고 중학교 1학년 1학기 영어 중간고사 시험 수준이 높은 것도 아니고, 전문 어학원을 다니지 않는 아이들도 조금만 준비하면 평균 성적은 쉽게 넘길 수 있는 시험 수준을 가지고 말입니다. 필자는 교육 현장에서 이러한 문제를 많이 보게 되었습니다. 시간이 지난 후 필자는 《예루살렘의 아이히만》 책을 통해 이유를 알게 되었습니다. 이 책이 주는 교훈에서처럼 자신의 분야에서 자주 되돌아보고 평가를 해야 합니다. 생각의 무능, 말하기의 무능, 판단하기의 무능 그리고 게으름으로 인해 본인의 좋은 의도와는 관계없이 본인이 교육계의 아이히만이 될 수 있습니다.

18.
본질과 현상

　바쁜 일상생활 중에 머리가 복잡하거나 휴식이 필요할 때면 사람마다 스트레스를 해소하는 방법이 다릅니다. 일상생활에서 잠시 벗어날 수 있는 짧은 여행을 통해 재충전의 시간을 가지는 사람도 있고, 운동이나, 취미생활을 통해 재충전의 시간을 가지는 사람도 있습니다. 교육 사업은 사람을 대하는 교육서비스업의 종류 중 하나의 직업이기에 세미나와 수업을 준비하고, 다양한 사람들과 상담도 해야 하는 직업이기에 자주 복잡한 머리를 정리해야 하는 시간을 가져야 합니다. 저는 오래전부터 청소하는 것으로 머리와 생각을 정리하는 습관을 지니게 되었습니다.

　어느 날 사무실 앞에서 빗방울이 조금씩 떨어지는 날씨에 자동차 내부 청소를 하고 있었습니다. 날씨는 비가 조금씩 내리고 있었기에 필자가 자동차 내부를 청소하는 모습을 본 어떤 연세가 지긋하신 할머니께서 비가 내리고 있는데 웬 차 청소를 하느냐며 혼자 말을 하며 지나가셨습니다. 필자는 자동차 청소에 대한 분명한 이유를 알고 있기에 '본질'에 대한 생각을 하게 되었습니다. 필자에게는 자동차 청소는 날씨의 문제가 아닌 '청결'의 문제이기에 날씨와 관계없이 일

년 중 언제든지 '청결'이 필요하다고 느끼면 날씨가 비가 오고 눈이 올지라도 나에게는 상관이 없는 것입니다. 사무실 책상 정리, 집 안 청소, 자동차 청소는 또한 많은 잡다한 생각으로 머리가 정리되지 않을 때 잠시 청소하면서 정리되는 환경을 보면서 영감도 얻고 머릿속도 함께 정리하는 시간이 되어주기도 합니다.

지금 시대처럼 자신이 원하지 않는 정보에도 많이 노출되는 시대에 본질과 현상을 구별하는 능력이 더 크게 요구되는 시대는 없었던 것 같습니다. 우리는 광고와 본질을 구별할 수 있어야 합니다. 만일 본질을 구별할 수 없다면 많은 시간과 돈을 헛되이 사용하게 될 것이기 때문입니다. 영어 교육에서 본질과 광고를 구별하는 능력은 대단히 중요합니다. 매일같이 쏟아지는 교육 상품 중에서 무엇이 자신에게 적합한 학습법인지 구별할 수 있는 능력이 중요하지 않겠습니까? 기업에서 마케팅을 담당하는 부서에서 하는 일은 어떤 상품이 출시되었을 때 이 제품이 기존에 나와 있는 제품과 단 1%의 차이만을 가진 상품일지라도 이 단 1%의 차이를 100% 차이로 소비자들이 느끼게 하는 것입니다. 이에 따라 소비자들은 거의 같은 제품도 완전히 다른 제품으로 인식하는 현상을 따르게 되기 때문입니다.

그렇다면 외국어 학습과 영어 습득의 '본질'은 무엇이겠습니까? 영어 습득 교육의 '본질'은 '습관'입니다. 아무리 완벽한 교재나 교수법이 있다고 할지라도 영어 습득 교육에서 학습자에게 '습관'이 될 때까지 교육이 담당해주지 못한다면 영어 회화를 유창하게 할 수는 없습니다. 사람들이 영어 교육에서 잘못 인식하고 있는 것이 있습니다. 그것은 바로 성적, 입시, 공인시험 점수가 영어 공부이자 실력이라고 잘못 생각하고 있는 것입니다. 이러한 것은 영어 습득의 작은 한 부분입니다. 영어시험 성적은 과목처럼 배워서 원하는 목표점수를 얻을 수 있습니다. 하지만 영어를 모국어처럼 말하고, 듣고, 읽고, 쓰기 위해서는 과목의 수준을 넘어서야 합니다. 회화를 유창하게 하기를 원하면서 주중 시간을 정해놓고 영어 수업을 한다면, 대부분 원하는 회화 실력을 가질 수는 없습니다. 영어가 모국어처럼 되기 위해서는 생활이 되고 습관이 돼야 하는 것이 본질입니다. 한국 사람들의 인식에는 영어가 과목이라는 인식과 과목처럼 가르치고 배우는 현상이 지배적입니다. 영어 습득 훈련의 '본질'은 습관과의 전쟁입니다. 이 본질을 생활 속에서 바르게 정착시키지 않고는 과거와 별다른 영어 효율성은 가지지 못할 것입니다.

영어를 꼭 배우겠다는 결심을 하기 위해서는 적절한 동기가 필요합니다. 배울 나이가 되어서 학교 교과목으로 배우는 것은 적절한 시작 동기가 될 수 없습니다. 영어뿐 아니라 새로운 어떤 것을 배우기 위해서는 좋은 동기가 필요합니다. 모든 일에 동기는 시작하는 힘을 의미합니다.

"동기를 통해 시작하게 되었다면 지속하는 힘은 바로 습관이기 때문입니다."

성공한 사람들의 공통점을 인내력, 의지력이라고 말하는 사람들도 많지만 이러한 능력을 타고나는 사람은 그렇게 많지는 않을 것입니다. 타고난 의지력과 인내력이 부족한 사람들도 좋은 습관을 지니게 된다면 이러한 모든 특성을 극복할 수 있습니다. 독자분들께서도 곰곰이 생각해 보시길 바랍니다. 왜 이 책을 읽고 있는지, 그리고 영어를 왜 배우려고 하는지에 대해 말입니다. 어떤 결심을 하게 된 동기가 있을 것입니다. 시작하는 힘인 동기에는 좋은 동기와 그렇지 않은 동기가 있습니다. 반드시 피해야 할 동기가 있습니다. 무 흥미 동기, 보상에 의한 동기, 회피성 동기가 있습니다. '무 흥미 동기'는 보통으로 해야 하는 이유도 모른 채 나이가 되었기 때문에 배워야 하는 정규 교육의 어떤 교과목과도 같지 않을까 생각해봅니다. 남들이 다니니까 다녀야 하는 영어학원에서 배우는 마음의 상태 정도라고 생각하면 될 것 같습니다. '보상에 의한 동기'는 문자 그대로 보상 때문에 하는 동기입니다. 그리고 '회피성 동기'는 체벌이나 혼나지 않기 위해 배우는 것을 의미합니다. 이 세 가지 동기는 좋은 효율성을 가져다주지 못합니다.

    교육에서 장려해야 하는 좋은 동기는 다음 세 가지입니다. 첫째로 가치에 동기를 두는 것입니다. 영어를 배우면 어떤 가치가 있는지를 명확히 알고 시작하는 것입니다. 두 번째는 '목적이 분명한 동기'입니다. 그리고 세 번째는 '즐거움에 의한 동기'입니다. 어떤 것을 배우기 위해 앞서 언급한 세 가지 동기 중 하나만 정확히 가져도 배우면서 겪게 될 작은 어려움과 슬럼프를 극복하기 위해 가장 큰 도움이 될 것입니다. 나쁜 동기 무, 보, 회. 좋은 동기 가, 목, 즐. 독자분들은 꼭 좋은 동기 세 가지 모두를 가지고 시작하는 의미를 가져보면 좋겠습니다. '시작하는 힘이 동기라면 지속하는 힘은 습관입니다.' 언어 습득의 본질은 습관입니다. 이 땅에 태어나서 모두 영어는 시작했거나 다시 시작했기에 가장 중요한 것은 습관입니다. 우리에게 영어 습관이 실패해온 이유에 대해 나누도록 하겠습니다.

 나이가 들어갈수록 새로운 유익한 것에 대해 습관이 되도록 하기는 쉽지 않습니다. 습관에 대한 것도 '본질'과 '현상'을 제대해 구분할 수 있어야 합니다. 좋은 습관을 들이기는 나이가 어릴수록 유리합니다. 시간 개념이 아직 명확하지 않을 때 습관은 정착되기가 쉽습니다. 나이가 들어갈수록 소중하고 중요한 것들은 대부분 학습으로 배우게 됩니다. 왜 나이가 들어갈수록 좋은 습관을 지니기 어려운지 설명을 드려보겠습니다. 좋은 영어 습득이라는 예로 설명해 드리자면, 영어도 모국어처럼 생활의 일부가 되어야 합니다. 하지만 영어를 배우는 시점부터 영어는 생활이 아니라 과목으로 가르칩니다. 중간고사까지, 기말고사까지, 모의고사까지, 영어 웅변대회까지, 입학시험까지라는 시점을 정해놓고 과목으로 가르칩니다. 좋은 점수와 성적을 위한 목표를 위해 가르치는 교육은 좋은 습관을 가지지 못하게 합니다. 필자는 나이가 들수록 좋은 습관을 들이는 것이 더 어렵다고 말씀을 드렸습니다. 이러한 교육은 유아교육부터 자연스럽게 시작됩니다. 필자가 이 영어 교육을 계발해서 유아교육원에서 교육을 적용했을 때 매년 새롭게 시작하는 모든 유아교육원에서 똑같은 문제를 경험하게 되었습니다. 1년 12개월 중 여름방학이 있는 8월과 학부모 초대를 해서 재롱잔치를 하는 11월이나 12월까지 영어 교육을 열심히 한 후 재롱잔치가 끝이 나면 아직 학기가 끝나기 3개월에서 2개월 전이지만 더 이상 부모님들께 발표해야 하는 발표회가 없기에 영어 교육도 재롱잔치와 함께 대부분 끝나게 된다는 것입니다. 매년 유아교육원에서는 비슷한 교육 패턴이 있습니다. 3월은 신학기가 시작되기 때문에 열심히 지도하지 않아도 되고 5월은 다른 과목 참관수업 준비로 또 열심히 하지 않아도 되고, 8월은 휴가와 방학 10월부터는 재롱잔치 때문에 또 열심히 하지 않아도 되는 분위기가 자연스럽게 형성됩니다. 매년 학습된 행동을 단 한 번도 의심이나 평가 없이 마치 어제의 반복 생각과 행동처럼 똑같이 반복한다는 것입니다. 늘 학창 시절 중간고사가 끝나면 긴장과 스트레스가 쌓인 학생들을 위해 단체 영화관을 가고 입학시험이 끝나는 동시에 생애 다시는 공부를 하지 않을 것처럼 모든 교과서를 쓰레기통에 버리는 학습된 사람들이 교육자가 되어 이제는 교사로서 학습 현장에 서게 되면 모든 교육을 '습관'으로 바라보기보다는 특정 시기를 참아내야 하는 교육으로 보기에 나이가 들어갈수록 좋은 습관을 들이는 것이 어려운 것입니다.

곰곰이 생각해 보시길 바랍니다. 어릴 때부터 독서 습관이 배어 있는 아이들이 중간고사나 기말고사처럼 기간을 정해놓고 책을 읽었을까요? 오른손으로 연필을 사용하는 습관이 들어 있는 사람들이 그렇게 했을까요? 습관은 과목처럼 그렇게 교육해서는 쉽게 들일 수 없는 것입니다. "세 살 버릇 여든까지 간다."라는 말에는 특별한 습관의 '본질'이 있습니다. 필자가 교육 현장에서 영어 교육은 습관과의 전쟁임을 알게 되었을 때 습관은 시간적 개념이 우리 뇌에 자리 잡기 전에 정확한 반복 교육으로 교육할 수 있다는 것입니다. 시간의 개념이 정확히 자리 잡은 사람들에게는 영어 교육을 포함한 모든 교육은 '목표' 달성에 대한 교육이 더 효과적이라는 것입니다. 이것을 간단히 정리해드리면 다음과 같습니다.

5세~13세까지는 '습관 교육'
14세~성인까지는 '목표 교육'

중간고사까지만, 기말고사까지만, 시간 개념이 명확한 학습자에게 영어 습득에서의 습관이 생기지 않습니다. 좋은 것에 대해 습관을 들이기에는 시간 개념이 정확하지 않은 나이인 유아기가 좋은 독서 습관이나, 영어 습득 습관은 언제 시작하고 언제 끝나는 시점을 정해놓지 않고, 매일 교육하는 것이기에 정확한 방법으로 교육한다면 시작한 지 많은 시간이 지나지 않아 의식 없이 편한 오른손이나, 왼손을 사용해서 밥을 먹는 것처럼 쉬운 영어 습관이 됩니다. 영어 교육의 두 가지 단계에서 첫 번째 단계는 우리 뇌가 외국어를 모국어로 인식하는 단계에 교육을 하는 것이기에 영어 교육은 생활의 일부이자 영어 교육의 본질인 습관이 쉽게 될 수 있다는 것입니다. 영어 습득의 '본질은 습관'입니다.

영어 교육
사회적 문제
해결 방법

19.
영어를 잘할 수 있는 원리 1: '음절 교육'

다시 한번 반복해서 말씀드리지만, 한국에서 영어는 사회적 문제입니다. 이 사회적 문제를 해결하기 위해 필자는 영어 교육에 혁명과도 같은 영어 교육의 3가지 원리를 계발하였습니다. 이 3가지 원리는 책상에 앉아서 만들어진 원리가 아닙니다. 현장에서 직접 지도하면서 가장 영어를 쉽고 효율적으로 습득하는 방법을 통해 만들어진 원리입니다. 영어를 배우고 싶은 분들이 영어 습득에 어려움을 겪는 부분은 크게 3가지입니다. 첫 번째는 단어나 문장이 외워지지 않고, 발음을 쉽게 하지 못하는 문제입니다. 두 번째는 노력해서 어렵게 암기한 단어나 문장들을 쉽게 잊어버린다는 것입니다. 그리고 마지막 세 번째는 영어로 유창하게 길게 말하지 못한다는 것입니다. 다시 한번 정리해보면 다음과 같습니다.

〈영어 습득이 어려운 점〉
1. 단어나 문장이 외워지지 않고, 발음이 어렵습니다.
2. 어렵게 단어나 문장을 암기해도 시간이 지나면 쉽게 잊어버립니다.
3. 영어를 배워도 유창하게 말할 수 없고, 길게 말을 할 수 없습니다.

이러한 문제만 해결하면 한국 영어 사회적 문제를 해결할 수 있습니다. 이러한 문제들 가운데 첫 번째 문제인 단어나 문장이 외워지지 않고, 발음의 어려움을 해결할 수 있는 '음절 교육'에 대해 설명 드리겠습니다. 이 원리를 설명 드리기 전 이 교육을 받은 한 영어 강사의 교육 후기를 먼저 공유해 드리겠습니다.

이 교육에 대한 소개나 소문을 듣고 배우기 위해 오시는 분들 중에는 영어를 잘 배우기 위해 오시는 분들도 계시지만, 직업적으로 영어를 잘 가르치고 싶어서 교수법을 배우기 위해 오시는 분들도 있습니다. 소개해 드리는 이 선생님께서도 부산에서 10년 이상 학생들에게 영어를 가르치고 계시며 영어를 가르칠수록 아이들의 실력이 좋아지는 것이 아니라 영어 공부에 대해 스트레스를 받고, 영어를 싫어하게 되는 모습들을 보며 좀 더 효과적인 방법을 찾다가 우연히 이 교육을 소개받고 배우신 선생님입니다. 선생님께서 이 교육의 3가지 원리를 배운 후 아이들에게 적용해 보았을 때 완전히 교육 효과 면에서 다른 결과들이 쏟아지는 것을 경험한 후 교육 후기를 남겨주셨습니다. 교육 후기 중 제일 마지막 일부분만 공유하겠습니다.

영어 강사의 교육 후기 중

세종대왕의 환생?!

→ 끝으로 홍 대표님과 실물에 가깝게 복원한 세종대왕님의 모습을 비교 분석한 제 생각을 적고, 글을 마치겠습니다. 환생이 맞는 것 같습니다. 이 세상에 한번 더 와 주셔서, 그리고 저희 앞에 나타나 주셔서 너무 감사합니다!

자신의 실력을 낮추고 겸손히 이 교육에 대한 과분한 칭찬과 개발자가 들을 수 있는 최고의 찬사의 글입니다. 선생님께서는 이 교육의 3가지 원리에 대해 교육을 듣고 이 교육은 한글만큼 우수한 방법이라고 생각하셨을까요? 영어 단어를 쉽게 습득하고, 발음할 수 있는 첫 번째 원리 '음절 교육'에 대해 설명을 드리겠습니다.

이 교육의 첫 번째 원리는 '음절 교육'입니다. 정확히 말씀드리자면 KSDAM: Korean Syllable Divide Acquisition Method:(한글 음절 분리 습득법)라고 합니다. 이것을 줄여서 '음절 교육'이라고 합니다. 그동안 한국 영어 교육에서는 영어 음절에 대해 가르칠 때 영어를 모국어로 사용하는 나라에서 사용하는 음절을 가르쳤습니다. 하나의 단어에 모음 개수로 음절수를 나누게 됩니다. 간단한 예를 들면 'dog, 개'라는 단어는 영어로는 1음절입니다. 하지만 한글 음절에서는 2개의 음절 '도그'입니다. 한국 사람들이 영어 습득이 어려운 점이 무엇이라고 했는지 기억하시는지요? 바로 단어가 외워지지 않고 발음을 쉽게 할 수 없기 때문이라고 말씀을 드렸습니다. 이 문제는 '한글 음절 분리 습득법'으로 완전히 해결할 수 있습니다. '소개하다'라는 영어 단어 'introduce'를 외워야 한다고 생각해 보시길 바랍니다. 대부분의 한국 사람들은 i, n, t, r, o, d, u, c, e, 알파벳 철자 하나하나를 입으로 말하면서 펜으로 반복해서 쓰면서 암기를 했을 것입니다. 이렇게 단어를 어려운 방법으로 외웠기 때문에 몇 단어 외우지 않아 헷갈리고 쉽게 잊어버리게 된 것입니다. 이 단어를 한글 음절 분리 습득법으로 습득하는 방법은 이렇습니다.

in(인)
t(트)
ro(로)
du(듀)
ce(쓰)

이렇게 한글 음절로 나누어서 암기하면 전혀 헷갈림 없이 쉽게 습득할 수 있습니다. 학습자들에게 이러한 방법을 가르쳐주면 너무나 쉽게 암기가 되기 때문에 좋아하시지만, 한 가지 걱정도 하십니다. 완전히 한국식 발음이라 '콩글리쉬'라며 발음 걱정을 하십니다. 더 심각하게 생각하시는 분들은 이처럼 음절을 읽게 되면 발음이 굳어질까에 대해서도 걱정을 하십니다. 저는 이러한 걱정에 대해 간단한 질문으로 문제를 해결해드립니다.

여러분! 만일 여러분들의 자녀가 영어 '알파벳'만 배웠다고 가정합시다. 알파벳만 알고 있는 자녀에게 introduce 단어를 읽어보라고 하면 자녀는 어떻게 읽을 것 같습니까? 이렇게 질문을 드리면, 모든 분들의 대답은 아이, 엔, 티, 알, 오 이렇게 철자를 읽는다고 말씀을 하십니다.

만일 그렇다면 여러분들은 자녀가 원래 단어 발음 '인터로듀쓰 introduce'라고 발음하지 않고 아이, 엔, 티~ 이렇게 읽고 있는 것에 대해 걱정을 하십니까? 자녀의 발음이 그렇게 굳어질 것이라고 걱정을 하시는지 질문을 드리면 이해력이 빠른 분들은 바로 이해하게 됩니다. 'introduce' 단어는 알파벳 발음과 단어 발음이 다르기에 알파벳을 익힌 후 단어 발음은 따로 배워서 연습해야 하는 것을 알고 계실 것입니다. 이처럼 'introduce' 단어에서 한글 발음 인, 트, 로, 듀, 쓰는 음절 발음입니다. 이 음절 발음은 introduce 원어 발음과는 같지 않습니다. 이 교육에서 알파벳에 해당하는 것이 바로 '음절'이라고 합니다. 필자가 계발한 '음절 교육'은 영어 단어를 이루는 최소 단위입니다. 일반적으로 사람들은 단어를 이루는 최소 단위는 알파벳으로 생각하시지만, 필자는 영어 교육의 처음을 알파벳이 아니라 '음절'로 간주합니다. 여기서 또 하나의 중요한 질문을 드리겠습니다. 'introduce'라는 단어를 처음 배우는 아이 중 알파벳만 알고 있는 아이들은 이 단어를 읽어보라고 하면 예외 없이 아이, 엔, 티 순으로 읽을 것입니다. 절대로 '인터로듀쓰' 라는 발음이 비슷하게는 절대로 할 수 없을 것입니다. 하지만 in, t, ro, du, ce. 음절로 배운 아이들은 한 음절 한 음절, 음절 글자와 소리를 정확히 읽을 수 있게 될 것입니다. 영어 '알파벳은 26자'입니다. 여러분들은 영어를 처음 시작할 때 뜻도 없는 26자의 알파벳을 배우시겠습니까? 아니면 음절이 합쳐지면 단어가 만들어지는 음절 49개를 먼저 습득하시겠습니까?

몇 가지 예를 더 들어 보겠습니다. 영어로 사람을 'person'이라고 합니다. 음절로는 어떻게 나누면 될까요? per, son. 이렇게 2개의 음절로 나누면 됩니다. 사람들 'people'은 어떻게 나누면 될까요? peo, ple. 이렇게 2개의 음절로 나누면 됩니다. 기회 'chance'는 어떻게 나누면 될까요? chan, ce. 이렇게 나누면 됩니다. 이렇게 한글 음절 분리 습득법으로 단어를 습득하면 단어를 쉽게 습득할 수 있고, 가장 원어 발음에 가까운 발음을 즉시 할 수 있게 됩니다. 다시 한번 정리해보겠습니다. 다음 단어의 음절을 나누어 보시길 바랍니다.

introduce	in	t	ro	du	ce
person	per	son			
people	peo	ple			
chance	chan	ce			

알파벳 & 음절

1. 알파벳 26자	2. KSDAM (음절 29)
A, B, C, D, E, F, G H, I, J, K, L, M, N, O P, R, R, S, T, U, V W, X, Y, Z	to l a go In li t at ve you p lea

　인간의 두뇌는 어떤 것을 암기할 때 작은 단위 알파벳 'ABCDEFG……'을 암기하는 것보다는 이미지 per, son, peo, ple 이렇게 하나의 그림처럼 이미지로 암기하는 것을 더 쉽게 기억한다는 과학적 증거가 많습니다. 알파벳 26자의 음가(발음 기관의 기초적 조건에 의한 단위적 작용에 따라 생기는 성음 현상 또는 소리값)를 먼저 교육하는 것보다는, '음절 교육,' 즉 알파벳 덩어리를 습득하는 것이 더 재미있고 실력이 훨씬 빨리 향상됩니다. 현대 뇌 과학에서도 이러한 사실을 잘 증명해주고 있습니다. 피어스 하워드는 그의 저서《the owner's manual for the brain 뇌 사용자 매뉴얼》에서 사람의 뇌는 모든 것을 이미지 형태로 저장한다고 주장했습니다. 그리고 서던캘리포니아 대학교 뇌 과학 연구소 소장 안토니오 다마지오는 그의 저서《스피노자의 뇌》에서 사람의 사고는 이미지를 표현하고, 통제하고, 지시하고, 엮고 나누는 것에 불과하다고 말했습니다. 제대로 이미지화하지 않으면 사고 자체가 불가능할 수 있다고도 주장했습니다. 최

근의 뇌과학자들은 모든 데이터는 이미지 형태로 뇌에 저장된다는 사실을 얘기하고 있습니다.(《48분 기적의 독서법》). '음절 교육'은 교육 과학입니다. 영어 단어가 잘 암기가 되지 않거나 새로운 단어에 대한 발음이 쉽지 않은 분들은 이 교육의 첫 번째 원리, 음절 교육이면 문제 해결이 가능합니다. 필자는 5세 때부터 영어를 배우는 아이들에게 이 음절 교육을 해주었을 때 5세 아이들이 영어 문장을 쓰고 많은 문장을 무리 없이 습득하는 모습을 보게 되었습니다. 이미 알파벳을 알고 있는 성인들에게 이 '음절 교육'을 가르쳐주면 영어를 배우는 즉시 쉽게 단어를 습득하게 됩니다. 아무리 가르치고 단어시험을 쳐도 실력이 늘지 않는 아이들 때문에 마음고생을 하고 계셨던 부산의 한 영어 강사님께서 왜 이 교육을 세종대왕의 한글에 버금가는 교육법이라 말씀을 하셨는지 조금은 이해하셨을 것입니다.

훈민정음 & 영어음절교육

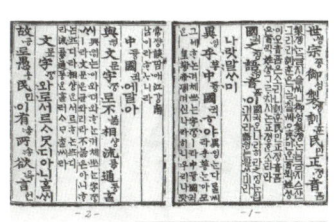

한글의 가장 큰 장점은 바람 소리, 닭 울음소리, 새소리뿐 아니라 전 세계 언어의 발음을 모두 표기할 수 있는 것입니다. '한글 음절 분리 습득법'으로 영어를 배우게 된다면 너무나 쉽고 재미있게 영어를 배울 수 있습니다. '한글 음절 분리 습득법'으로 단어를 나누고 습득하는 방법을 직접 해보도록 하겠습니다.

다음 단어의 음절을 분리해 보세요.

nice	___	___			
meet	___	___			
pleasure	___	___	___		
first	___	___	___		
giving	___	___			
chance	___	___			
introduce	___	___	___	___	___
name	___	___			
apartment	___	___	___	___	___
kindergarten	___	___	___	___	
years	___	___	___		
old	___	___			

음절 교육으로 단어습득훈련

```
to          ____
be          ____
some        ____
name        ____  ____
chance      ____  ____
People      ____  ____
person      ____  ____
live        ____  ____
very        ____  ____
most        ____  ____
outgoing    ____  ____  ____
company     ____  ____  ____
around      ____  ____  ____  ____
kindergarten ____ ____  ____  ____
```

　모든 단어를 한글 음절로 쉽게 나눌 수 있을 것입니다. 이 '음절 교육'으로 단어 암기와 발음을 쉽게 할 수 있습니다.

20.
영어를 잘할 수 있는 원리 2:
'연결고리 인지법'

    영어를 잘할 수 있는 첫 번째 원리 '음절 교육'으로 단어와 영어 발음을 정말 쉽게 할 수 있는 방법에 대해 이해하셨을 것입니다. 영어를 잘 습득하기 위해서는 두 번째 문제를 해결해야 합니다. 단어와 문장은 쉽게 외웠는데 잊어버리지 않는 문제를 해결해야 합니다. 우리가 어릴 적부터 배운 모든 지식을 잊어버리지 않고 기억할 수 있다면 얼마나 위대한 일들을 많이 할 수 있겠습니까? 늘 새로운 것을 배우는 데 따르는 문제는 망각입니다. 학생들에게 20년 전에 영어를 처음 가르칠 때 언제나 문제는 가르친 것을 쉽게 잊어버리는 것이었습니다. 이러한 문제는 남녀노소 누구에게나 있는 문제입니다. 영어를 잘 습득할 수 있는 두 번째 방법은 연결고리 인지법입니다. 영어를 배우는 분 중에 한 번쯤은 들어본 얘기가 있을 것입니다. 영어는 한국말이 아니기에 영어식 사고를 해야 한다는 말입니다. 이 말은 맞는 말도 틀린 말도 아닌 것 같습니다. 하지만 필자는 영어 교육의 두 가지 단계에 대해 설명을 드렸습니다. 유아기 5세~13세까지는 우리 뇌는 외국어도 모국어처럼 인식하고 습득할 수 있다고 설명을 드렸습니다. 그리고 14세부터는 우리의 뇌는 영어를 배울 때 외국어로 인식한다는 설명도 드렸습니다. 가르치는 분들이 영어를 가르치기 전 뇌를 먼저 이해해야 하는 이유도 여기에 있습니다. 13세 이전의 학습자에게는 미국식 사고를 가르치며 가르치기가 효율적일 것입니다. 하지만 한국어가 완전히 정착된 14세 이상의 학습자들에게는 우리의 언어를 영어화해서 교육을 하는 것이 더 효율적일 것입니다. 14세 이상의 학습자에게 자기소개를 한국말로 해보도록 부탁을 하면 이름, 나이, 학교, 자신이 좋아하는 것 등을 자연스럽게 얘기할 수 있습니다. 이것을 영어로 말할 수 있도록 교육하면 됩니다. 이미 자유롭게 말할 수 있는 많은 주제가 머릿속에 가득 차 있다는 의미입니다. 하지만 영어를 잘 습득하기 위해서는 머릿속에 있는 이러한 많은 주제도 논리적으로 체계화되어 있지 않기 때문에 연결고리 인지법이라는 학습법으로 조금만 교육을 해주면, 습득된 문장을 평생 잊어버리지 않는 영어 실력을 갖추게 됩니다. 지금부터 이 학습법을 간단하게 설명해 드리겠습니다. 영어를 외국어로 인식하는 시기에는 영어보다 한국말을 먼저 가르쳐야 합니다. 새로운 것을 가르치는 것이 아닌, 이미 알고 있는 내용에 대해 체계를 부여하는 교육입니다. 영어를 배우거나 가르치기 전 학습자들에게 다음 질문을 해봅니다. 외국인에게 소개를 한다면, 누구부터 소개를 하겠는지 물어봅니다. 이렇게 질문을 하면 학습자는 당연히 '자기소개'부터 한다고 말할 것입니다. 그렇다면 우리는 제일 먼저 '자기소개'를 영어로 하는 방법을 배울 것이라고 말해주면 됩니다. 그리고 다음 질문은 자신 다음으로 외국인에게 소개하고 싶은 사람은 누구인지 물어보면 자연스럽게 '가족 소개'라고 대답할 것입니다. 그리고 가족만큼 소중한 사람은 누구냐고 또 물으면 "친구 소개"라는 대답을 유도해가면 됩니다. 이 교육을 통해 영어를 배우는 주제는 1. 자기소개, 2. 가족 소개, 3. 친구 소개 이렇게 이미 한국말로는 이미 말 할 수 있는 내용에 대해 '체계를 부여'하는 방법으로 큰 주제를 연결고리로 만들어가면 됩니다. 독자 여러분! 영어 습득을 할 때 첫 번째 주제는 무엇이라고 했는지 이해가 되시는지요? '자기소개'입니다. 다음은 '가족 소개'. 그 다음은 '친구 소개'입니다. 영어를 잘할 수 있는 두 번째 원리는 연결고리 인지법입니다. 이렇게 주제가 쉽게 연결되어 있다는 것을 이해하시면 됩니다. 다음 차트를 주의 깊게 살펴보시길 바랍니다.

주제별 연결고리

Chapter 1 Introduction	Chapter 2 At School / At Academy	Chapter 3 Daily Life / Vacation	Chapter 4 Whom do I Respect	Chapter 5 My country
1과 자기소개 / 2과 가족소개 / 3과 친구소개 / 4과 친척소개	5과 학교 / 6과 선생님 / 7과 학원 / 8과 가정	9과 하루 / 10과 평일 / 11과 주말 / 12과 여름/겨울방학	13과 존경하는 사람1 / 14과 나의 꿈1 / 15과 존경하는 사람2 / 16과 나의 꿈2	17과 역사 / 18과 휴일 / 19과 문화 / 20과 장소
인사, 이름/사는곳/학교/나이, 성격, 부모직업, 취미, 과목, 봉사	인사, 가족구성, 친한친구, 생활, 여동생, 취미	인사, 친구들, 아버지친척, 조회, 반소개, 큰아버지, 꿈	인사, 가는집, 아버지친척, 성격, 도움, 재능	준비, 학교소개, 선생님소개, 조회, 반소개, 도움, 선생님, 잠	학원소개, 좋아하는과제, 숙제, 저녁, 밤, 금요일밤	마친후, 오후, 친구, 저녁, 꿈	아침, 주중, 토요일오후, 토요일저녁, 매일, 일요일오전, 일요일오후	방학들, 여름, 겨울	책, 사람, 이유	꿈의직업, 이유들, 일요일오후, 꿈	월드컵, 사람, 꿈의성취	다음꿈, 통역사, 꿈의성취, 이유	건국, 왕국분리, 독립/전쟁, 발전	소개, 설날, 추석	독특한문화, 의복, 음식, 언어	위치, 장소들, 민속촌, 경주, 제주도

연결고리 인지법은 이미 모국어로 습득되어 있는 주제와 내용에 '체계성을 부여'해서 한번 습득된 문장들을 결코 쉽게 잊어버리지 않는 원리로 교육을 하기에 영어문장들이 우리 뇌의 단기기억장치에서 장기기억장치에 정확히 기억되는 최고의 학습법입니다. 이 교육은 1년 전, 2년 전에 배운 주제와 소주제를 통해 습득된 영어문장을 잘 기억 할 수 있습니다. 이 영어를 배우고 있는 초등학교 2학년 학생에게 1년 전에 배운 내용에 대해 평가를 해보면 놀랄 만큼 배운 내용을 대부분 잘 기억한다는 것입니다. 사진을 참고해보시길 바랍니다.

〈교재의 모든 주제와 문장이 연결고리로 구성〉

(습득된 문장은 잘 기억함)

철저하게 모국어에 기반을 둔 영어 습득 학습법이기에 영어 습득에 전혀 어려움이 없습니다. 모국어로서 이미 알고 있는 내용을 영어로 말하고 쓰는 교육이기에 영어식 사고를 강요받지 않아도 되며, 실용 영어이기에 매일 생활화할 수 있습니다. 간단히 이 학습법을 정리하며 부디 영어는 우리들의 생활과 직접 연관성이 있는 내용과 문화를 영어화하면 좋겠습니다. 영어를 가르친 지 1세기가 넘는 기간 동안 우리는 여전히 미국식 표현, 영국식 표현 그들의 감탄사와 의성어까지 흉내 내면서 영어를 배워도 우리 땅에서는 사용할 수도 없는 죽은 영어로 더 이상 시간과 돈과 에너지를 낭비할 필요가 없을 것입니다. 저의 권유가 가슴에 와닿지 않는 분이 계시다면, 영어로 '밥 먹었니?' 그리고 '나는 한국 초등학교 4학년 3반 학생입니다'를 영어로 말해 보시길 바랍니다. 결코 어려운 수준의 문제는 아니지만, 입에 딱 붙어있는 말은 아닐 것입니다. 현실은 이 말은 쉽게 영어로 말하지 못하지만, 수능시험을 보고 대학은 갈 수 있는 현실이 우리나라 영어 말하기 수준과 영어 사회적 문제입니다. 두 번째 원리 연결고리 인지법은 한 번 습득된 문장은 쉽게 잊어버리지 않는 학습법입니다.

〈기혼여성 교재〉

성인 여성 교재 연결고리

Chapter 1 Introduction				Chapter 1 Daily Day				Chapter 1 Growth Period				Chapter 1 Current Event				Chapter 1 My country			
1과 자기소개	2과 가족소개	3과 친구소개	4과 친척소개	5과 하루	6과 주말	7과 직업	8과 일요일	9과 고향	10과 학창시절	11과 독신생활	12과 결혼가정생활	13과 정치	14과 교육	15과 경제	16과 문화	17과 역사	18과 휴일	19과 문화	20과 장소
인사	인사	인사	인사	바쁜 아침	토요일 오전	직업 선택	기독교인	태어난 곳	유년 시절	대학 졸업	나의 남편	7~80년 정치	한국 교육 역사	전후 경제 상황	역사	건국	전통 휴일 소개	소개	우리나라 위치
사는 곳/나이	가족	친구/성격	삼촌/이모	오전	토요일 오후	나의 직업	불교 신자	이사	청소년	첫 번째 직업	나의 자녀	민주주의 발전	오늘날의 교육	7~80년 경제	연예계	삼국 시대	설날	의복	유명한 장소
성격	남편	알게 된 동기	조카	오후	일요일 오전	직장 생활	무신론자	성장한 곳	고등학창/대학시절	데이트	가족	정치 문제	교육 정책	90년 경제	스포츠	독립/전쟁	추석	음식	민속촌
취미	아들/딸	성격/재능	좋아하는 친척	저녁 시간	일요일 오후	미래 준비						우리들의 책임	오늘날의 교육 문제	오늘날의 경제	영화/건강	발전		언어	경주/제주

〈기혼남성 교재〉

성인 남성 교재 연결고리

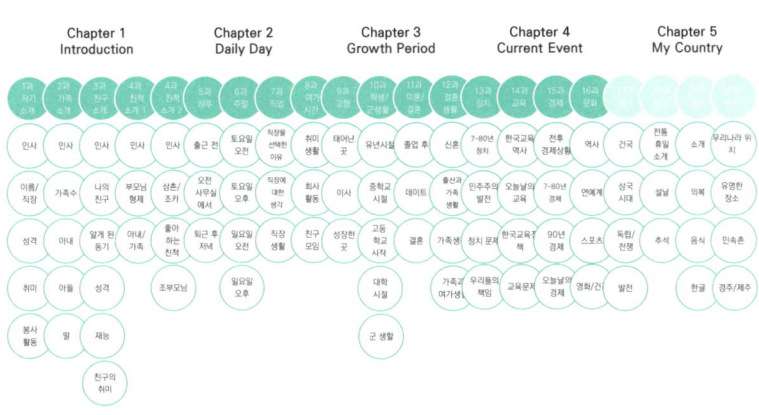

〈연결고리 문법 교재〉

문법 연결 고리 구성도

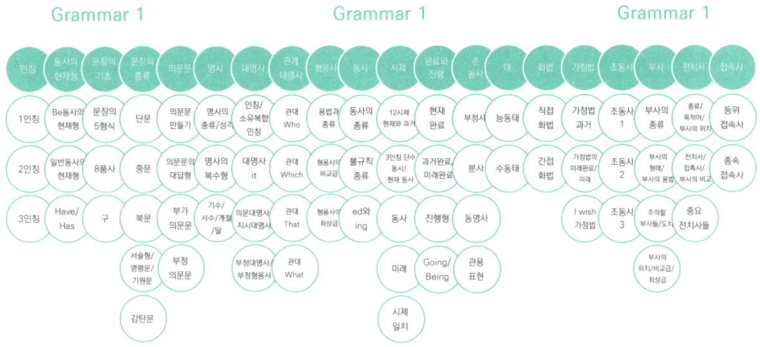

21.
영어를 잘할 수 있는 원리 3:
'가지 뻗기 회화법'

    지금까지 영어를 잘할 수 있는 원리 세 가지 중 2가지를 살펴보았습니다. 이제 세 번째 원리를 설명해 드릴 것입니다. 이 영어에 매료되시는 분 중에는 본인의 영어 수준에 따라 이 세 가지 원리 중 하나에는 거의 매료됩니다. 세 번째 원리인 가지 뻗기 회화법은 영어를 어느 정도 하시는 분들에게 큰 감동을 주는 학습법입니다. 먼저 한국인들 대부분은 그동안 어떻게 영어 회화를 배워왔을까요? 더 중요한 질문이 있습니다. 전국에는 영어를 가르치는 많은 프로그램과 영어 교육원이 있습니다. 정말 영어 습득을 위해 새롭고도 향상된 프로그램이 있습니까? 대부분의 새로운 프로그램은 교재의 디자인, 삽화, 수업 도구 등의 변화 정도만이 있습니다. 영어 교육은 돌고 돌아 교재의 편집만 살짝 바꾸기만 해도 소비자들은 완전히 새로운 교육으로 받아들이게 됩니다. 유명한 강사, 좋은 교재들은 시작 부분만 조금 다릅니다. 어학원을 운영할 때 원어민에게 들었던 얘기 중 재미있는 것이 있습니다. 어학원에 원어민을 강사로 초청해서 첫째 날 출근해서 어학원에 오면 모든 선생님들이 너무나 반갑게 다가

와서 인사하고 말을 걸고 관심을 가져 줍니다. 그런데 그다음 날 출근을 하면 그렇게 친절하고 관심을 가져 준 분들이 곁에는 더 이상 없다는 것입니다. 그 이유는 바로 자신이 알고 있는 영어에 대해 첫째 날에 모두 사용하였기에 더 이상 말할 것이 없다는 것입니다. 지금까지 영어 회화를 어떻게 가르쳐왔습니까? 회화 교재뿐 아니라 방법에서도 거의 발전이 없습니다. 단지 IT 강국으로 전자기기의 도움으로 영어를 조금 더 쉽게 접할 기회는 늘었지만, 방법은 거의 같습니다. 방법이 거의 같다면 당연히 결과도 비슷한 것 아니겠습니까? 한국에서 가르치는 영어 회화 교재는 상황별 교육을 많이 합니다. 예를 들면, '식당에서'라는 주제를 정해놓고 상황 회화훈련을 하는 방법입니다. 회화 패턴은 A 종업원, B 손님 설정 후 단 문장으로 묻고 단 문장으로 대답하는 회화훈련 방식으로 교육을 하는 것입니다. 차트를 통해 이미 익숙한 자료를 공유하겠습니다.

일반 영어 교재의 구성

Dialogue 1 : At restaurant(식당에서)

A: What would you like to order?
B: I will have a steak.
A: How would you like your steak?
B: Medium, please.
A: Anything to drink?
B: Coke, please.

상황설정 후 단 문장 질문과 단 문장 대답 훈련은 아무리 오랫동안 연습해도 회화 실력이 좀처럼 향상되기 어렵습니다. 영어를 길고 유창하게 말할 수 있는 학습법, 가지 뻗기 회화법은 영어를 배우는 즉시 실력이 유창해짐을 경험할 수 있습니다. 한국 사람들이 세계 최고의 지능을 가지고 영어를 배워도 잘할 수 없는 이유는 영어를 바른 방법으로 배우지 않았기 때문입니다. 14세 이상 영어를 외국어로 배우는 단계에서는 반드시 모국어에 기반을 둔 교육을 해야 효과적이라는 설명을 드렸습니다. 유창한 영어 실력을 위해 모국어를 먼저 교육하고 준비해야 합니다. 필자가 가지 뻗기 회화법을 계발하게 된 계기가 있습니다. 이 계기에 대해서는 관련 주제를 통해 설명해 드리도록 하겠습니다. 가지 뻗기 회화법을 배우면 영어를 유창하게 할 수 있습니다. 이 학습법의 원리는 이렇습니다. 앞서 살펴본 바와 같이 일반적 회화훈련 방법은 A가 묻고 B가 단답형으로 대답하는 형식입니다. A: 펜을 어디서 구입하셨습니까? B: 문구점에서 구입했습니다. A: 얼마에 구입하셨습니까? B: 5,000원에 구입했습니다. 가지 뻗기 회화법은 이러한 형식으로 회화훈련을 하지 않습니다. 가지 뻗기 회화법은 다음과 같은 혁신적인 방법으로 회화 훈련을 합니다. A: 펜을 어디에서 구입하셨나요? 이 질문에 대한 대답으로 가지 뻗기 회화법에서는 구입한 곳을 바로 대답하지 않습니다. 질문한 대답을 하기 전 5문장으로 가지를 뻗습니다. 구입한 곳은 대답의 중간에 넣습니다. 그리고 대답 이후에도 관련 내용에 대한 문장을 5문장 더하도록 교육 합니다.

한국어로 먼저 실전 훈련을 해보도록 하겠습니다.

A: 펜을 어디에서 구매하셨습니까?

가지 뻗기: 1. 제가 가지고 있는 이 펜에 관심이 많으시군요.
         2. 사실, 저는 이런 스타일의 펜을 좋아하지 않습니다.
         3. 펜 글씨가 부드럽게 쓰이지 않기 때문입니다.
         4. 색상도 제가 좋아하는 색이 아닙니다.
         5. 품질에 비해 가격만 비싼 펜인 것 같습니다.

질문에 대한 대답: 이 펜은 저의 생일 때 제 친구가 선물로 준 펜입니다.

가지 뻗기: 1. 저와 가장 친한 친구가 준 선물이기에 사용할 때 마다 감사함을 느낍니다.
         2. 친구를 만나게 되면 이 펜에 대한 사용감을 알려줄 것입니다.
         3. 가까운 친구라도 취향을 말해주지 않으면 제가 좋아하는 것을 모두 알 수는 없습니다.
         4. 친구에게도 물어볼 것입니다. 생일 선물로 무엇을 받고 싶은지에 대해 말입니다.
         5. 소중한 친구는 선물보다 소중합니다.

가지 뻗기 회화법의 원리를 보시길 바랍니다. A가 질문하면 대답은 중간에 넣고 질문에 대한 대답 앞에 5문장으로 가지를 뻗고 5문장 후에 질문에 해당하는 대답을 합니다. 그리고 난 후 질문과 관련된 5문장을 더 가지 뻗기를 합니다. 독자분들도 지금 펜으로 한국어로 연습을 한번 해보시길 바랍니다. 영어를 배워도 왜 유창할 수 없었는지 한국어 능력을 통해 잘 알게 될 것입니다. 위와 같은 패턴으로 된 영어 회화 연습을 한다면 배우는 즉시 영어 실력이 바로 향상됨을 경험하게 될 것입니다. 가지 뻗기 회화 훈련 예문을 인용해 보겠습니다.

필자가 계발한 가지 뻗기 회화법과 지금까지 독자분들이 배워 온 학습법과 비교해 보시길 바랍니다. 일반교육에서는 패턴 회화 훈련이라고 해서 이러한 형식의 교육을 합니다. A: What's your hobby? B: My hobby is (   ). 자신이 좋아하는 취미를 넣어서 말하는 연습을 합니다. 이러한 회화 훈련은 아무리 많이 연습해도 영어 회화 실력이 향상되지 못합니다. 필자가 인용한 차트를 보시면 질문을 하고, 대답은 질문과 관련된 문장 가지 뻗기를 대답 앞뒤로 하게 됩니다. 이렇게 회화훈련을 하면 배우는 즉시 길고 유창하게 말을 할 수 있게 됩니다. 우리 뇌는 단 문장 단답형 형식으로 배우는 회화훈련에는 별 반응을 하지 않습니다. 적어도 우리 뇌는 5문장 이상 연속으로 말을 할 때 본인이 영어를 유창하게 배우고 있다는 자극을 받게 됩니다. 가지 뻗기 회화법은 영어 교육의 혁명입니다. 이 학습법으로 배우는 즉시 영어 회화 실력이 향상됨을 경험할 수 있기 때문입니다.

〈일반 회화 교재와 가지 뻗기 회화 교재 비교〉

일반 영어 교재의 구성	SBCM: 가지 뻗기 회화법
Dialouge 2 : At airport(공항에서)	Q) What are your hobbies?
A: May I see your passport and landing card please? B: Yes. Here you are. A: Is this your first visit to America? B: Yes. A: What's the purpose of your visit? B: I'm here on business. A: How long are you going to stay in America? B: For about one month. A: All right. That'll be all. You may go to the customs center. B: Thank you.	My hobbies include reading books, listening to music, hiking, watching movies, and participating in sports. _{Branch(1)} I especially like watching movies. I like to play computer games as well. _{Branch(2)}
SBCM: 가지 뻗기 회화법	**SBCM: 가지 뻗기 회화법**
Q) What is your favorite subject at school?	Q) What are your parents like?
I study many different subjects at school, but my favorite subject is English. I study English everyday. I have been studying English for 3 years so far. I like studying English because it is fun and exciting to learn.	My parents always make my sister and I fell important and special. _{Branch(1)} My parents love each other. They always have been a good example for us. _{Branch(2)} My father is always helpful around the house. _{Branch(3)} He often goes shopping with my mother. _{Branch(4)} I look up to him. _{Branch(5)} My mother is a very good cook, and is still a beautiful woman. _{Branch(6)} She looks younger than her age. _{Branch(8)} I love my mother. _{Branch(9)}

교재와 교육 방법이 다르면 결과는 완전히 다릅니다. 성인분들을 대상으로 영어 교육을 할 때 본인이 유창하게 영어로 말하고 싶은 내용을 먼저 한글로 가지 뻗기 방법으로 교육을 하게 됩니다. 이렇

게 교육을 했을 때 배우는 즉시 유창하게 영어를 말 할 수 있는 경험을 하게 됩니다. 실제 학습자들이 글로 표현한 내용을 가지고 교육을 진행한 자료를 몇 가지 나누도록 하겠습니다.

성인반 수업에 적용 사례
(한글 가지 뻗기 회화법)

질문: 당신은 어떤 사람을 좋아하나요?
  1. 10대 때는 공부 잘하는 사람이 좋았습니다.
  2. 20대 때는 잘생긴 사람이 좋더라구요.
  3. 30대 때는 능력 있는 사람이 좋았습니다.
  4. 40대 때는 재미있는 사람이 좋았구요.
  5. 50대 때는 편안한 사람이 좋았습니다.

대답: 그러나 60대가 되니까 믿음이 가는 신뢰할 만한 사람이 좋네요
  1. 제 주변에 가까이 지내는 친구들을 거의 변덕스럽지 않은 사람들이지요.
  2. 머리 회전이 빠른 사람보다는 우직한 사람을 신뢰하는 편이에요.
  3. 저의 성향은 한 번 신뢰한 사람은 끝까지 믿어주고 지속해서 인연을 이어갑니다.
  4. 그러다 보니 아직까지는 등 돌리고 안 보는 사람은 없습니다.
  5. 가장 큰 수혜자는 저의 남편이지요.

(영어로 가지 뻗기 회화법)

Q: What kind of person do you like?

1. When I was in my teens, I liked people who were good at studying.
2. When I was in my 20s, I liked handsome/good looking people
3. When I was in my 30s, I liked people with abilities.
4. When I was in my 40s, I liked fun people.
5. When I was in my 50s, I liked people I feel comfortable around.

A: But now that I'm in my 60s, I like someone I can trust.

1. Friends I'm close to are rarely fickle.
2. I have tendency to trust honest people rather than cunning ones.
3. I tend to believe in the person to the end once I trust and stay in touch
with them.
4. As a result, there is no one yet who turns their backs on me.
5. The main beneficiary is my husband.

(이렇게 멋진 가지 뻗기 회화자료가 됩니다)

가지뻗기 회화법 적용사례

한글 가지 뻗기 회화법	영문 가지 뻗기 회화법
질문: 당신은 어떤 사람을 좋아하나요?	Q: What kind of person do you like?
1. 10대 때는 공부 잘하는 사람이 좋았습니다.	1. When I was a teens, I liked people who were good at studying.
2. 20대 때는 잘생긴 사람이 좋더라구요.	2. When I was in my 20s, I liked handsome good-looking people.
3. 30대 때는 능력 있는 사람이 좋았습니다.	3. When I was in my 30s, I liked people with abilities.
4. 40대 때는 재미있는 사람이 좋았구요.	4. When I was in my 40s, I liked fun people.
5. 50대 때는 편안한 사람이 좋았습니다.	5. When I was in my 50s, I liked people I feel comfortable around.
대답: 그러나 60대가 되니까 믿음이 가는 신뢰할 만한 사람이 좋네요.	A: But now that I'm in my 60s, I like someone I can trust.
1. 제 주변에 가까이 지내는 친구들은 거의 변덕스럽지 않은 사람들이지요.	1. Friends I'm close to are rarely fickle.
2. 머리 회전이 빠른 사람보다는 우직한 사람을 신뢰하는 편이에요.	2. I have tendency to trust honest people rather than cunning ones.
3. 저의 성향은 한 번 신뢰한 사람을 끝까지 믿어주고 지속적으로 인연을 이어갑니다.	3. I tend to believe in the person to the end once I trust and stay intouch with them.
4. 그러다 보니 아직까지 등 돌리고 안 보는 사람은 없습니다.	4. As a result, there is no one yet who turns their backs on me.
5. 가장 큰 수혜자는 저의 남편이지요.	5. The main beneficiary is my husband.

가지뻗기 회화법 적용사례

한글 가지 뻗기 회화법	영문 가지 뻗기 회화법
질문: 구두를 어디에서 샀나요?	Q: Where did you get your shoes?
1. 20대 때에는 신발 높이가 10cm 이상 되는 신발을 잘 신고 다녔습니다.	1. When I was in my 20s, I used to wear shoes that were over 10cm high.
2. 직업이 강사이다 보니 오래 서서 강의를 하고 나면 발이 많이 부었습니다.	2. As an instructor, my feet are swollen after standing for long hours.
3. 운동화를 신고 강의를 할 수 없기 때문에 구두 굽 높이가 낮으면서 예쁘고 편한 구두를 신게 되었습니다.	3. Since I am not allowed to lecture with sneakers on, I wear low-heeled shoes that comfortable as well as pretty.
4. 구두를 사기 위해 백화점 여기저기를 가보고, 인터넷 검색도 해 보았지만 마음에 드는 구두를 찾기 어려웠습니다.	4. I went to several department stores to buy shoes and searched on the Internet, but it was hard to find the ones that I liked.
5. 일주일 전에 대학교 동기 친구를 만났습니다. 친구가 신은 구두가 예쁘고 편해 보였습니다.	5. A week ago, I met a friend from university. The shoes she wore looked pretty and comfortable.
대답: 친구에게 신발을 어디에서 샀는지 물어보고, 구두 사이트를 추천받아 구매했습니다.	A: I asked her where she got them, and I got a pair of shoes from the shoe site recommended.
1. 신발 가격은 비싸지 않으면서 예쁘고 편안했습니다.	1. The shoes were pretty and comfortable but not that expensive.
2. 신발이 마음에 들고 디자인이 예뻐서 두 켤레를 구매했습니다.	2. I bought two pairs of shoes, for they were pretty.
3. 이 구두를 신고 1시간 이상 걸어도 발이 아프지 않습니다.	3. My feet don't hurt even after I walk more than an hour with these shoes on.
4. 회사 동료들이 신발을 어디에서 샀는지 물어보았습니다.	4. My co-workers asked me where I got them.
5. 당신도 이 구두에 관심이 있다면 구매할 수 있는 사이트를 알려드리겠습니다.	5. If you are interested, I will let you know the site where you can get them.

가지뻗기 회화법 적용사례

한글 가지 뻗기 회화법	영문 가지 뻗기 회화법
질문: 당신이 좋아하는 음식은 무엇입니까?	Q. What is your favorite food?
1. 한번 예측해 보세요? 회사 동료가 추천해 주어서 좋아하게 되었습니다.	1. Guess what? I got to like it because my colleague recommended it to me.
2. 방문해서 먹어 보니 그동안 방문해서 먹었던 음식 중에 최고였습니다.	2. When I visited there and ate it, it was the best dish I had ever eaten.
3. 예전부터 제가 좋아하는 음식이었지만 이 음식점을 알고 나니 내가 가장 좋아하는 음식이 되었습니다.	3. There has been my favorite food since a long time ago, but after knowing this restaurant, it became my favorite.
4. 여러 번 반복해서 먹으면 질릴 수도 있지만 먹을 때마다 만족스러웠습니다.	4. I might get tired of after eating over and over again.
5. 얼마 전에도 방문해서 먹었는데 마치 처음 먹는 것처럼 맛있게 먹었습니다.	5. Recently I visited there and ate it, and it was delicious as if was my first time to try it.
대답: 제가 좋아하는 음식이 무엇일까요? 바로 돈가스입니다.	A: What is my favorite food? It's 돈가스/pork cutlet.
1. 평범한 돈가스가 아닙니다. 회사 근처에 있는 홍도 돈까스입니다.	1. It's not an ordinary 돈가스/pork cutlet. It's 홍도 돈가스 near the company.
2. 와사비도 주는데 궁합이 아주 잘 맞습니다.	2. They serve wasabi too, which goes well with it.
3. 이 식당을 알고 난 후 마트에서 와사비도 구입했습니다.	3. After I knew this restaurant, I even bought wasabi myself at the grocery store.
4. 돈가스를 좋아하지 않는 사람들도, 이 돈가스를 한번 먹어보면 모두 좋아하게 됩니다.	4. For those who don't like 돈가스 at all, once they try this 돈가스, they will love it.
5. 그래서 이 돈가스 식당에서 함께 먹어 보면 후회할 일은 없습니다.	5. So if you try it at this 돈가스 restaurant, you won't regret it.

가지뻗기 회화법 적용사례

한글 가지 뻗기 회화법	영문 가지 뻗기 회화법
질문: 당신은 어떤 사람입니까?	Q: What kind of person are you?
1. 예전에는 제가 어떤 사람인지 몰라 고민을 많이 했습니다.	1. In the past, I had a lot of worries because I didn't know what kind of person I was.
2. 똑똑한 사람, 예쁜 사람들을 보며 부러워했습니다.	2. I am jealous of smart people an pretty people.
3. 나 자신이 초라하고 부족하다고 느낄 때가 많았습니다.	3. There were many times when I felt I was shabby and lacking.
4. 시기와 질투, 불평도 많았습니다.	4. I had a lot of envy, jealousy, and complaints.
5. 행복하지 않았습니다.	5. I was not happy.
대답: 나이가 들면서 저는 저를 좋아하게 되었습니다.	A: As I got older, I became fond of myself.
1. 저는 따뜻하고 친절하고 잘 들어주는 사람입니다.	1. I am a kind, warm-hearted person and a good listener.
2. 저의 성장 과정이 도움이 된다면 나누고 싶은 사람입니다.	2. If my growth process is helpful, I want to share it with you.
3. 저는 많은 사람들과 연락을 하고 지냅니다.	3. I am keeping in touch with a lot friends.
4. 많은 사람들과 연락하고 지내는 것은 많은 위로와 에너지를 가져다줍니다.	4. Staying in touch with them brings comfort and energy.
5. 저는 현재재 생활에 감사합니다.	5. I am grateful for my present life.

가지뻗기 회화법 적용사례

한글 가지 뻗기 회화법	영문 가지 뻗기 회화법
질문: 당신은 육아하는 것이 힘들지 않았습니까?	Q: Aren't you having a hard time raising a child?
1. 제가 아이를 임신했을 때 사람들은 말했습니다.	1. People said when I was pregnant with a child.
2. 아이는 배 속에 있을 때가 제일 편하다고요.	2. It's most comfortable when a child is in Mom's belly.
3. 아이와 처음 마주했을 때 저는 눈물을 흘렸습니다.	3. When I first met my newborn baby, I shed tears.
4. 아이의 까맣고 맑은 눈동자는 빛났으며, 그렇게 예쁘고 사랑스러울 수가 없었습니다.	4. Her dark and clear eye were twinkling, and she couldn't be prettier nor lovelier.
5. 어떻게 이렇게 예쁜 아이를 배 속에 있을 때가 편하다고 하는지 이해가 안 되었습니다.	5. I couldn't understand why people said such words: a child is comfortable when she is in the Mom's belly.
대답: 세상에 태어나서 우는 것 말고는 할 줄 아는 것이 없는 아이를 의젓한 성인으로 키워 낸다는 것은 정말로 힘듭니다.	A: It is a hard work to raise a baby who does nothing but cry the moment she was born, and up to a mature adult.
1. 하지만 그 힘듦과는 비교도 안 될 정도로 아주 큰 행복과 기쁨이 있습니다.	1. However, there is a great happiness and joy by raising them, which is incomparable to the difficulties.
2. 저에게 지금 7세 자녀 한 명과 4세 아이 한 명, 이렇게 딸 둘이 있습니다.	2. I have two daughters. They are 4 and 7 years old.
3. 너무나도 사랑스럽습니다.	3. They are so adorable.
4. 아이들이 하루하루 커 가는 것이 아쉬울 정도입니다.	4. It's such a precious moment for me to watch them growing day by day.
5. 아이들은 저에게 모든 것이고, 그 무엇과도 바꿀 수 없는 소중한 존재입니다.	5. They mean everything to me, and they are so precious to me that I will not trade them for the world.
6. 저는 육아가 힘든 것보다 아이들이 주는 넘치는 사랑에 중독되어서 헤어나오지 못하고 있답니다.	6. Raising a child is not that hard for me, but I am rather swamped with their overflowing love which is so addictive that I can't get enough of it.

영어를 유창하게 하고 싶다면, 한글 가지 뻗기 회화 연습을 해주시길 바랍니다. 다음 양식을 통해 효과적으로 연습할 수 있습니다.

가지 뻗기 회화 연습

가지 뻗기 회화 연습

Q:

A:

가지 뻗기 회화 연습

가지 뻗기 회화 연습

Q:

A:

22.
연결고리 인지법의 효율성

어떤 것을 잘 배우기 위해서는 습득력도 좋아야 하지만, 배운 지식을 잊어버리지 않는 것도 중요합니다. 사람들의 능력은 모두 다릅니다. 빨리 배우는 것에 능력이 있는 사람이 있는가 하면 배운 것을 잊어버리지 않는 능력을 가진 사람도 있습니다. 영어를 잘 할 수 있는 두 번째 원리인 연결고리 학습법은 습득된 지식을 잘 잊어버리지 않게 하려고 만들어진 원리입니다. 물론 쉽게 많은 문장을 습득하는 방법이기도 합니다. 필자가 학습에 적용하는 대부분의 학습법들은 인간의 뇌의 활동과도 정확히 일치하는 것입니다. 사람은 어떤 것을 습득할 때, 습득 대상에서 정보가 없을 때 습득에 어려움을 겪습니다. 영어 단어 하나를 습득하기 위해서도 하나의 단어에 어떤 정보나 연관성을 찾게 되면 습득하기가 쉬워집니다. 어떤 문구나 말들이 인간의 머릿속에 스티커처럼 오래 남는 방법을 연구해서 알려준 《Stick》이라는 책에는 흥미로운 내용이 나옵니다.

다음 철자를 10초~15초 동안 암기해보시길 바랍니다. 보통의 지능을 가진 사람들은 보통 7~10개 전후의 철자를 기억할 수 있다고 합니다.

J FKFB INAT OUP SNA SAI RS

하지만, 같은 철자라도 아래와 같이 배열하게 되면 10초면 모두 암기할 수 있게 됩니다.

JFK FBI NATO UPS NASA IRS

JFK는 전 미국 대통령을 연상할 수 있고, FBI는 미연방 수사국의 약자이며, NATO는 북태평양조약기구, UPS는 배송업체, NASA는 미국 항공우주국, IRS는 미국 관세청입니다.

똑같은 철자라도 이 철자 안에 이전에 이 철자와 관련된 정보를 담고 있는지와 없는지의 차이에서 쉽게 습득할 수 있는지와 없는지가 결정됩니다.

이와 비슷한 예로 우리 뇌는 어떤 단어를 습득할 때 자신과 관련된 단어를 더 쉽게 습득할 수 있다는 것이 연구 결과 밝혀졌습니다.

만일 '친절한 kind'이라는 단어를 암기하기 위해서 단순히 'kind 친절한'이라는 암기와 '옆집 아저씨는 친절하다.'라는 문장으로 습득하기보다는 '나는 친절하다.'라고 '자기와 관련된' 단어와 문장들을 더 쉽게 습득할 수 있을 뿐 아니라 더 오래도록 기억할 수 있다는 것입니다. 지금까지 영어를 '배우고 배워도 알 수 없게' 만든 이유 중 하나가 자신과는 전혀 관련도 없는 원서 스토리북이나 이야기 또는 지문들을 통해 배웠기 때문임을 곰곰이 한 번쯤 생각할 필요가 있습니다. 영어를 배울 때 가장 먼저 그리고 가장 많이 접해야 할 부분은 바로 자신과 관련된 것이 되어야 합니다. 필자는 처음부터 영어 교재를 집필할 때 자신과 관련된 내용들로 먼저 채웠습니다. 교재가 이렇게 구성되어 있으니 영어를 포기하는 아이들이 거의 발생하지 않았습니다. 영어를 10년 배워도 '사진 좀 찍어 주시겠어요?'도 영어로 말할 수 없는 결과가 나올 수밖에 없습니다.

우리는 어떤 것을 쉽게 습득하고, 오래 기억하기 위해서는 관련 정보가 있을 때보다 쉽게 습득할 수 있고 또한 나와 관련이 있을 때 더 오래 기억할 수 있음을 알게 되었습니다. 연결고리 학습법은 모든 영어 문장들이 한글로는 이미 알고 있는 내용들에 기인해서 만들어진 학습법입니다. 모든 주제와 문장들 속에는 쉽게 습득할 수 있는 정보들도 충분합니다. '이 학습법은 교육과학'입니다. 영어를 배울 때, 무작정 많이 외우면서 공부하는 것은 큰 도움이 되지 않습니다. 배울 내용에 대해 충분히 살펴보고 이 학습법의 원리에 담겨 있는 정보를 먼저 이해하고 나면 쉽게 영어를 습득할 수 있게 됩니다. 우리의 기억력과 떼려야 뗄 수 없는 것이 있습니다. 바로 '감정'입니다. 감정이 실리지 않는 정보는 기억에 도움이 되지 않습니다. "기억하는 가장 좋은 방법은 '감동'하고 '놀라'는 것입니다. 놀란다는 것은 감정이입이 되는 것입니다." 우리는 슬픈 일과 기쁜 추억을 오래도록 기억할 수 있습니다. 바로 '감정'. 유대인들이 위대한 업적을 많이 이룬 이유도 '감동'하는 능력 때문입니다. 배움은 즐거움이 항상 동반됩니다. **앙드레 지드는 "시인의 재능은 자두를 보고도 감동할 줄 아는 재능이다"라고 했습니다.** 주위에서 특별히 영어를 빨리 습득하는 분들의 공통점을 보십시오. 단지 어학연수 6개월 다녀왔는데도 미국 사람이 되어오는 분이 계십니다. 표현력이 풍부함을 넘어 몸이 오그라들 정도로 오버 액션을 하는 사람들 말입니다. 넘치는 감정이입 능력이 모방력에 영향을 미친 것입니다. 생활 속에서 늘 감동하는 습관을 길러보는 것도 좋은 학습 목표가 될 수 있습니다. 정규교육과정에서는 다루지 않는 '감동'할 수 있는 교육 말입니다. 끝으로 괴테가 말한 감동과 감탄에 대한 내용을 전해드리겠습니다.

"인간이 도달할 수 있는 최고의 경지는 경탄이라네. 그리고 근원 현상을 보고 경탄한다면 그것으로 만족해야 하네. 더 높은 것은 허락되지도 않고, 더 이상의 것도 그 뒤에서 찾을 수 없으니 말일세. 이것이 한계야. 하지만 근원 현상을 목도한 인간은 보통 거기에서만 족하지 않고 더 이상 나아갈 수 있다고 생각한다네."

23.
가지 뻗기 회화 원리의 발견

 인류 역사상 문명의 눈부신 발전을 이루는 데 가장 많은 영감을 준 책 중의 하나는 '성경'입니다. 시대를 초월하는 예술품들과 문학 작품을 남긴 위대한 인물들은 성서를 통해 영감을 받아 문화유산들을 남겼습니다. 성경은 사람의 생명을 다루는 의사가 의사의 눈으로 보면 새로운 의술이 보이고, 경제학자가 경제학자의 관점으로 보면 새로운 경제학 이론이 보입니다. 과학자가 과학자의 시각으로 보면 새로운 과학적 발견에 원천이 되어주었습니다. 모든 분야의 사람들에게 계속해서 영감을 부여해준 영감 생산기지국의 역할을 여전히 하고 있습니다.
 성경의 첫 이야기는 세상이 어떻게 창조되었는지에 관한 내용으로 시작됩니다. 아담과 이브의 창조 이야기에서 수술 시 필요한 마취라는 의학 기술이 발견되었다고 합니다. 미국의 사회학자 로버트 머튼은 마태복음 25장 29절을 읽고 '마태 효과' 이론을 세상에 알렸고, 글레이저 박사는 달란트 이야기에서 '절대평가' 방법을 발견했습니다. 지식과 영감의 보고라는 말이 성경보다 더 어울리는 책은 없을 것 같습니다. 필자는 영어를 배우고 가르쳐 오면서 오랜 시간 고

민해온 영어 회화 문제의 해법을 성경을 공부하면서 해결책을 발견하게 되었습니다. 영어를 가르치는 교사의 눈으로 성경을 읽으면서 얻게 된 영감의 결과물이라 생각됩니다. 필자가 성경을 통해 알게 된 회화 학습법을 '가지 뻗기 회화법'으로 이름을 붙였습니다. 영어를 아무리 오래 배워도 늘 원어민과 대화를 하려고 하면 단 문장 질문과 단답형 대답밖에 할 수 없는 교육을 받아보셨을 것입니다. 다음 예를 통해 자세히 설명을 드리겠습니다.

〈지금까지 회화 학습법〉
A: What's your name?
B: My name is 길동홍.
A: How old are you?
B: I am 10 years old.

A가 묻고 B가 단답형으로 대답하는 상황별 회화 교육은 우리 국민들의 영어 말하기 수준을 전 세계 최하위의 결과로 만들어 주었습니다. 필자 또한 교육 현장에서 시중에 나와 있는 유명한 교재들로 수업을 반복할수록 분명히 교육은 했지만, 시간이 지날수록 더 실력이 좋아지기는커녕 더 나빠지는 모습들을 보며 늘 머릿속에는 더 효과적인 회화 습득 방법을 고민하지 않을 수 없었습니다. 이러한 문제를 안고 성경을 읽으면서 영어 회화 방법에 획기적인 원리를 발견하게 되었습니다. 어느 날 성경의 창세기를 읽으면서 전혀 효과도 없는 기존 회화 교육의 단점과 패턴을 깨는 영감을 얻을 수 있

었습니다. 이장의 내용을 통해 한국 영어 회화 교육의 단점을 혁신적으로 변화시킬 수 있는 대화법과 교재를 새롭게 만들 수 있게 되었습니다. 창세기 47장 8~9절의 내용에는 이집트의 '바로 왕'이 '야곱'에게 질문하고 대답하는 내용이 나옵니다. '바로 왕'은 '야곱'에게 이렇게 질문을 합니다. "How old are you?" 이에 대한 대답으로 '야곱'은 다음과 같이 대답합니다. "The years of my pilgrimage are a hundred and thirty. My years have been few and difficult, and they do not equal the years of the pilgrimage of my fathers." 이 대화에서 필자가 발견한 대화법의 원리는 질문에 대한 답을 단답형 대답으로 하지 않고 나무가 가지를 뻗는 것처럼 문장을 가지고 가지를 뻗는 것을 알게 되었습니다. 이와 같은 방법으로 회화 연습을 한다면 말하는 재미, 실력이 발전하는 것을 바로 경험할 수 있다는 것을 교육에 적용해 보았습니다. 본문의 내용을 다시 나열하면 다음과 같습니다.

가지 뻗기 회화원리의 발견
(창세기:47장 8절~9)

Pharaoh asked him, (A) 'How old are you?'

And Jacob said to Pharaoh, (B) 'The years of my pilgrimage are a hundred and thirty.' My years have been few and difficult, and they do not equal the years of the pilgrimage of my fathers.

"바로 왕이 야곱에게 묻되 '네 나이가 얼마냐?'

야곱이 바로 왕에게 아뢰되 '내 나그네 길의 세월이 백삼십 년이니 이다. 내 나이가 얼마 못되니 우리 조상의 나그네 길의 연조에 미치지 못하나 험악한 세월을 보내었나이다.' 하고,"

이 대화의 형식에서 가지가 뻗은 문장이 있다는 것을 볼 수 있을 것입니다. 이와 같은 대화 방식은 외국어를 배우는 사람들에게 말하기 유창성을 보다 효과적이고 쉽게 향상시킬 수 있는 원리가 되어줍니다. 또 다른 예문을 보겠습니다.

A: 가족이 몇 명입니까? 여러분이 외국인에게 이와 같은 질문을 받는다면 즉시 무엇이라 대답하겠습니까? B: 우리 가족은 4명입니다. 이것이 질문에 대한 답이고 한국의 모든 지금까지의 교재는 그렇게 만들어져왔습니다. 필자가 성경을 읽고 영감 받은 대화법은 이런 것이 아니었습니다. A: 가족이 몇 명입니까? B: 나는 좋은 가족이 있습니다. (가지 뻗기 1). 그리고 질문에 대한 대답: '우리 가족은 4명입니다.' 이렇게 질문에 대한 답을 한 후 또 두 번째 가지 뻗기 내용을 덧붙여 말합니다. '나는 언젠가 남동생이나 여동생이 한 명 더 있으면 좋겠습니다.' 어떻습니까? 가지 뻗기 회화법의 원리가 이해되십니까? 일반적인 회화법으로 영어를 배울 때가 효과적이겠습니까? 아니면 필자의 가지 뻗기 회화법으로 연습하는 것이 효과적이겠습니까? 이 말을 영어로 그대로 옮겨보면 다음과 같습니다.

A: How many are there in your family?
B: I have a nice family. (가지 뻗기1)

There are 4 people in my family. my father, my mother, my sister and myself. (질문에 대한 대답)

Someday, I would like to have one more brother or sister. (가지 뻗기2)

가지 뻗기 회화 훈련은 학습자가 배우는 즉시 유창함을 경험할 수 있습니다. 필자가 집필한 모든 교재는 이러한 원리로 구성되어 있기에 입이 영어 수다쟁이가 되고 손은 영어 문장으로 춤을 추게 됩니다. 우리는 좋은 양서를 통해 영감을 얻을 수 있습니다. 보통 '고전을 많이 읽어라'라는 말을 들어보셨을 것입니다. 고전이 어떤 책을 말하는 것일까요? 단지 오래된 책을 의미하는 것은 아닐 것입니다. 시간과 세월을 이겨낸 책들이 아닐까요? 그렇다면 성경은 꼭 생활의 지침서가 되기에 손색이 없는 고전 중 한 권이 될 것입니다. 오래전 교육 설명회에서 만난 분이 있습니다. 이분은 부자가 된 자신의 친구 이야기를 들려주었습니다. 친구분이 돈을 많이 벌 수 있었던 이유는 성경을 읽고 말씀을 실천했기에 가능했다고 했습니다. 성경 말씀에는 하나님께서는 인간을 보실 때 외모로 판단하지 않는다는 글을 읽고 그렇다면 하나님은 사람을 외모로 취하지 않으시지만, 인간은 하나님의 뜻과 늘 반대로 하는 성향이 있기에 외모를 중요시하는 사람들에게 옷을 팔면 성공하겠다는 생각으로 의류업을 시작해서 성공했다고 했습니다. 성경은 여러모로 교훈적인 것 같습니다.

영감을 주는 책을 매일 읽을 수 있다는 것은 인생의 나침반과 등불의 역할을 해줍니다. 필자에게 영어 공부에 가장 좋은 책에 대해 추천을 원하신다면 한 치의 망설임 없이 '성경'이라고 말씀드립니다. 독서할 시간이 없는 분들에게 단 한 권의 책을 추천해 드리자면 '성경'입니다. 영어 공부에 가장 확실한 한 권의 교재만 추천을 부탁하신다면 이 또한, 'Holy Bibe'입니다.

24.
한나절이면 한글의 원리를 이해하는 것처럼

영어를 잘 할 수 있는 비법 공개! 영어 습득의 비밀을 알려드립니다. 지금까지 넘쳐나는 영어 광고들만큼이나 우리나라 사람들의 영어 실력에 도움이 되었는지 한 번쯤 평가해볼 필요가 있을 것 같습니다. 사람들의 인식 속에 명품 하면 떠오르는 브랜드는 무엇인지 조사한 결과들이 있습니다. 독자분들께는 명품 하면 떠오르는 브랜드는 어떤 것이 있습니까?

명품 계급도

2021 명품 계급도

엑스트라 하이엔드	에르메스
하이엔드	샤넬, 루이비통, 고야드
프리스티지	디올, 펜디, 보테가베네타, 셀린느
프리미엄	프라다, 구찌, 생로랑, 버버리, 로에베
올드코어	발렌티노, 알렉산더 맥퀸, 살바토레 페레가모, 끌로에, 멀버리
영코어	메종마르지엘라, 발렌시아가, 미우미우, 톰브라운, 질 샌더, 르메르
에브리데이	코치, 토리버치, 마이클 코어스, 마르니

일반적으로 사람들이 생각하는 명품은 차트에서 보는 것처럼 많은 브랜드가 있습니다. 하이엔드 브랜드는 명품 중의 명품을 의미합니다. 조사에 의하면 사람들은 '에르메스'를 명품 중에 명품 브랜드라고 생각한다고 합니다. 그런데 우리에게 명품 교육 브랜드하면 생각나는 교육은 어떤 것이 있습니까? 수많은 교육 회사들이 생겨나고 없어지기를 반복하면서 우리에게 상품 브랜드를 대표하는 것처럼 특별한 교육 브랜드가 있는지는 생각해볼 만한 주제입니다. 전 세계적으로 보아도 일류 대학들은 있지만, 명품 교육을 대표할 만한 교육 브랜드를 찾기는 어렵습니다. 이것은 어떤 교육을 시작할 때 교육철학과도 밀접한 관계가 있습니다. 처음 교육을 설계할 때부터 세계적인 교육을 만들기 위해 시작되었다면 세계적인 근처라도 가게 될 것입니다. 동네에 있는 유아 교육원부터 초중등교육까지 애초에 세계적인 교육으로 성장하겠다는 교육이념과 철학이 없었습니다. 인간이 살아가면서 좋은 상품도 중요하지만 좋은 교육이 우리 삶에 얼마나 큰 영향을 미치고 있는지 우리는 경험을 통해 완전한 지식처럼 알고 있습니다.

필자는 한국에 많은 영어 교육 중에 영어 교육 단계에서 입시나 공인시험을 준비하는 단계가 아닌 영어를 모국어처럼 습득하는 교육에서 하이엔드 명품 교육을 만들어 왔습니다. 유아기부터 초등학교 시기 동안 영어를 모국어처럼 교육하는 것은 그렇게 어려운 일이 아닙니다. 이 시기는 모든 외국어를 모국어로 받아들이기에 영어를 생활화하고 습관화 교육을 통해 몸에 철저하게 익혀주면 됩니다. 세종대왕께서 만든 한글의 원리는 아무리 미련한 사람도 한나절이면 원리를 깨우치게 되어 있다고 했습니다. 이 영어 교육 또한 '한글 음절 분리 습득법'이라는 원리로 한나절이면 영어를 처음 배우는 아이들조차 원리를 이해하도록 만들었습니다. 영어 습득의 비밀, 영어 습득의 마술 등의 광고들은 지금까지 그렇게 큰 도움을 주지는 못한 것 같습니다. 세종대왕이 만든 한글처럼 언어 교육에는 대단한 비밀이나 마법 같은 것을 숨겨둘 필요는 없을 것 같습니다. 배우고자 하는 사람은 누구나 한나절이면 그 원리를 모두 깨우칠 수 있도록 만든 영어 교육이면 충분할 것 같습니다. 바로 이 영어 교육의 원리가 그렇게 만들어져 있습니다. 누구나 배울 수 있는 원리가 가장 중요한 영어 습득의 열쇠입니다. 상품에 명품 브랜드가 있듯이 교육에도 명품 교육이 있습니다. 이 교육이 제안한 영어의 표준화와 영어 습득의 3가지 원리를 통해 사람들의 머릿속에 명품 브랜드 하면 자동적으로 한두 개는 말할 수 있는 브랜드처럼 여러 교육 상품들 가운데 하나가 아닌 사람을 교육을 통해 변화시키는 교육 하면 이 교육이 머릿속에 기억되도록 이 교육은 역할을 다해 갈 것입니다.

여러분들의 '명품 교육'은 무엇입니까? 이 교육이 만들어 가겠습니다.

25.
교재의 단권화

 교육 영업을 위해 이름난 교육원들을 방문하면 공통적으로 볼 수 있는 것이 있습니다. 책장에는 전시용이 되어버린 많은 영어원서를 볼 수 있습니다. 오래전부터 영어 교육 시장에는 영어원서 읽기 도서관 운영으로 교육하는 프로그램이 많아졌습니다. 아이들이 영어원서를 읽고 말과 글로 표현하는 교육만큼 기대되는 교육도 드물 것입니다. 일정 비용의 가맹비를 지불하면 천 권이 넘는 영어 원서를 교육원에서는 공급받고 온라인으로 학습을 병행하는 교육이었습니다. 필자는 전국교육원 교사 수백 명을 교육해 본 경험으로 쉽게 이 영어 독서 사업이 성공해서 자리 잡기 어려울 것이라는 생각을 가졌습니다. 가장 큰 이유 중 하나는 어학원에 근무하는 강사님들도 이 영어 원서를 자유롭게 읽을 수 있는 실력자가 많지 않다는 문제입니다. 영어도서관을 운영하며 필자가 개발한 프로그램을 사용하는 교육원들이 몇 곳 있었기에 정규적으로 방문하며 확인해본 결과 필자의 판단은 거의 정확했습니다. 교사가 이해하지 못하는 책을 어떻게 아이들에게 가르칠 수 있겠습니까? 시간이 지날수록 모든 책에는 먼지만 수북이 쌓였고, 대략 일, 이 년 정도 지나면 원서 교재는 어학원의 전시용 기능만 하게 되는 것입니다. 글의 서두에 언급한 많은 교육원의 공통점은 아주 많은 영어책이나 교재들을 보유하고 있다는 사실입니다. 제가 만난 사람 중에는 지적 허영심이 강한 사람들도 있었습니다. 자신이 가진 책장의 책의 양이나 교육원에서 진행되는 프로그램의 수로 자부심을 느끼는 성향의 사람들입니다. 하지만 문제는 그 많은 책 중에 단 한 권의 영어 원서 교재도 정확히 읽어 낼 수 있는 능력이 없다는 것이 문제였습니다. 아무리 많은 교재나 영어 프로그램의 수도 단 한 권의 책도 제대로 읽고 이해할 수 없다면 교재로 채워진 가장 큰 쓰레기장을 소유한 것이나 다름없지 않겠습니까? 외국어 교육에 있어서 가장 중요한 교육의 시작은 교재의 단권화 학습법입니다. 영어 교육에 뼈대가 되는 한 권의 책을 수십 번 반복해서 완전히 익힌다면 외국어를 습득할 모든 능력이 머릿속에 자리 잡게 됩니다. 먼저 뼈대를 세우는 것이 가장 우선해야 할 순서입니다. 사람들이 흔히 하는 실수는 뼈대를 세우기보다 멋을 먼저 내길 바란다는 것입니다. 한 분야의 전문가들은 배움에서 가장 중요하게 여기는 것은 바로 '기본'이라 얘기합니다.

"안철수 대표는 바둑 1급 정도 수준이 되면 정석대로 두지 않는 경우가 많습니다. 하지만 정석에 숙달하지 않으면 정석에 변화를 줄 수가 없습니다. 마찬가지로 교과서 내용을 다 알고 있는 상황에서 다른 방법을 택해야 한다면 정답을 찾을 수 있는 확률이 높습니다. 텍스트도 모르면서 무조건 안 된다고 하면 오히려 실패할 확률이 더 높습니다. 그래서 외형적으로 멋을 위해 화려한 주변 장식에 대한 관심이 많습니다."

"판소리 명창 신영희 선생님께서 언젠가 TV에서 제자들에게 득음에 대해 가르치는 것을 본 적이 있습니다. 제자들이 음을 제대로 익히기도 전에 멋부터 부리는 것을 경계해야 하며, 소리를 내기 전에 흥이 나면 안 된다고 했습니다." 먼저 기본과 정석에 충실해야 한다는 의미입니다. 창의성과 응용 능력은 기본기와 정석이 몸에 배어야만 자연스럽게 생겨나는 것입니다.

'교재의 단권화' 완전 학습법은 시작에서는 화려함이나 멋은 덜 할 수 있습니다. 하지만 모든 무게를 지탱해주는 우리 몸을 이루는 튼튼한 지식 습득의 뼈대가 되어줍니다. 필자는 20년이 넘는 현장 교육을 통해 단 한 번도 이 원칙을 변경하지 않고 실천해보았습니다. 첨부한 사진을 잠시 살펴보시길 바랍니다. 초등 저학년 학생들이 한 권의 책으로 완전 학습 교육 때 사용한 교재들입니다.

〈초등 저학년 학습자 '교재의 단권화' 수업 교재〉

영어 교육의 튼튼한 뼈대가 되어줄 단 한 권의 책을 완전 학습할

때까지 교사는 동기 부여하며 도움을 주는 역할을 다해줍니다. 영어 공부를 다시 시작하려는 사람들과 처음 시작하려는 사람들은 교재의 단권화 학습법의 학습 효율성을 먼저 경험하셔야 합니다. 교재의 단권화 학습법은 많은 이점들이 있습니다. 교재의 단권화 학습법은 우리 내면에 잠들어있는 습득력과 기억력을 강화해 줍니다. 그리고 지식 습득의 절차와 규칙을 자연스럽게 알게 해줍니다. 교재의 단권화 학습법은 작은 목표와 성취감을 통해 영어 공부의 즐거움을 알게 해줍니다. 이 학습법은 너무나 튼튼해서 후에 다독을 통해 피부조직을 붙이기에는 부족함이 없게 되는 것입니다. 그럼 어떤 책을 완전히 외울 때까지 지침서로 선택할 수 있을까요? 아주 쉬운 동화책이나 영어 교과서에 실려 있는 짧은 본문도 좋을 것입니다. 한글로 읽은 책 중 좋은 내용을 영원히 간직하고 싶은 책이 영어로 번역된 책을 활용해도 좋을 것입니다. 필자의 연결고리로 구성되어 있는 교재는 교재의 단권화 학습법에 최적화되어 있는 교재입니다. 새로운 것을 배우기 위해 가장 어려운 단계는 기초 단계입니다. 기초 단계는 많은 시간과 지루함을 동반합니다. 사람들은 이런 과정 없이 빨리 유능해지길 원합니다. 자신이 가진 힘을 아무데나 사용하는 것이 아닙니다. 시험해 보십시오. 아주 얇은 영어책 한 권을 완전 학습해낼 수 있는지에 대해 말입니다. 한 권의 책을 선택한 후 24시간 휴대하고 다니면서 처음부터 끝까지 철자 한 자 빠뜨리지 않고 완전 학습에 도전해 보시길 바랍니다. 내면에 습득의 힘이 자라남을 반드시 경험하게 됩니다. 영어 습득은 '교재의 단권화' 완전 학습에서 시작할 수 있습니다.

26.
단순함의 힘

　기술의 핵심은 아무리 복잡한 기술도 가장 단순하게 설명하고 응축하는 능력이라 생각합니다. 교육을 업으로 살아가는 사람 중 단연 능력 있고, 인기 있는 사람은 복잡한 내용도 아주 단순화시켜 설명할 수 있는 능력을 지닌 사람인 것 같습니다. 학습자가 배워도 이해할 수 없다면 가르치지 않은 것이나 마찬가지입니다. 공부도 이해가 잘될 때 배움의 즐거움이라는 중독에 빠지게 됩니다. 물론 배움의 중독은 좋은 중독입니다. 배움의 즐거움을 정기적으로 자주 경험한 사람들은 계속해서 배움을 이어갑니다. 물론 배움의 즐거움에 빠진 사람에게는 잘 가르친 부모나 선생님들이 있었을 것입니다. 모든 사람이 똑같은 이해력을 가진 것은 아니기에 이해력이 다소 부족한 학습자에게는 가르치는 선생님께서 설명하신 방법이 적절하지 않았기 때문에 배움의 즐거움을 상대적으로 느끼지 못했고, 배움이 즐거움이 아닌 지루함이나 고통이 되어왔을지도 모릅니다. 특별히 가르치는 직업을 가지고 계신 분들은 복잡한 내용을 다듬어야 합니다. 포도즙을 짜듯 마지막 한 방울까지 최소의 어휘로 전체를 설명할 수 있는 개념을 이해하도록 응축하고 압축해야 합니다. 복잡한 지식을 자신만 이해하고 있다는 우월감으로 소수의 제자만 이해하고 나머지는 이해하지 못할 때 자신은 똑똑하고, 특별한 사람이라고 생각하는 그릇된 우월감에서 벗어나야 합니다. 같은 주제를 설명하고도 이해하는 학습자와 그렇지 못한 학습자가 있다면 이해하지 못한 학습자 마지막 한 명까지 완전히 이해시킬 때까지 설명을 단순화시킬 수 있어야 합니다.

    교육원을 운영하면서 잘 가르치기 위해 매일 노력하고 연구하는 것의 중요성을 되풀이할 때면, 가끔 최선을 다하고 있다며 퉁명스럽게 말하는 선생님들이 계십니다. 저는 교육자가 잘 가르치기 위해 최선을 다해야 한다는 생각을 마음에 새기기 위해 애플의 창업자 스티브 잡스의 일화를 한 번씩 기억합니다. 잡스는 새롭고 혁신적이면서도 더 가볍고 얇은 탭을 만들기 위해 회의를 시작했습니다. 제품 개발팀에서 도저히 이보다는 더 얇은 탭을 만들 수 없다고 말했을 때 잡스는 그 탭을 가지고 어항 옆으로 다가가 물속으로 탭을 집어 던졌다고 합니다. 잠시 후 탭이 물에 가라앉으면서 물방울이 생겨났고 잡스는 기기 내부에 여전히 틈이 있다는 것을 보여 주었다고 합니다. 교육을 하는 교육자도 마찬가지입니다. 배우고, 연구하면 아무리 복잡한 지식도 누구나 쉽게 이해하도록 단순화시켜 갈 수 있다는 것입니다. 스티브 잡스는 단순함의 힘에 대해 이렇게 말하고 있습니다.

"내가 반복해서 외우는 주문 중 하나는 집중과 단순함이다. 단순함은 복잡함보다 더 어렵다. 생각을 명확히 하고 단순하게 만들려면 열심히 노력해야 한다. 하지만 그럴만한 가치는 충분하다. 일단 단순함에 도달하면, 산도 움직일 수 있기 때문이다. That's been one of my mantras - focus and simplicity. Simple can be harder than complex. You have to work hard to get your thinking to make it simple. But it's worth it in the end, because once you get there, you can move mountains."

권위를 가치로 생각하는 사람들은 단순한 것도 복잡하게 만들고 싶어합니다. 혁신적인 인재들은 아무리 복잡한 것도 단순화시키기 위해 노력합니다. 가장 앞서가는 혁신은 단순함을 의미합니다. 인류 역사상 인류에게 가장 큰 영향력을 끼친 모든 분들은 단순함의 힘을 알고 있었습니다.

세상에 그 무엇이 '$E=mc^2$'보다 더 단순화할 수 있겠습니까? 그 무엇이 '이드 id(본능적 충동)'와 '자아 ego'와 '초자아 superego'로 체계화된 무의식의 개념보다 더 간략하게 표현할 수 있겠습니까? 그 무엇이 애덤 스미스의 핀 공장과 '보이지 않는 손'보다 더 간명할 수 있겠습니까? 세상에 그 어떤 언어습득 방법이 필자가 개발한 'KSDAM'보다 단순화할 수 있겠습니까?

〈이보다 더 단순화시킬 수 있을까요?〉

인물	이론과 단순화
아인슈타인	특수 상대성 이론 공식: $E=mc^2$
프로이드	무의식의 개념: 이드 id(본능적 충동), 자아 ego, 초자아 superego
아담 스미스	핀 공장과 '보이지 않는 손'
홍세일	최고의 영어 습득 방법: 'KSDAM' / 땅 - 나무 ㅣ 운동장 ㅇ

《해빗》이라는 책에서도 다음 내용을 볼 수 있습니다. 수학자이자 철학자인 앨프리드 노스 화이트헤드(Alfred North Whitehead)는 1911년의 영국 수학 교과서를 집필하며 덧셈 부호 같은 수학적 표기법의 이점을 이렇게 설명했습니다.

"좋은 표기법은 모든 불필요한 일로부터 뇌를 구원한다."

더 중요한 문제에 집중할 수 있게 해주고, 우리는 그 덕분에 더 똑똑해진다. "단순함이 최고입니다. The simple is the best." 세상의 모든 위대한 기업이 성공한 요인의 모든 의미를 함축한 단어는 "Simple"입니다. 특별히 복잡한 이론들을 가르쳐야 하는 교육 분야에서는 단순화 능력이 교수력이자 전문성이 아니겠습니까?

27.
영어 교육의 복리의 마법

무엇인가를 배우면 시간과 세월이 지날수록 실력과 능력이 발전하고 있다는 확신을 가질 수 있어야 합니다. 지금까지의 한국 영어 교육은 배우고 배우지만 결코 알 수 없는 교육으로 영어 실력이 유창해지는 것이 아니라 자신감이 떨어지는 교육이 되어왔습니다. 좋은 재테크는 시간이 지날수록 복리의 마법을 통해 재산이 불어나는 것입니다. 모든 교육에서도 똑같은 원리가 적용되어야 합니다. 특히나 영어 교육에서는 이 원리가 중요합니다. 만일 여러분들께서 눈 오는 날 큰 눈사람을 만들어 보셨다면 이 복리의 원리를 눈사람을 만드는 경험을 통해 잘 이해할 수 있습니다. 처음에 작은 눈을 동그랗게 단단하게 뭉쳐서 눈밭에 굴리면 처음에는 눈송이가 작지만 계속해서 눈 덩어리를 굴리게 되면 작은 힘으로는 더 이상 굴릴 수 없을 정도로 눈 덩어리는 커지게 됩니다. 처음에 작은 눈 덩어리를 한 바퀴 굴릴 때와 큰 눈 덩어리가 되어서 한 바퀴를 굴려서 커지는 것은 비교할 수 없습니다. 세계적인 투자 전문가인 워런 버핏의 재테크로 알려진 복리의 마법은 버핏이 1965년도에 주식에 천만 원을 투자했는데, 이것을 단 한 번도 중도에 매도하지 않고 2005년까지 가지고 있었을 때 천만 원을 401억 원으로 만들어 주었습니다. 복리의 마법이 가져다 준 매직입니다. 영어 교육도 이와 같아야 합니다. 좋은 교수법과 학습법은 이러한 원리가 들어 있는지가 중요합니다. 오늘 배워서 매일 잊어버리는 교육은 시간뿐 아니라 에너지와 금전적 손실까지 해는 이루 말할 수 없이 많습니다.

〈작은 눈송이가 큰 눈사람으로〉

〈워렌 버핏의 재테크〉

좋은 영어 교육은 복리의 마법(2)

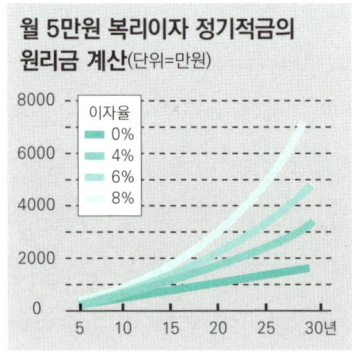

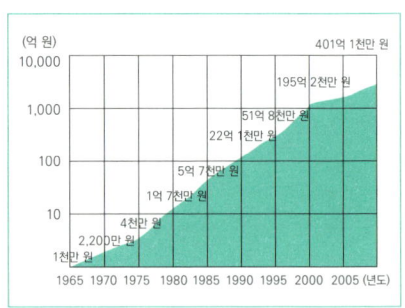

이 교육의 2번째 원리 "연결고리 인지법"은 한번 습득된 문장은 잘 잊어버리지 않는 영어 교육의 복리의 마법과 같은 원리로 가르치

고 배우게 됩니다. 좋은 원리를 가지고 있는 영어 교육은 시간과 세월이 지나면서 영어 실력이 '복리의 마법'으로 성장하게 됩니다.

〈시간이 지날수록 복리의 마법을 가져다주는 영어 교육〉

 효과적인 영어 습득을 위해 이 교육의 원리에 따라 학습을 하게 된다면, 워런 버핏처럼, 40년이 지나 천만 원의 투자금이 사백억 이상으로 불린 시간처럼 많은 세월을 기다릴 필요가 없습니다. 2년 후 3년 후면 영어 교육의 복리의 마법처럼 큰 발전을 눈으로 확인하게 될 것입니다. 이 교육을 배우는 모든 분은 남녀노소 누구나 영어 교육의 복리의 마법을 경험할 수 있습니다. 학습자가 이미 모국어로 머릿속에 있는 내용을 습득하는 연결고리 인지법으로 교육을 하기에 언어적 재능이 특별하지 않아도 어려움 없이 매일매일 발전하는 자신을 보게 됩니다. 이 교육은 영어 교육의 '복리의 마법'을 불러옵니다.

28.
반복의 친구 지겨움

 다른 나라의 언어를 구사할 수 있는 능력은 분명한 선물입니다. 그중에서도 영어 구사력은 자기 능력 활용 면이나, 살아가는 내내 즐거움과 행복을 가져다줄 수 있는 선물이 되어줍니다. 성인반 영어 수업에서 만난 많은 사람들이 공통적으로 하는 말이 있습니다. 이제는 나이가 들어서 문장이 잘 외워지지 않는다는 말부터 선포하고 수업에 임하는 분들이 계십니다. 사람은 나이가 들수록 암기력이 떨어진다는 말을 어릴 적부터 듣고 자랐기에 이 말이 사실이든 그렇지 않든 나이가 들어가면서 자연스럽게 본인의 암기력은 쇠퇴해가고 있다고 믿고 있는 것 같습니다. 하지만 기억력이 쇠퇴하는 시기가 어느 시점부터 시작되는지는 특정할 수 없을 것입니다. 적어도 머리를 계속 잘 활용한다면 기억력이 쇠퇴하는 시기는 늦출 수 있습니다. 나이가 들어서 본인의 기억력이 자꾸 쇠퇴해간다는 말을 들을 때마다 겸손하면서 조심스럽게 물어보곤 합니다. 영어도 잘 외워지지 않고, 건망증도 심해진다는 생각이 드시지요. 그런데 학창 시절 암기과목은 잘하셨습니까? 이렇게 여쭈어보면 열에 아홉 명은 학창 시절에도 암기력이 좋지 않았다고 웃으시며 말씀을 하십니다. 이미 오래전 영어 공부를 그만둔 상태에서 단 한 번도 이 습득 기능을 제대로 사용하지 않아 이 능력이 발달하지 않은 상태를 기억력이 쇠퇴해간다는 말을 빌려 표현하고 계신 것입니다. 정말 자연스러운 노화로 인해 기억력이 쇠퇴해가는 과정까지 어떻게 말씀드릴 순 없지만, 제대로 암기력을 사용하는 방법을 몰라 사용하지 못한 상태를 기억력 쇠퇴로 말할 순 없습니다. 우리나라 사람들이 얼마나 뛰어난 지능을 물려받고 태어나는지 정확한 방법으로 영어를 지도해주면 습득력과 발전 속도에 감동하지 않을 수 없습니다. 필자는 영어 교육과 독서 교육을 진행하면서 반복 교육의 중요성과 우리의 손을 자주 사용하는 학습법의 중요성을 가르치기 위해 세종대왕의 독서법에 대해 설명을 해드립니다. 이 독서법을 설명하기 전 중요한 질문 한두 가지를 함께 드립니다.

첫 번째 질문은 여러분들 중 지금까지 살아오면서 읽었던 책 중 10번 이상 반복해서 읽은 책이 있습니까? 지금까지 만난 대부분의 성인분들은 10번 이상 반복해서 읽은 책은 없다는 답변들을 하셨습니다. 두 번째 질문은 세종대왕의 독서법에 대해 들어보셨습니까?

이 질문에 대한 답변도 거의 대부분의 성인 분들은 처음 들어보았다고 말씀을 하십니다. 이 두 가지 질문에는 평범한 사람들의 뇌가 위대한 뇌로 변화되는 핵심 열쇠가 있기에 아주 중요합니다.

여러분! 혹시 세종대왕의 업적 중 한글 창제 외에 기억하고 있는 것이 있습니까? 필자는 세종대왕의 업적 중 한글 창제만큼 위대한 유산은 세종대왕의 독서법이라고 생각합니다. 세종대왕께서는 위대한 업적을 많이 남겼습니다. 그만큼 여러 방면에서 천재성을 보여주었다는 것을 알 수 있습니다. 이러한 천재성은 세종대왕께서 어릴 적부터 실천한 독서법에 기인한다고 확신합니다. 세종대왕의 독서법은 '백독백습' 독서법이라고 합니다.

〈세종대왕의 독서법 '백독백습'〉

세종대왕(世宗大王)의 학습법

『구소수간(歐蘇手簡)』을
1,100번 반복해서 읽었음.

백독백습(百讀百習)
백 번 읽고 백 번 쓴다.

세종대왕은 한 권의 책을 읽을 때 주로 반복 독서를 하셨다고 합니다. 기록에 의하면 어떤 책은 천 번을 읽고, 백 번을 손으로 필사했다고 합니다. 인간은 어릴 때의 특정한 시기가 지나고 나면 같은 것을 반복하기 싫어하는 성향이 있습니다. 독서에도 마태효과가 적용됩니다. 어떤 책을 백번 정도 반복해 읽으면 거기에 쓰인 진리가 저절로 분명해지게 됩니다.

　서울대 재학 시절 고시 왕으로 불린 고승덕 변호사의 학습법으로 유명한 '7회독 학습법'이 소개된 적이 있습니다. TV 프로그램 중 '공부의 왕도'에는 고등학교 시절 아무리 공부를 열심히 해도 성적이 오르지 않던 이연정 양이 아빠로부터 우연히 고승덕 변호사의 '7회독 학습법'을 듣고 시험을 보기 전 '7회독 학습법'으로 공부를 한 후 성적이 오르고 결국 자신이 원하는 대학에 간 사연이 소개되었습니다. 이 방송에서 이연정 양이 '7회독 학습법'을 실천하고 좋은 성적을 얻은 후에 경험을 말한 내용이 인상적입니다. 고승덕 변호사가 천재라고 생각했는데 본인도 '7회독 학습법'으로 공부를 해보니 이렇게 노력하면 누구나 천재가 될 수 있다고 말했습니다.

　사람들이 어떤 것을 배울 때, 반복하는 것은 가장 효과적인 학습법입니다. 특별히 영어를 습득하기 위해서는 더더욱 반복이 중요합니다. 하지만 이러한 사실을 모르고 있는 선생님이나 학습자는 거의 없을 것입니다. 중요한 사실은 예를 들어 설명해 드리자면 만일 영어를 가르치는 선생님 중 다음 문장을 가르칠 때 중요한 기준이 없다는 것입니다. "나는 특별히 영화 보는 것을 좋아합니다. I especially like watching movies."라는 문장을 가르칠 때 학습자에게 몇 번을 반복하도록 교육하면 될까에 대한 기준은 모든 선생님마다 의견이 다를 것입니다. 교사의 완벽성에 따라 교육을 받는 학습자의 습득 유창성도 분명히 달라질 것입니다. 세종대왕의 독서법은 이러한 문제에 대한 기준이 되어줍니다. 평범한 사람들이 위대한 사람으로 변화된 공통점은 반복 독서와 반복 학습을 했다는 것입니다. 어렵다는 시험도 '7회독 학습법'으로 좋은 결과를 낼 수 있었다면 세종대왕의 '백독백습' 독서법은 누구나 실천해서 가장 큰 효과를 볼 수 있는 것입니다. 특히나 외국어를 습득하는 방법 중에 최고의 훈련 방법이라고 생각합니다. 가르치는 직업을 가진 사람들과 배우고 있는 학습자들은 모두 '백독백습' 독서법을 반드시 실천해야겠습니다.

반복 학습의 효과는 명확합니다. 하지만 반복 학습은 친구가 있습니다. '지겨움'입니다. 반복과 지겨움은 둘로 나눌 수 없는 친구입니다. 암기력이 부족한 사람들에게 최고의 처방전은 다음 문장입니다. "기억력을 증진 시키는 가장 좋은 약은 반복이다. Repeat is the best medicine for memory." '암기력이 부족하다,' '기억력이 떨어진다.'라는 생각은 그만큼 자주 반복해서 보고 연습하지 않아서입니다. '반복'은 이러한 문제를 명확히 해결할 수 있습니다. 의욕을 가지고 야심차게 시작한 가치 있는 일이나 목표도 반드시 지겨움이라는 난간에 부딪히게 됩니다. 한 연구 결과에 의하면 갓난아이가 스스로 엄마라는 말을 하기까지 평균 3,000번 이상을 듣게 된다고 합니다. 왜 우리는 모국어도 아닌 영어를 배우면서 월 교재를 만들어서 배우는 그 월에 단지 한두 번 배우면 그것을 배웠다고 착각하며 시간이 지난 후 왜 영어를 배운 기간에 비해 실력이 향상되지 않았는지 고민하고 있습니까? 우리가 영어로 한 문장을 배웠다면 모국어도 아니기에 3,000번 이상은 듣고 반복해야지 모국어처럼 할 수 있게 되지 않을까요? 사람들은 자신이 어렵게 배운 지식에 대해 다른 사람들이 처음 배울 때 느끼는 어려움을 이해하지 못할 때가 많습니다.

모른다는 느낌을 이해하지 못하는 것입니다. 반복하는 학습법은 이미 알고 있는 사람에게만 지겹지만 배우는 학습자에게는 아주 유익한 방법입니다. 신생아가 '엄마'라는 말을 하기까지 듣고, 옹알이 과정을 거쳐 말을 하기까지 평균 3천 번 이상이라면 영어 습득력을 향상시키기 위한 교사와 학습자의 마음가짐은 어떠해야겠습니까? 반복 학습이 최선입니다. 그리고 반복 학습의 친구 지겨움을 받아들이지 않고는 효과적인 영어 습득을 할 수 없습니다. 필자는 영어를 처음 배우는 모든 사람에게 같은 문장을 오천 번 이상 연습하도록 격려하고 있습니다. 모든 영어 표현을 그렇게 해야 한다는 것은 아닙니다. 머릿속에 영어 표현력이 자리 잡을 때까지 충분한 반복 학습이 필요합니다. 영어를 처음 배울 때 이러한 습관을 지니게 되면 곧 쉬워질 것입니다. 교사들의 의견은 많고, 사람의 능력도 모두 다릅니다. 이러한 이유로 반복의 기준은 백 번 이상이 되어야 합니다. 세종대왕의 독서법 '백독백습'은 평범한 뇌가 위대한 뇌로 변화되는 최고의 방법입니다.

29.
지루함과 슬럼프를 극복하는 방법

전문가는 주기적인 사이클과 일정한 패턴을 읽어낼 수 있는 능력이 있는 사람입니다. 이전에 영어를 배운 사람들을 향해 '명사 박사'라는 말들을 했습니다. 그 당시 영어 교재의 순서가 명사로 시작되어 있었기에 새로운 교재를 사면 명사만 공부하다 포기하니 대부분 명사 박사라는 말을 했습니다. 이것은 단순히 웃고 넘길 수 있는 것이 아닙니다. 어렵게 결심하고 시작한 일도 3일도 못 가 포기하는 문제는 교육을 지도하는 분들에게는 반드시 해결해야 할 핵심 사항입니다.

어떤 일을 시작하게 되면 대부분의 사람들은 지루함과 슬럼프를 경험하게 됩니다. 영화를 보거나, 갯벌에서 체험할 때는 슬럼프가 없습니다. 슬럼프는 오랜 시간이 소요되는 일에 발생합니다. 영어 습득, 직장 생활 등의 일들은 오랜 시간 아니면 평생 해야 하는 일이기에 주기적으로 지루함과 슬럼프가 찾아옵니다. 영어 강사는 많지만, 영어 교육에서 전문가는 많지 않습니다. 교육 전문가는 잘 가르치는 것은 물론이고, 학습자들의 심적 감정까지도 미리 예측하고 읽어낼 수 있어야 합니다. 깊은 늪이 있는 밀림 숲에서 늪의 위치를 정확히 알고 있는 가이드와 늪이 어디에 있는지 모르는 가이드는 같은 안내원이라는 이름으로 불리지만, 비슷한 수준의 능력을 갖춘 것은 아닙니다. 시간이 오래 걸리는 일을 시작하게 되면 거의 포기의 유혹을 받는 위기가 찾아옵니다. 이러한 시점을 정확히 알고 있는 교육 전문가는 이러한 위기가 찾아왔을 때 극복하는 방법도 미리 준비가 되어 있어야 합니다. 이 땅에서 태어나서 교육을 받으면서 힘들 때 우리가 받은 교육은 '인내는 쓰고 열매는 달다'라는 가르침을 통해 무조건 '참고, 견디고, 인내하며, 버텨내야 한다.'라는 말들뿐이었습니다. 조금 심한 경우는 체벌을 통해 강제로 시키는 교육이었습니다. 이러한 교육이 얼마나 큰 효과가 있었겠습니까? 주입식 교육에서는 통했을지라도 지금 시대에 교육을 받고 살아가야 하는 사람들에게는 '창의성'을 없애버리는 폭력의 하나일 뿐입니다.

사람들이 어떤 결심을 할 때 감정이나 기분에 의해 결심을 하기 때문에 작심 3일도 되지 않아 포기하는 경우가 많습니다. 보통 연말에 금연, 금주 결심을 많이 합니다. 다이어트에 대한 결심도, 생활 중 어떤 자극을 받았을 때 기분에 따라 결심을 하는 경우가 많습니다. 기분과 감정의 느낌이 사라지고 나면 참고 견뎌내야 할 시간만, 마주하기 때문에 오래가지 않습니다.

어떤 일을 시작할 때 냉철한 이성과 예상되는 문제도 예상해보아야 합니다. 독서나 영어 습득은 오랜 시간, 그리고 평생 친구처럼 해야 하는 일이기에 지루함과 슬럼프가 있습니다. 많은 분들이 영어를 배우기 위해 본인 또는 자녀를 보내게 될 학원이나 프로그램을 만나면 처음에는 큰 호기심과 기대감으로 시작합니다. 하지만 시간이 지날수록 실력이 정체되어 있다는 생각을 하게 되면, 메뚜기처럼 이 학원 저 학원 또는 이 교재, 저 교재로 바꾸어가며, 전전하게 됩니다. 이러한 행동을 몇 번만 반복하고 나면 이제는 아무런 희망도 없이 한곳에 습관처럼 결석만 하지 않고 왔다 갔다 하게 됩니다. 지금까지 지루함과 슬럼프를 완벽하게 치료해줄 약이나 교육 처방전은 없습니다. 하지만, 슬럼프 극복을 위해 참고할 방법들은 다양합니다. 영어 습득을 성공적으로 하고 싶다면 슬럼프가 찾아온다는 것을 인정해야 합니다. 뇌를 연구하는 과학자들은 슬럼프를 극복하는 데, 큰 도움이 되는 사실을 알려주었습니다. 인간의 사고는 기본적으로 뉴런이라는 신경세포에 의해 이루어집니다. 뉴런은 체내의 정보를 받아들이고, 분석하며, 조정하고, 전달합니다. 뉴런은 가운데 핵이 있고 주위로 가지를 치는데, 이 가지는 다른 뉴런에서 나온 가지와 닿을락 말락한 틈을 이룹니다. 이 틈을 시냅스라고 하며 **머리가 좋고 나쁨은 시냅스가 얼마나 정교하게 연결되어 있느냐에 달려있습니다.** 또한 시냅스를 감싸고 있는 물질이 있는데 이것을 '미엘린'이라 합니다. 지금까지 연구에 의하면 시냅스를 감싸고 있는 '미엘린'이 두꺼울수록 재능에 차이가 발생한다는 사실을 알려주었습니다. '미엘린'이 두꺼울수록 우수한 두뇌가 된다는 것입니다. 그렇다면 어떻게 미엘린을 두껍게 만들 수 있겠습니까? 이것은 바로 어떤 일을 하면서, 마주하게 되는 지루함과 슬럼프 기간에 '미엘린'이 두꺼워진다고 합니다. 지루함과 슬럼프는 우리 두뇌 발전을 위해 없어져야 할 기간이 아니라 필요한 시기였습니다. 이해를 돕기 위해 자료를 첨부해드립니다.

⟨뉴런, 시냅스, 미엘린⟩ ⟨똑똑한 뇌는 지루한 시기에 성장⟩

슬럼프와 지루함의 중요성

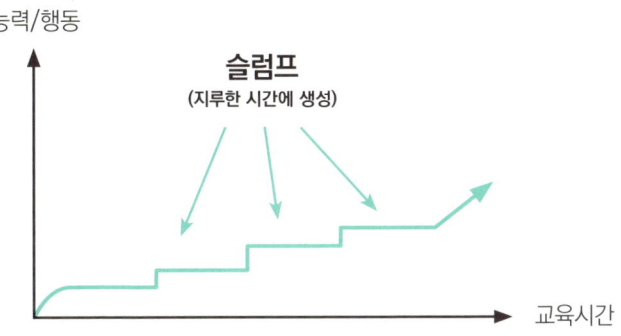

슬럼프(지루함) → 새로운 시냅스 형성 → 미엘린(Myelin)

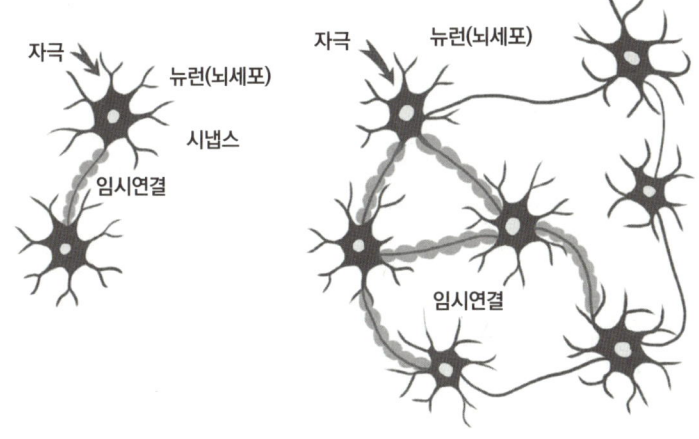

머리가 좋고 나쁨은 시냅스가 얼마나 정교하게 연결되어 있느냐에 달려 있습니다. 인간의 뇌는 많이 담을수록 용량이 커지는 특징을 가지고 있습니다. 특별히 아이의 시냅스는 자극을 많이 받을수

173

록 튼튼해지고 자극을 더 이상 받지 못하면 사라지게 됩니다. 첨부한 자료에서처럼 시냅스를 감싸고 있는 '미엘린'은 지루한 시간에 생성됩니다. 우리가 어떤 일을 하면서 마주하게 되는 지루함과 슬럼프는 얼마나 중요한 시간입니까? 슬럼프 기간은 무엇인가를 그만두어야 할 시점이 아니라 우리의 우수한 두뇌와 능력을 위해 없어서는 안 될 시기임을 이해하게 된다면 지루함과 슬럼프는 감사하게 넘길 수 있을 것입니다. 가치 있는 것을 위해 습관을 들이는 것에서 늘 문제는 지루함과 슬럼프였습니다. 지루함과 슬럼프가 찾아오면 포기의 유혹을 받게 됩니다. 이것도 한 번이 아니라 일정한 간격으로 반복해서 말입니다. 필자가 영어를 지도하면서 학습자가 거의 예외 없이 경험하는 패턴을 알게 되었고, 이 시기를 극복할 수 있도록 미리 예상하고 준비할 수 있었습니다. 기본 프로그램을 하나 성취하기 위해서도 참고한 자료에서처럼 여러 번의 유혹을 받게 됩니다.

(지루함과 슬럼프의 주기)

이러한 시기와 패턴을 미리 알고 있으면 지루함과 슬럼프는 성장

에서 보약임을 알게 되고 감사하게 극복할 수 있습니다. 하지만 영어 습득에서 늘 흥미롭고 재미있는 시간만으로 채워질 수는 없습니다. 우리의 뇌를 이해하게 되면 모든 것은 본인의 유익을 위해 준비된 선물임을 알게 될 것입니다.

30.
영어 교육은 '습관 교육'

　혼자 해야 생산성이 높은 일이 있는 반면에 함께 할 때 더 큰 효율성을 가져오는 일도 있습니다. 영어 습득 교육은 혼자 할 때 효과적일까요? 아니면 친구들과 같이할 때 더 많은 도움이 될까요? 지금까지의 경험에 의하면 시험 준비할 때는 단체수업보다는 개인 수업을 받을 때 더 큰 효과가 있지만, 생활 회화를 배우고자 한다면 그룹 수업이 더 큰 효과가 있었습니다. 필자는 "나보다 우리가 더 영리하다. We are smarter than me."이라는 말을 좋아합니다. 우리는 가끔 '집단지성'이라는 말을 사용합니다. 정치에서 국가 지도자들이 부패했을 때 힘없는 소수의 국민은 힘이 없지만, 집단이 단결해서 보여주는 힘은 위대함을 말해주는 의미도 될 것입니다.

　필자는 '집단시간'의 힘에 대해 자주 생각해 봅니다. 우리가 무의식적으로 낭비하는 시간들은 개인에게는 작고 무의미할 수 있지만, 한 사람 두 사람 이상이 허비하는 시간은 얼마나 소중한지 잘 이해할 방법이 있습니다. 한 사람이 태어나서 평균 100년을 산다고 한다면 하루 24시간 × 365일은 8,760시간입니다. 이 시간을 100년으로 계산해보면 876,000시간이 됩니다. 우리는 876,000시간을 어떻게 사용하느냐에 따라 성공한 삶과 실패한 삶을 살았다고 말할 수 있는 것입니다. 여기에 '집단시간'을 잠시 생각해보면 좋겠습니다. 우리나라 국민 5,000만 명이 하루에 한 시간씩만 스마트 폰을 한다고 하면, 오천만 시간을 허비하게 됩니다. 이렇게 허비되는 시간은 한 사람에게 부여된 평생의 시간을 계산해 본 바와 같이 하루에 수백 명의 사람이 죽어가는 것과 같습니다. 이렇게 무의미하게 버려지는 '집단시간'들을 생각해보면 좀 더 의미 있는 곳에 나의 시간을 사용할 수 있지 않을까를 생각하게 됩니다.

사람은 본인이 하는 잘못과 시간 낭비도 스스로는 잘 인지하지 못할 수도 있습니다. 오래전 한 경험에서 이러한 사실을 잘 알려줄 수 있는 수업을 한 적이 있습니다. 청소년 나이의 아이들을 가르칠 기회가 있었습니다. 8명 정도의 아이들이 있었고, 저와의 첫 만남의 시간이었지만 1~2명의 아이는 휴대폰만 만지고 있었습니다. 수업 시작 시간이 지났지만, 이 학생들은 여전히 휴대폰을 사용하며 수업에는 관심이 없었습니다. 필자는 잠시 생각한 후 첫 수업을 시작하기 전 한 가지 활동을 했습니다. 휴대폰만 사용하고 있던 학생에게 잠시 강의실 앞쪽으로 나오도록 부탁을 했습니다. 이 학생에게 잠시만 오늘 선생님 역할을 해달라고 부탁을 했습니다. 그런 후 나머지 아이들 모두에게는 개인 휴대폰을 모두 꺼내서 사용해 달라는 부탁을 했습니다. 강의실 안의 모습은 교사 역할을 하고 있는 학생은 학생들을 보며 가만히 서 있었고, 나머지 모든 학생들은 자신의 휴대폰만 사용하고 있었습니다. 수업을 시작해야 하는데 모든 아이들이 자신의 휴대폰만 사용하고 있는 모습을 보았을 때 어떻게 정상적인 수업이 가능하겠습니까? 이 즉흥적인 활동을 통해 단 하나의 교훈을 알려주고 싶었습니다. 사람들은 자신만 잘못된 행동을 할 때는 큰 잘못임을 잘 인식하지 못한다는 것입니다. 자신이 하는 잘못된 행동을 집단이 똑같이 하는 모습을 보게 되면, 잘못된 모습을 더 잘 인식할 수 있습니다. 하루 중 무의식중에 휴대폰을 사용해서 허비하는 개인의 1시간의 소중함은 크게 느껴지지 않지만 국민 오천만 명의 한 시간의 소중함은 하루에 시간상으로 수백 명의 생명과 같은 시간을 허비하고 있는 것에 동조하고 있다는 것을 안다면 본인의 시간이 얼마나 소중한지 이해할 수 있을 것입니다. 우리는 정식으로 배워서 알게 된 것들보다 생활 속에서 무의식중에 다른 사람을 따라서 한 행동으로 학습된 것이 많습니다. 그중에 대표적인 것이 휴대폰 사용입니다. 모든 사람들이 처음으로 휴대폰을 사용할 때 효과적인 사용 방법과 주의점을 잠시라도 교육을 받는다면 지금처럼 시간을 허비하지는 않을 것입니다. 필자는 대부분의 사람들보다 휴대폰 SNS를 늦게 사용했습니다. 뒤늦게 사용을 해보니 잘만 사용하면 한없이 많은 유익을 가져다줄 수 있는 기능들에 놀라지 않을 수 없었습니다. 휴대폰의 '카톡' 기능만 잘 사용해도 영어 습득에 좋은 습관을 들이는 데 큰 도움이 된다는 것을 알고 교육에 적극 활용하고 있습니다. 영어 교육은 습관 교육입니다. 모국어가 아닌 외국어를 배우기 위해서는 일상생활이 되어야 합니다. 하지만 영어를 배우는 학습자들은 영어를 학교에서 타 과목과 같이 하나의 과목으로 배우고 있기 때문에 영어 습득을 습관과는 연결해서 생각하지 못합니다. 습관만 연구한 학자들에 의하면 좋은 습관도 언제든지 들일 수 있지만 나쁜 습관도 언제든지 좋은 습관으로 대체할 수 있다는 것을 알려주고 있습니다. 휴대폰 중독, 게임 중독, 영화 중독 이러한 스크린 중독은 언제든지 좋은 습관으로 대체할 수 있습니다. 아이들과 성인들을 지도하면서 휴대폰을 영어 습득 개인 훈련에 가장 중심에 두었을 때 휴대폰을 제대로 사용하는 것을 알게 되었습니다. 많은 부모님과 선생님들은 이렇게 말씀하십니다. '휴대폰 좀 그만해라.' 하지만 더 큰 문제는 그만두면 무엇을 해야 할지 모른다는 것입니다. 휴대폰보다 더 의미 있다고 생각하는 것이 준비되지 않고는 그만두어야 할 이유가 없다는 것입니다. 필자는 이 교육을 통해 '집단시간'의 중요성과 개인 휴대폰 사용에 따른 시간 낭비 그리고 중독에 가까운 집착들을 보면서 바른 교육을 통한 좋은 습관 들이기와 휴대폰 중독 치료에도 큰 도움이 되는 교육을 해보았습니다. 역시 사람들은 게임이나, 불필요한 검색보다 더 의미 있는 것을 찾았을 때 잘못된 행동이 좋은 행동으로 대체되게 된다는 사실을 알게 되었습니다. 휴대폰은 좋은 습관 들이기에 가장 좋은 도구 중 하나입니다. 이미 대부분의 사람들은 잠을 자는 시간 외에는 휴대폰을 가지고 있기에 이 습관을 영어 습득으로 대체하면 됩니다. 실제로 휴대폰으로 매일 연습하고 자신의 실력이 향상되는 것을 경험한 학습자들은 무의미한 것에 시간을 더 적게 낭비하게 되었고, 발전과 성장을 몸소 경험하면서 휴대폰과 시간을 제대로 사용할 수 있게 되었습니다. 이것은 아이들 뿐 아니라 성인들에게도 똑같이 적용되는 것입니다. 실사례에 대한 자료를 첨부합니다. 참고해 보시길 바랍니다.

영어 습관 교육과 스마트폰 활용

〈영어습관 카톡으로〉

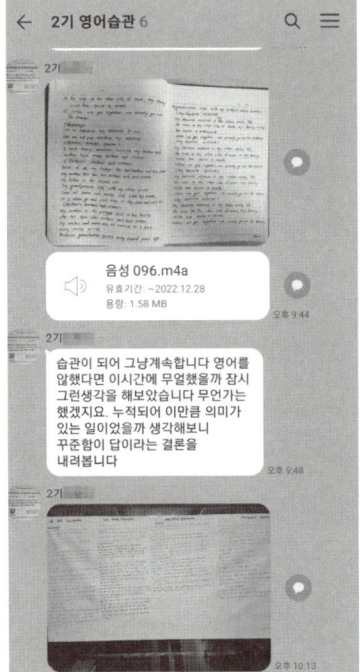

〈영어 습득의 임계점 완료〉

〈영어 10분 스피치 완료〉

이 영어 교육의 원리를 통해 영어를 배워서 가장 최근에 영어의 임계점을 넘어선 '장은진 선생님'의 교육 후기를 공유하도록 하겠습니다.

Pass-Off English 영어 교육 경험을 통한 소감

홍세일 대표님과의 첫 만남은 2022년 8월 20일이다. 이 영어 교육을 만난 지 정확히 4개월이 되었다. 나는 3년 전부터 개인 '꿈 리스트'에 영어로 10분 스피치 하기를 써오고 있었다. 막연히 목표만 가지고 있었지만, 4개월 전에 이 영어 교육을 만나 3년 전부터 목표로만 가지고 있었던 영어 습득의 작은 꿈을 단지 4개월 만에 정확히 이루게 되었다. 함께 수업을 들었던 20대~40대 동기들은 예상대로 더 잘하고 있다는 생각이 들었지만, 이 영어 교육에서 가르쳐 준 3가지 영어 습득 원리를 이해한 후 나이와는 큰 상관없이 정확한 습득 원리를 먼저 배우게 된다면 누구나 영어를 효과적으로 잘 습득할 수 있다는 것을 4개월 교육으로 몸과 마음으로 직접 경험하게 되었다. 홍세일 대표님은 영어 교육은 '습관 교육'이라고 알려주었다. 학교를 졸업 후 지금까지 영어를 배우고 싶은 생각만, 가지고 긴 세월을 흘려보냈지만, 직접 너무나 쉽게 영어를 배울 수 있는 3가지 원리 1. 음절 교육. 2. 연결고리 인지법. 3. 가지 뻗기 회화법 그리고 영어 습득에서 가장 중요한 '습관 교육'을 통해 4개월 전과 후의 나의 모습은 조금 변한 것이 아닌 완전히 변화되었다. 4개월 전과 비교해서 나의 영어 실력이 완전히 유창하게 되었다는 과장된 말은 하고 싶지 않다. 단지 꼭 말하고 싶은 것은 가정 주부이자, 직장 생활을 병행하고 있는 환경에서 매일 조금씩 이 교육의 원리에 따라 4개월 만에 발전된 나의 모습은 놀라울 뿐이다. 영어 실력에서 발전된 나의 모습을 볼 수 있는 사진, 영상 그리고 영어 습득이 생활의 일부가 되도록 스마트폰을 이용해서 '습관 교육'까지 한 모습을 통해 조금은 엿볼 수 있을 것이다. 단 4개월 만에 어떤 영어 교육이 이렇게 큰 변화를 가져올 수 있을까? 나는 직접 경험했고, 작은 실력이 내 몸의 일부가 되어있다. '나는 생각한다.' 그리고 '예측할 수 있다.' 단 4개월 만에 이 교육의 원리로 발전한 나의 모습을 통해 내년 2023년 크리스마스이브의 내 모습은 더 큰 발전을 이루게 될 것이다. 대표님께서 만들어주신 이 영어 교육은 정말 귀중한 것이다. 대표님! 이렇게 가치 있고 귀한 보물을 나누어 주셔서 감사합니다.

2022년 12월 24일 크리스마스 전날 장은진 올림.

아이들과 성인 학습자분들에게 영어 교육은 습관 교육임을 가르치고, 어떻게 나쁜 습관을 좋은 습관으로 바꿀 수 있는지를 교육하면 변화되게 됩니다. 첨부해드린 사진에서 보는 바와 같이 바르게 교육받는 학습자들은 좋은 습관을 일상생활에서 경험하게 됩니다. 제대로 된 교육을 해주면 제대로 된 교육 결과는 반드시 나오게 됩니다. 시간을 낭비하는 습관, 휴대폰 중독은 좋은 습관으로 분명히 대체될 수 있습니다. '영어 교육은 습관 교육'입니다. 그리고 '힘 중의 가장 큰 힘은 하나의 목표를 향해 함께 매진하는 공동체의 힘입니다.' 집단시간, 공동체의 힘을 통해 수많은 유익함을 생산할 수 있습니다. 함께 공통된 좋은 습관 들이기 교육에 참여할 때 서로에게 배우고 동기를 얻게 됩니다. 아이들에게 '그만두라.'라고 말하기 전에 그만둔 후에 더 큰 재미와 의미를 지닌 것을 준비해 두어야 합니다.

31.
물건을 들 수 있는 힘과 습득력

　우리가 생산성을 얘기할 때 눈으로 잘 드러나는 것들은 측정하고 평가하고 수정 보완하기가 수월합니다. 하지만 눈에 잘 드러나지 않는 것들은 실체를 인정하기도 쉬운 일이 아닙니다. 사람이 성장하기 위해서는 신체적인 발달 과정과 정신적인 발달과정이 균형을 잘 이루어야 합니다. 여기서 신체적인 발달 과정은 눈으로 잘 관찰되고 측정할 수 있기에 언제나 눈에 잘 드러납니다. 학창 시절 대부분 경험해 보았을 것입니다. 방학 전의 친구의 모습과 방학이 끝나고 학교에서 오랜만에 다시 만난 친구들을 보면 방학 동안 키가 몰라보게 커져서 온 친구들을 볼 수 있었을 것입니다. 키는 물론이고, 헤어스타일과 피부와 심지어 옷 스타일까지 변화된 친구들을 본 기억들이 있을 것입니다. 이렇게 외형적 변화들은 눈에 쉽게 관찰됩니다. 하지만 방학 전의 친구의 정신적 성장과 변화는 쉽게 감지할 수 없습니다. 독자분들께서는 성장하면서 언제 10kg 정도의 물건을 들 수 있었는지 기억할 수 있습니까? 또는 20kg 쌀 한 포를 언제 거뜬히 들어 올릴 수 있는 신체적 힘을 가졌는지 기억이 나십니까? 어쩌면 정확한 시점은 기억하지 못하시겠지만, 초등학교 시절을 지나 청소년기쯤에는 이러한 힘을 가지게 되었을 것입니다. 신체적 능력은 너무나 측정하기도 쉽고 평가하기도 쉽습니다. 친구에게 30kg이 넘는 책이 든 상자를 옮겨줄 수 있는지 물어보면 즉시 대답을 들을 수 있을 것입니다. "난 그렇게 무거운 물건은 들 수 없는데" 또는 "그래 옮겨줄게."와 같은 대답을 즉시 들을 수 있습니다. 하지만 정신적 능력에 대한 평가는 이렇게 쉽게 대답할 수 없을 것입니다. 사람들은 자신을 잘 모른다는 생각을 종종합니다. 이것은 분명히 신체적인 부분에 대한 무지를 얘기하는 것이 아닌 분명히 정신과 내면적 상태를 말하는 것일 것입니다. 자신이 10kg의 책 상자를 들 수 있다면 분명히 비슷한 무게 대부분의 물건은 들 수 있는 능력이 있는 것입니다. 나이와 건강상의 문제가 아니면 살아가면서 이 능력은 계속 유지가 될 것입니다.

〈비슷한 무게의 물건들〉

성장하면서 신체적 발달 단계에 따라 10kg 정도의 물건을 들 수 있는 힘을 가지게 되면 비슷한 무게의 물건들은 모두 들 수 있는 능력이 있는 것입니다. 하지만 정신적인 부분에 해당하는 습득력과 이해력은 좀처럼 쉽게 측정할 수가 없습니다. 교육을 하면서 함께 다루어야 할 부분이 바로 습득 능력입니다. 특별히 영어 교육에서는 중요한 부분입니다. 외국어 습득 교육을 받으면서 자신의 습득력이 얼마 정도인지 정확히 알고 올바른 학습법을 통해 사람들이 헬스장에서 자신이 들 수 있고 할 수 있는 신체적 신기록에 도전하고 평가하듯이 정규적으로 영어 교육에서 습득력의 힘이 자라고 있는지 측정하고 관리할 필요가 있습니다. 이 영어 교육을 통해 습득력이 향상되면 다른 지적 영역에도 영향을 미치게 됩니다. 영어 어휘와 문장을 잘 습득할 수 있는 능력을 가지게 되면 물론 다른 암기 과목에도 원리가 그대로 적용되게 됩니다. 외국어로서 영어 구조를 잘 이해하게 되면 다른 영역에서 이해력을 요구하는 것들과 마주했을 때 이 이해력이라는 원리는 그대로 적용되게 될 것입니다. '습득력'은 측정할 수 있도록 매일 관리해야 할 힘입니다. 외부적으로 그리고 눈으로는 잘 확인이 되지 않기에 신체적인 능력 향상력을 관리하는 것보다 더 주의해서 관리하게 된다면 습득력 또한 시각화할 수 있기에 잠재된 능력이 어떻게 성장 발전하는지 보고 만져지게 할 수 있습니다. 신체적으로 자신이 들 수 있는 무게의 비슷한 물건들은 들 수 있듯이 습득력도 영어를 습득하는 능력이나 수학을 습득하는 능력 또한 비슷한 수준의 이해도와 깊이라면 똑같이 적용되는 원리입니다. 영어 습득에서 타고난 재능에 따라 단어나 문장을 습득하는 능력에는 차이가 있겠지만 정확한 학습법과 습득력 훈련을 통해 한 시간에 3문장을 습득할 수 있는 능력에서 교육을 통해 한 시간에 20문장 습득할 수 있는 습득력이라는 능력으로 발전할 수 있습니다. 능력이 자라면 모든 곳에 적용됩니다.

32.
영어 능력의 임계점

　세상의 모든 분야에는 전문가가 있습니다. 평범한 실력을 가진 사람들이 어떻게 전문가 수준의 높은 기량을 가질 수 있을까요? 평범한 실력에서 위대한 능력으로 발전하기 위해서는 모든 분야에서 임계점을 넘어야 합니다. 좋은 영어 실력을 가지기 위해서는 어떤 기준을 넘어서야 하는지에 대한 생각으로 현장에서 여러 연구들을 해보았습니다. 영어 교육에서도 임계점이 있습니다. 독자분들에게 조금은 생소할 수도 있는 이 임계점이란 것이 무엇일까요? 임계점에 대한 사전적 의미보다는 즉시 이해를 돕기 위해 물이 액체에서 기체로 바뀌는 지점 즉, 물이 끓는 지점 정도로 임계점을 정의하고 싶습니다.

　어떤 한 노인이 철삿줄을 아이에게 주며 이 철삿줄을 손으로 잘라 보라고 했습니다. 이 아이는 어떻게 철삿줄을 손으로 끊을 수 있느냐며 할 수 없다고 했습니다. 그러자 이 노인은 철삿줄을 아주 빠르게 접었다 폈다를 반복하며 이내 철삿줄을 잘라버렸습니다. 이 노인은 철삿줄을 접었다 폈다를 반복하면 철삿줄의 임계점에 도달한 후 끊어지게 됨을 알고 있었던 것입니다. 가치 있는 모든 일에는 반드시 임계점이 있습니다. 다이어트를 하는 사람, 수학을 잘하기 원하는 사람, 노래, 컴퓨터, 각종 기술에서 전문가로 변화되기 위해서는 반드시 임계점을 넘어서야 합니다.

〈물이 끓기 위해서는 반드시 임계점을 넘어야 합니다〉

수업 현장에서 영어 교육을 하면서 영어를 포기하지 않고 할 수 있는 임계점에 대한 연구를 많이 해보게 되었습니다. 나이와 대상별로 영어를 포기하지 않고 하게 되는 실력 지점이 공통적으로 있음을 알게 되었습니다. 영어 교육에서 임계점은 영어를 아주 잘하게 되는 지점이라기보다는 영어를 포기하지 않는 지점에 가깝다고 생각하시면 될 것 같습니다. 많은 사람이 이러한 영어 교육의 임계점을 넘어서면 영어 습득의 즐거움을 알게 되고 새로운 문장을 암기하고 습득하는 데도 큰 힘이 들지 않게 됩니다. 저는 지난 20년 이상을 교육해 오면서 첨부한 자료와 같이 대상별 임계점을 발견할 수 있었습니다. 누구나 영어를 시작하면 가장 먼저 이 영어 습득의 임계점을 넘는 것에 목표를 두고 공부를 해야 합니다.

영어 습득의 임계점

구분 대상	내용	기간
5세	1~8 문장 49개 음절	3개월
6세	30문장	6개월
7세	60문장	6개월
초등저학년	120문장	6개월
성인	120문장	6개월

 이 교육에서 제안하는 영어 문장을 교육 기간 내에 습득하면 영어 습득 능력에서의 임계점을 넘을 수 있습니다. 5세는 8문장을 말하고 적을 수 있으면 됩니다. 이 교육의 교수법에 따라 문장을 적을 수 있게 되면 배우는 즐거움을 평생 가지게 됩니다. 6세는 30문장, 7세는 60문장, 초등부터 성인들은 120문장을 말하고 적을 수 있으면 영어를 포기하지 않는 임계점을 넘게 됩니다. 여기서 또 하나 중요한 점은 기간 내에 반드시 달성하는 것입니다. 영어를 교육해 오면서 영어를 포기하는 사람들의 공통점을 분석하고 연구하면서 나이와 대상별로 앞서 언급한 문장의 수를 습득하지 못한 채 포기하는 경우가 대부분이었습니다. 대상별로 임계점을 넘어선 아이들의 교육 모습을 몇 장의 사진을 통해 설명을 드리겠습니다.

〈5세 임계점〉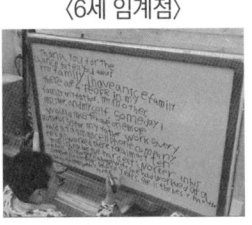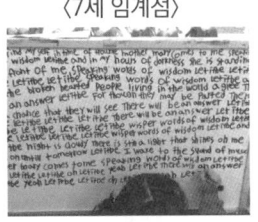

〈초등생 임계점〉

　대상별 학습자들을 지도하면서 이 임계점을 1차 목표로 지도해보면 영어 습득력에 엄청난 도움이 된다는 것을 알게 되었습니다. 사람은 10kg의 물건을 들 수 있는 힘이 생기게 되면 10kg의 물건은 대부분 들 수 있게 됩니다. 습득력도 마찬가지입니다. 이 교육을 배우는 성인 학습자 중 이 교육에서 제안하는 영어문장 120문장을 말하고 적을 수 있는 습득력을 가지게 되면 일반 회화책에 나오는 상황별 영어는 쉽게 습득할 수 있습니다. 사진처럼 대상별 임계점에 도달한 학습자는 영어가 즐거움일 수밖에 없습니다. 독자님들께서도 자신의 대상에 따른 임계점에 도전해 보시길 바랍니다. 큰 변화가 일어나게 될 것입니다.

33.
환경의 중요성

　뉴스를 통해 매일, 매 순간 끔찍한 소식들이 자신의 의지와는 관계없이 전해져옵니다. 동남아 국가 중 한 나라에서는 마약을 거래하거나 투약하는 사람들에 대해 이 국가의 대통령은 발견 즉시 사살하도록 했습니다. 마약 범죄의 심각성이 얼마나 심각하면 재판 없이 즉결 처형을 할까에 대한 생각도 하지만 이러한 방식의 해결 방법은 분명히 부작용이 더 클 것으로 생각이 되었습니다.

　월남전이 끝나갈 무렵 미 당국에서는 한 가지 큰 고민이 있었습니다. 전쟁에 참전하고 있는 많은 수의 병사들이 약물 중독에 빠져 있었다는 것입니다. 전쟁에서 돌아오는 병사들이 약물 중독에 빠져 있는 것은 사회적 문제가 될 것임을 알고 미 당국에서는 이 문제를 해결하기 위해 그 당시 미국 닉슨 대통령은 "약물 남용 방지를 위한 특별대책기구"를 발족했습니다. 이 기구에 소속된 담당자들은 여러 의학적 치료를 통한 해결 방법을 사용해보았지만 좋은 성과를 이루지는 못했습니다. 로빈슨 박사는 약물에 중독된 469명의 군인을 한 명도 빠짐없이 추적 관리를 했습니다. 시간이 지나면서 이들 중 95%가 약물중독이라는 습관에서 완전히 회복이 된 것이었습니다.

95%의 중독자들 중 6% 정도는 의학적 치료를 통해 회복이 되었지만, 나머지는 어떤 의학적 치료 없이 자연 치료가 되었다는 것에 주목하지 않을 수 없었습니다. 그들이 약물에서 벗어날 수 있었던 이유는 바로 마약을 사용하지 않는 사람들 속에서 살아가는 환경이었습니다. '무리에 속한 개인은 쉽게 오염되지 않는다.'라는 것을 보여 준 사례라고 할 수 있습니다.

브루스 알렉산더 교수는 중독에 대해 이렇게 정의했습니다. "중독이란 현재 상황, 즉 약물 사용을 스스로 억제할 수 없고 다른 보상 활동이 주어지지 않는 환경에 대처하려는 시도에서 출발한다." 이 주장이 의미하는 바는 약물 중독의 원인을 '사람'이 아니라 그들이 살고 있는 환경으로 지목한 것입니다.

"의미 있는 회복을 이뤄낸 사람과 그렇지 못한 사람의 가장 큰 차이는 능력이나 지식이 아니다. 유발 요인이 없는 환경으로 이주하는 데 필요한 경제력과 행동력의 유무다."(《해빗》 pp.288~289.) 사람은 좋은 환경에 놓이는 것만으로도 벗어나기 어려운 악습에서 벗어날 수 있습니다. 앞서 언급한 한 국가에서는 마약 문제를 해결하기 위해 사람의 생명을 빼앗는 방법을 사용했으며, 또 하나의 사례는 약물 중독자들이 치료되는 과정을 추적 관리에서 약물 중독자들이 놓인 환경의 중요성을 알려주었습니다. 사람들은 인정하든 하지 않든 크고 작은 습관에 중독되어 있습니다. 학생들의 기본 책임은 학업을 열심히 하는 것이지만 계속해서 좋은 성적을 내지 못하는 학생들은 좋지 않은 습관을 반복하고 있기 때문입니다. 노력과 개선의 의지 없이 나약해져 있는 성인들도 그렇다고 할 수 있습니다. 필자가 성장하면서 교육을 받으면서 들었던 말 중 가장 많이 들었던 말은 인내, 노력, 근면, 끈기, 의지력 등의 말들이었습니다. 이것이 부족한 사람은 성공할 수 없고, 결국 인생의 낙오자가 된다는 가르침은 성공의 공식이었습니다. 하지만 이러한 힘은 경험상 누구나 가질 수 있는 것은 아닌 것 같습니다. 몇 년 전 베스트셀러로 판매된 'Grit'이라는 책의 제목에서도 알 수 있듯이 '투지, 끈기' 등의 의미를 가진 말처럼 성공 요인에 무조건 빠질 수 없는 것입니다. 이러한 힘이 '마시멜로 실험'을 통해 증명되었다는 실험 결과까지 들먹이며 누구나 노력해도 같은 양의 투지나 끈기 등을 가질 수 있는 것은 아님에도 승자와 패자를 이것으로 이분화한 평가들이 자연스러워졌다는 것입니다. 누군가 다이어트를 하다가 실패해도 의지력이 그것밖에 안 되냐는 말을 쉽게 합니다. 모든 분야에서 성과를 내지 못할 때 늘 따라붙는 실패의 정의가 바로 인내, 노력, 끈기 등의 부족을 얘기합니다. 우리가 살아가면서 성취해야 할 것들이 모두 참아내야 할 목록들로 구성되어 있다면 인생은 행복한 날보다 불행한 날이 더 많을 것 같습니다. 이러한 힘을 능가하는 것이 바로 환경의 중요성입니다. 환경이 바뀌면 인내나 끈기의 힘도 넘어서게 됩니다. 《해빗》의 저자 웬디 우드는 저서에서 이렇게 말했습니다.

"사람들은 종종 이렇게 말한다. "상황을 탓하지 말고 꿋꿋하게 나아가라!" "묵묵히 참고 견디면 기회가 온다!" 나는 이런 말을 들을 때마다 미국 문화의 근원에 있는 프로테스탄트 윤리를 떠 올린다. 청교도인은 '방종'이야말로 영원히 천벌을 받을 죄악이라고 여겼다. 금

욕과 결핍과 인내의 시간을 견딘 자만이 천국에 들어갈 소수에 포함된다고 믿었다. 하지만 이 신앙을 너무 진지하게 받아들이지는 말자. 한때 청교도인은 마녀를 화형에 처해야 한다고 주장했으니까. 그들이 강조했던 높은 수준의 윤리관은 오늘날까지 영향을 끼치고 있다. 아직도 많은 사람이 이들의 가르침을 신봉하며 자신의 삶을 가혹하게 밀어붙이고 있다. 그러나 이제는 그러한 자기 착취를 끝내야 한다."

인내나 끈기 등의 힘이 주는 원리는 불변하겠지만 반드시 이것만을 신봉할 필요는 없을 것입니다. 필자는 영어 교육은 습관과의 전쟁이라고 자주 말을 합니다. 이 말의 뜻은 다른 나라 언어를 배우기 위해 과목처럼 정해진 시간에만 연습하고서는 유창한 실력을 가지기 어렵다는 것을 의미합니다. 언어를 배우는 것은 모국어처럼 습관처럼 습득하는 환경이 중요하다는 것입니다. 수년 전 집 인근에 있는 도서관에서 읽고 싶은 책을 찾으면서 한 책의 표지에 눈길이 갔습니다. 이 책에는 6명의 자녀를 성공적으로 키워낸 내용이 있었습니다. 필자 역시 6명의 자녀를 양육하고 있는 한 사람으로서 어떻게 이렇게 훌륭하게 모든 자녀들을 잘 키워냈는지 궁금해서 책을 대여해서 자세히 읽어 보았습니다. 이 책은 전혜성 박사의 《생의 목적을 아는 아이가 큰사람으로 자란다》입니다. 전혜성 박사님은 자녀들을 모두 다음과 같이 키워내셨습니다.

고경신- 하버드대학 졸업. MIT에서 이학박사
고경주- 예일대학 의대 졸업
고동주- 하버드대학, MIT 의학박사
고홍주- 하버드대학 졸업
고경은- 하버드대학 졸업
고정주- 하버드대학 졸업

어떻게 모든 아이들을 이렇게 키워낼 수 있었는지 궁금했고 책을 읽으면서 여러 요인을 알게 되었습니다. 필자가 책에서 찾은 성공 요인은 '환경'에 있다는 것을 알게 되었습니다. 전혜성 박사님 부부 께서는 아이들이 자랄 때 학교에서 돌아오면 자연스럽게 책을 읽고 공부를 할 수 있도록 집에는 '책상이 20개'나 있었다고 합니다. 자녀 들 책상뿐 아니라 자녀들의 친구 책상까지 누구나 집을 방문하면 놀 면서 학습할 수 있는 환경을 만들어 준 것입니다.

"한 집에 책상 20개." 이 환경만으로 얼마나 큰 도움이 되었겠습 니까? 손에 휴대폰이 없는 아이들에게는 휴대폰 사용을 절제해야 할 의지력이 필요하지 않습니다. 거실에 TV가 없는 가정에서 너무 많은 시간을 TV를 본다는 꾸중을 할 필요가 없는 것입니다. 자신을 어떤 환경에 놓이게 두느냐에 따라 인내, 끈기, 의지력 등의 모든 참 아내야 하는 도전에 맞서 싸울 필요가 없게 됩니다. 어릴 적부터 우 등생들은 참고 이겨내야 할 환경에 자신을 놓아두지 않은 것입니다. 좋은 환경은 자연스럽게 좋은 습관을 길러줍니다. 노력과 싸우지 않 아도 매 순간이 즐겁고 유익한 시간이 되어 주었고 이러한 것들이 모여 큰 성공이라는 타이틀을 얻게 되는 것입니다. 이제 우리는 더 이상 부족한 자신의 의지력을 시험할 필요가 없습니다.

간절히 이루고 싶은 것이 있다면 환경을 먼저 만들면 됩니다.

미국의 한 저명한 의사는 본인의 병원에서 내방 고객뿐 아니라 직원들 중에도 과체중에 따른 질병을 가진 환자들을 치료하기 위해 검진 후 처방전을 통해 치료를 도우려고 했지만 많은 도움이 되지 않았습니다. 처방한 약을 제시간에 먹는 것부터 과체중 예방을 위해 탄산음료 등을 적게 마시는 것까지 적절한 처방을 해도 건강이 개선되지 않았습니다.

병원 구내식당을 이용하는 직원 중 과체중으로 인한 질병을 호소하는 분들이 주로 사용하는 구내식당의 문제점을 확인한 후 환경을 바꾸는 것으로 치료에 도움을 주고자 했습니다. 원래 구내식당의 구조는 입구를 들어서면 중간에는 식탁이 놓여 있고 벽면에는 정수기와 여러 대의 음료 자판기가 놓여 있었습니다. 구내식당을 이용하는 과체중에 따른 병력을 가진 사람들은 모두 너무 자연스럽게 탄산음료를 마시고 있었습니다.

식당 내 눈에 띄는 곳에서 너무나 쉽게 음료 자판기를 사용할 수 있었기 때문에 거의 습관적으로 탄산음료를 마실 수 있었습니다. 이 의사는 이러한 식당 환경을 개선했습니다.

음료 자판기가 있는 곳에는 더 많은 정수기를 놓아두었고 음료 자판기의 대수를 줄였습니다.

이렇게 환경을 바꾸었더니 식당을 이용하는 손님들은 자연스럽게 음료보다 물을 더 많이 마시게 되었고 건강도 개선되었습니다. 환경 변화만으로 습관을 변화시킬 수 있다는 것을 보여준 좋은 사례입니다. 영어가 모국어가 아닌 국가에서 영어를 모국어처럼 자연스럽게 사용하는 나라들이 많습니다. 이 또한 환경의 결과입니다. 영어를 과목으로 참고, 견디면서 배워야 하는 우리나라와 같은 환경은 언제나 영어 습득에서 실패하는 사람이 더 많을 수밖에 없습니다. 필자에게 영어를 배우는 분들은 영어 교육과 습관 교육을 자연스럽게 같이합니다. 영어를 과목으로 배우는 사람과 하루 종일 영어 습득이 생활 속 일부가 되어 있는 사람 중 어느 쪽이 더 효과적이겠습니까? 환경을 이용할 수 있는 사람들이 진정으로 지혜로운 사람입니다. 우리나라에서 영어 습득 문제가 습관의 문제임을 알고 나면 환경을 통해 개선할 수 있습니다.

34.
100만 개의 선물

영어를 시간을 정해놓고 과목처럼 교육하고 있는 것도 한국 사람들의 영어 실력에 큰 문제이지만 교육 현장에서는 무분별한 상의 남발뿐 아니라 수업 동기를 위해 잘못된 방법으로 작은 교육 의지마저 잃게 하는 것이 더 큰 문제입니다. 예전에는 어떤 과목이나 분야에서 상을 받는 사람들은 정말 받을 만한 실력의 결과로 상을 받았습니다. 그런데 세월이 지나면서 상을 받는 사람은 물론이고, 상을 받지 못하는 사람들에게도 사기 저하를 염려해서 어떤 명분을 만들어서라도 상을 주는 분위기로 바뀌게 되었습니다.

필자는 전국적으로 영어 웅변대회를 여러 번 개최해 보았습니다. 이 대회에 참여를 위해 문의하시는 분들 중에는 참여만 해도 상을 모든 사람에게 주는지부터 묻는 분들도 계십니다. 자녀 졸업식에 참석하면 이제 졸업을 하는 모든 아이들은 상을 하나씩은 모두 받는 것을 볼 수 있었습니다. 피아노대회, 미술대회에 참여만 해도 우등상, 최우수상, 특별상, 으뜸 상 등 어떤 상을 받아와도 상장만 보아서는 몇 등인지는 알 수도 없습니다. 그야말로 상의 평준화를 모든 과목에서 잘 만들어 온 것일까요? 상을 받지 못하는 것보다는 어떤 상이든 받는 것이 기분이 더 좋을 것입니다. 상을 받고 안 받고의 문제가 따른다면 애초에 상을 주지 않는다면 이 문제는 없어질 수 있습니다. 불공평하고, 어떤 기준도 없는 상은 잘못된 사고와 기준을 적용하는 데 영향을 미칠 수 있습니다. 수업 현장에서 학습에 도움을 주려고 시작한 학습 동기가 시작과는 다르게 부작용을 가져다주는 경우가 빈번히 일어나고 있습니다. 학습 현장에서 자주 보게 되는 스티커 모으기 상품 등이 있습니다. 영어 단어 10개를 외우면 '참 잘했어요.' 스티커 한 장, 한 주 동안 결석하지 않으면 또 하나의 스티커 한 장, 목표가 있고 성취했을 때 그에 따른 상이나 적절한 보상은 학습 동기와 성취도에 도움이 된다고 생각하시지만, 장기적인 안목으로 보면 이러한 활동들이 학습 의욕을 떨어뜨리고 방해한다는 것을 생각해 보시길 바랍니다. 이러한 동기에 익숙해진 아이들은 더 이상 보상이 주어지지 않으면 '본질'에 더 이상 흥미를 느껴서 학습을 이어가지 못합니다. 사람들은 시야가 좁습니다. 나는 영어 선생님으로 이러한 학습 의욕을 유지하기 위해 스티커 붙이기 활동들을 하고 있다고 생각하시겠지만, 대부분의 과목에서는 이와 유사한 방법으로 아이들을 달래고 있다는 것입니다. 외적 욕구를 자극하는 학습 동기 보상들은 내적 학습 욕구를 파괴합니다. 피아노 학원에서도, 수학학원에서도, 이와 유사한 방법들로 학습 욕구와 성취 그리고 지속력을 이어가겠다는 생각은 처음부터 실패한 교육을 적용하고 있는 것입니다. 외적 욕구가 어떻게 내적 욕구에 영향을 미치는지에 대한 이해를 돕는 이야기가 있습니다.

〈보상에 대한 한 노인 이야기〉

아이들이 노인의 집 앞을 지나가면서 바보 같고, 대머리라며 크게 조롱하며 매일 아침 등굣길을 지나갔습니다. 놀림을 받던 한 지혜로운 노인은 하루는 아이들을 불러 모으고는 내일도 모여서 지나가면서 욕을 하면 1달러 주겠다고 약속을 했습니다. 다음 날 아이들은 신이 나서 지나가면서 똑같은 욕을 했습니다. 노인은 약속대로 1달러씩을 주었습니다. 그런데 하루하루 시간이 지나면서 이 노인은 욕을 하면 1달러씩 주던 것을 25센트로 줄였습니다. 그리고 또 며칠이 지나 이제는 1센트만 주었습니다. 이렇게 하였을 때 아이들은 더 이상 욕을 하지 않았습니다.

노인은 아이들이 자발적으로 즐거워서 하던 행위에 돈으로 보상함으로써 아이들이 자신을 놀려대는 "내적동기intrinsic motivation"를 사라지게 만들고 "외적 동기extrinsic motivation"로 대체했습니다. 돈에 의해 유지되던 외적 동기는 노인이 1센트라는 푼돈을 주겠다고 말하자 이내 사라져 버렸고 아이들은 더 이상 노인을 욕하는 행위에서 재미를 찾을 수 없게 되었습니다. 어떤 일에 대한 보상이 사람들의 내적 동기를 갉아먹을 뿐만 아니라, 보상이 줄거나 없어지면 흥미가 떨어져 더 이상 그 일을 하지 않으려 한다는 점을 이 이야기를 통해 잘 이해할 수 있습니다.

부적절한 보상의 문제는 관련된 일에 흥미를 떨어지게 만들 수 있습니다. 이 이유는 일보다 그 보상에 집중하게 되기 때문입니다. 창의력과 도전 의식에도 좋지 않습니다. 보상받는 행동만 반복하고 강화하려는 경향만 강해집니다. 상대적으로 적게 주어진 보상은 경쟁을 유발하면서 동료들과의 관계를 악화시키고 오히려 의욕을 떨어뜨리기도 합니다. 이를 예방하기 위해 어떤 목표를 두고 팀별로 보상해도 마찬가지였습니다. 팀원들은 결과가 나오기도 전에 보상을 받는 데 방해가 될 제일 능력이 떨어지는 사람을 원망하고 비난했습니다. 성과에 상관없이 모두에게 상을 주는 것은 더욱 말할 것도 없습니다. 보상과 처벌은 변화를 만드는 데 가장 짧은 지름길을 안내합니다. 하지만 그 변화는 지속적이지 못하고 계속해서 연료를 주입해야 하며 보상과 처벌은 통제를 필요로 하는 사람들을 만들어 낼 뿐입니다.

아이들에게 좋은 뜻과 의도로 학습 의욕을 위해 하고 있는 보상들이 "외적 동기의 노예"로 만들어가고 있지나 않은지 되돌아볼 필요가 있습니다. 이러한 문제를 초래하지 않고, 가장 확실한 동기 부여의 힘은 자신이 가르치는 것 자체가 선물이 되게 하면 됩니다. 이것은 주는 사람과 받는 사람 모두에게 적용되는 '본질'입니다.

필자는 20년 넘게 학습자들을 지도해오면서 어떤 상이나 상품들을 사용하지 않고도 최고로 인기 있는 강사였다고 말할 순 없지만 그래도 지금까지 학습자들은 필자와의 수업을 기다리며 좋아했다는 것입니다. 영어를 가르치는 분들은 학습자들에게 줄 수 있는 가장 큰 선물은 영어가 되어야 합니다. 수학을 가르치는 분들은 최고의 선물이 수학이 되면 되는 것입니다. 자신이 주는 선물의 형태가 명확하지 않을 때 '본질'에서 벗어난 선물들에 의지하게 됩니다. 그러한 비본질적인 선물의 유통 기간이 다하면 더 크고, 더 자극적이면서도, 더 비싼 선물에 자연스럽게 의지하지 않을 수가 없습니다. 영어로서 줄 수 있는 선물의 개수는 100만 개가 넘습니다. 영어 단어의 수만 해도 100만 어휘가 넘습니다. 이 단어를 '선물'이다 생각하고 전해준다면 학습자들은 새로운 깨달음에 감탄사를 매일 연발할 수 있는 시간을 만들 수 있습니다. 단지 외워, 몇 번 쓰기, 시험 보자, 몇 문제 틀렸네. 이러한 것은 결코 선물이 될 수 없습니다. 영어의 본질을 깨닫게 도움을 주는 것입니다.

　대부분의 부모님들이 수업 현장에서 일어나는 일들을 직접 두 눈으로 보지 않고 있기 때문에 문제가 없는 것처럼 하루하루를 살아갈 수 있습니다. 교실에서 수업 시작과 함께 하루 종일 엎드려 자는 자녀의 모습을 모니터로 이틀만 바라본다면 대책을 강구할 것입니다. 아이들의 학습 의욕을 불러오기 위한 각종 과자나 사탕 그리고 선물들을 대부분의 과목에서 사용하고 있는 곳이 있다는 것을 자녀가 집에 받아온 선물로만 잠시 보며 잘했네, 라고 말하는 것이 아니라 수업 현장에서 어떻게 빈번히 사용하고 있는지를 정확히 볼 수 있다면 '그러한 방법은 그만해 주세요.'라는 말이 절로 나올 수도 있습니다. 사교육의 시장에서 몸값 수백억의 1타 강사들은 스티커나 선물로서 학습 동기 부여를 하지 않습니다. '본질' 즉, 영어 실력이 필요한 사람에게는 영어 실력으로 수학 실력이 필요한 사람에게는 수학 실력으로 선물이 되어 준다는 것입니다. 어쩜 성공한 그런 분들과는 비교하지 말라고 말씀하실 수는 있지만 가르치는 직업은 잠시 하는 일이 아니기에 자신이 가르치는 과목이 선물이 되도록 하는 준비는 매일 준비해서 실력을 쌓을 수 있다는 것입니다. 모든 사람들이 가진 손가락의 지문이 다르듯 우리가 가르치는 방법을 통한 선물도 모두 다릅니다. 교육자는 한 시간의 수업을 작품이 되도록 해야 합니다. 학습자들은 배우는 한 시간의 수업이 감동의 시간이 되어야 하고요. 교육에서 학습 동기를 지속적으로 부여하는 것은 피가 부족한 환자에게 수혈과도 같은 것입니다. 학습 동기가 '본질'을 희생하는 것이 되어서는 안 됩니다. 영어는 최소 100만 개의 선물을 주고받는 것입니다. 머릿속에 한 단어 한 문장이 새롭게 습득될 때마다 선물은 더 커져 갑니다. 이것이 교육이 주는 기쁨이자 선물이 아닐까요?

35.
인간의 손과 뇌

손글씨의 중요성

아이들에게 영어를 지도하면서 자주 들었던 말 중 하나는 어릴 때 열심히 가르치면 무슨 소용이 있습니까? 지속적으로 계속하지 않으면 모두 헛된 교육이 된다는 말이었습니다. 사실 이 말은 틀린 말은 아닙니다. 단지 '지금처럼 교육한다면'이라는 조건으로는 말입니다. 유아들과 초등 저학년을 대상으로 영어 교육 하는 교재나 교수법을 자세히 한번 보시길 바랍니다. 대부분 눈, 귀, 입만 사용해서 교육하는 방법들을 사용하고 있습니다. 해마다 여러 기관에서 주관하는 영어 스피치 대회가 많습니다. 이 스피치 대회에 참가하기 위해서는 참가 주제에 맞는 영어 원고를 준비해서 모든 문장을 암기한 후 대회에 참여하고 나면 끝입니다. 아이들의 암기력이 얼마나 좋은지 하루 정도 열심히 연습하면 대회 원고를 모두 암기할 수 있습니다. 하지만 대회가 끝나고 1주일만 지나도 암기한 원고의 내용을 거의 잊어버리게 됩니다. 왜일까요? 아이들은 손을 사용해서 영어를 습득하지 않았기 때문입니다. 영어 암기는 머리와 손에 새겨 두어야 합니다. 영어를 모국어로 사용하는 국가를 제외하고 영어를 외국어로 배우는 국가에서는 영어 습득을 위해 입, 눈, 귀의 기관보다 더 많이 사용해야 할 신체는 우리의 '손'입니다. 사람은 태어나서부터 손을 자유롭게 움직이면서 우리의 뇌를 더 우수하게 변화시켜 나갑니다. 하지만 유아기부터 영어를 가르치는 교재나 수업 도구들은 손글씨를 통해 영어가 습득되도록 하지 않고 있습니다. 잠시 인간의 손이 얼마나 중요한지 설명해 드리고 싶습니다.

독일 철학자 임마누엘 칸트는 인간의 손에 대해 '눈에 보이는 뇌의 일부'라고 했습니다. 손은 신체 기관 중 가장 많은 뼈로 구성돼 있습니다. 사람 몸의 뼈의 총 개수는 206개이며, 이 중 양손이 차지하는 뼈의 개수는 무려 54개나 됩니다. 말 그대로 '손바닥만 한' 기관에 우리 몸 전체 뼈의 25%가 들어 있습니다. 인간의 뇌는 우리의 손을 어떻게 사용하느냐에 따라 변화됩니다. 돌고래는 인간보다 뇌가 발달하기에 더 좋은 조건을 가지고 있으면서도 지능이 3~4세 아이와 비슷하며 더 이상 지능이 발달하지 않는 이유는 인간처럼 자유롭게 사용할 수 있는 손이 없기 때문임을 추정하는 학자들도 있습니다. 유아기 아이들을 대상으로 간단한 기호를 가르쳐주고 그림을 그리듯이 영어 쓰기를 가르쳐보면 그 작은 손에서 기적 같은 일들이 이루어집니다. 아마도 세상의 단 한 사람도 같지 않은 개개인의 작품임이 틀림없습니다.

수업 현장에서 이 교육의 바른 쓰기 교육을 알기 전까지 대부분의 부모님들께서는 유아들에게 영어 쓰기를 교육한다고 하면 약간 부정적인 생각들을 가진 분들이 많습니다. 이러한 부정적인 생각은 학창 시절 잘못된 교육을 통한 경험 때문입니다. 이전에도 그랬지만 지금도 교육 현장에서는 분명한 이유 없이 쓰기 과제물은 발전의 도움보다는 벌로서 주어진 것이기에 대부분의 성인들 인식에는 쓰기 교육이 체벌이라는 인식이 바탕이 되어 있습니다. 그래서 자신의 생각을 한 번도 규정해보지는 않았지만 쓰기는 힘들고 시험을 잘 못 보았거나 과제물을 완료하지 못했을 때 가해진 체벌과도 같은 생각을 가지고 있습니다. 지식교육에서 손의 중요성을 먼저 이해하고 배움과 발전의 재미를 위해 손글씨 쓰기에 대한 정의를 다시 알게 된다면 유아기에 잃어버린 기회 3년이라는 시간 동안 끝없는 발전을 경험하게 될 것입니다.

일단은 자신이 경험한 효과적이지 않은 영어 반복 쓰기의 경험은 잠시 내버려 두고 뇌 과학적으로 우리의 손이 얼마나 뇌와 지능에 지대한 역할을 하는지 먼저 잘 이해하는 것이 중요합니다. 장보근의 《뇌를 살리는 부모 뇌를 망치는 부모》라는 책에는 인간의 손에 대한 중요한 내용들을 많이 알려주고 있습니다. 한 연구 결과에 따르면 손가락 하나만 움직여도 뇌의 혈류량은 30%나 증가되고, 뇌를 지도처럼 쫙 펼쳐놓고 봐도 대뇌에 있는 운동 중추 면적의 30%가 손의 움직임과 관련이 있다고 합니다. 우리가 손을 움직이고 손을 이용해 기교를 하고 공작을 하면 뇌를 발달시키는 데 효과적입니다. 손놀림이 뇌의 정교한 신경망을 만든다고 알려주고 있습니다. 아기 때부터 손 운동을 자주 지속적으로 해주어야 합니다. 젓가락질할 때 손바닥부터 손목, 팔꿈치 등 30여 개의 관절과 50여 개의 근육이 움직입니다. 또한 젓가락질을 할 때 눈이 함께 일을 하기 때문에 뇌 활동이 더욱 활발해지며 반면 포크질을 할 때는 젓가락을 사용할 때의 절반밖에 뇌를 사용하지 못한다고 합니다. 연필을 잡는 기회를 늘리는 것도 젓가락질만큼이나 두뇌 발달에 효과적입니다. 글자를 쓰려면 많은 관절과 근육이 동원되어야 할 뿐만 아니라 정성들여 쓰고, 틀리고, 수정하는 과정 속에서 사고를 더 깊게 하게 됩니다. 그렇기 때문에 부모들은 아기가 보다 똑똑한 뇌를 가지기를 바란다면 글을 빨리 익히는 데만 신경 쓸 것이 아니라 글을 제대로 쓰는지에 관심을 가져야 합니다. 생후 3년 동안 손놀림을 통해 신경세포에 자극을 주지 않으면 뇌는 제대로 자라지 않는다고 합니다. 즉 손 운동은 뇌가 완성되는 데 있어 꼭 필요한 필수조건이라는 것을 명심해야겠습니다.

전 서울대학교 신경과학연구소장 서유헌 교수님은 언어중추가 있는 측두엽 부위는 태어나면서 꾸준히 발달하지만 6세에서 12세 사이에 가장 빠르게 발달한다고 합니다. 따라서 언어교육은 이때 시키는 것이 가장 효과적이라고 말씀을 하십니다. 손가락 사용의 중요성이 얼마나 중요하면 네덜란드에는 신발끈 묶기 자격증도 있겠습니까? 유대인들의 유아들이 그들의 경전을 읽을 때 한 글자 한 글자 손가락으로 짚으면서 눈으로 귀로 들으면서 읽는 교육이 닫혀 있는 뇌를 열기에 너무나 당연하고 충분히 검증된 교육이라 할 수 있습니다. 유아기 때 손가락 사용의 중요성을 강조한 연구 결과들은 너무나 쉽게 확인할 수 있습니다. 아인슈타인은 "정보는 지식이 아니다"라는 말을 남겼습니다. 아마도 많은 사람들이 매일 새롭게 쉽게 접하는 정보들을 지식이라 착각할 수도 있습니다. 사실 무의미한 스마트폰 검색은 사람들의 성격만 더 조급하게 만들고, 인내력 없게 만드는 역할만 할 수도 있습니다. 유아기에 효과적인 손가락 사용이 두뇌에 미치는 영향이 크다면 교육을 통해 더 많은 유익을 얻도록 해야 합니다. 효과적인 손가락 자극과 사용은 다양한 방법과 복잡하고 엄청난 비밀이 있는 것이 아닙니다. 그림을 자주 그려보고, 자신이 배운 글자나, 새롭게 습득해야 할 글자를 눈에 보이는 모양대로 그려보는 것에서부터 시작하면 됩니다. 레오나르도 다빈치가 천재가 될 수 있었던 이유도 손에서 찾을 수 있습니다. 평생 엄청난 양의 원고와 노트, 메모를 남길 만큼 손으로 무엇인가를 쓰고 그리는 것을 좋아했습니다. 37세부터 30년간 5천 장 분량의 자필 원고를 남겼다고 합니다. 과학자 에디슨 또한 평생 3,800권의 노트를 남겼다고 합니다. 천재들의 업적은 대부분 손과 관련이 있습니다. 필자는 영어를 처음 배우기 시작하는 아이들에게 영어 쓰기를 그림을 그리는 것처럼 시작합니다.

#	①	②	③	④	⑤	⑥
쓰기 기호	—	l	○	⌒	⟨	,
쓰기 용어	땅	나무	운동장	반 운동장 반대로 운동장	옆으로 나무 나뭇가지	씨앗

#	음절 순서	쓰기용어					
		①	②	③	④	⑤	⑥
1	I	땅	나무	땅			
2	to	땅	나무	운동장			
3	a	운동장	나무				
4	in	씨앗	나무	나무	땅	나무	

    영어를 처음 배우는 유아들에게 손을 사용해서 그림을 그리듯이 영어 글씨를 가르치게 됩니다. 6개의 쓰기 기호만으로 모든 영어를 적을 수 있게 됩니다. 이렇게 손으로 시작한 교육이 6개월이 지나고 나면 5세 아이들의 쓰기 실력은 이렇게 발전하게 됩니다. 손을 사용해서 습득한 영어 문장들이기에 우리 뇌에 더 오래 머물게 됩니다.

⟨5~6세 아이들 영어글자 모형 만들기 수업⟩

⟨5세 아이들 영어문장 쓰기⟩

　영어 스피치 대회를 위해 열심히 암기한 문장과 어릴 때 손글씨 교육을 통하지 않고 배운 문장들은 시간이 지나면 쉽게 잊어버리게 되지만 이렇게 손을 사용해서 습득된 문장들은 단기기억장치에서 장기기억장치에 저장되기가 더 쉽습니다. 손은 정교한 뇌를 만들어 줍니다. 이 교육은 '교육 과학'입니다.

〈유아들이 지닌 능력 현수막 위에 영어 쓰기 실력 자랑하기 : 7세들〉

유아들의 영어 쓰기 작품(현수막 위에)

문화 강국에서
교육 강국으로

36.
기술 경쟁력과 시간 경쟁력

　기술 경쟁력의 속도는 하루가 다르게 심해지고 있습니다. 흔히 일부 사람들은 컴퓨터 판매 시장을 배추 시장이라고 말하는 사람들도 있습니다. 배추는 수확한 지 3일만 지나도 신선도가 떨어지기 시작하기 때문에 컴퓨터 기술도 그와 같다는 의미에서 이렇게 표현한다고 합니다. 20년 전쯤, 한 지방대 컴퓨터 관련 학과 교수님과 정기적으로 모임을 가진 적이 있습니다. 그 당시 교수님도 비슷한 말씀을 하셨습니다. 컴퓨터 공학 교수가 되어보니 제자들을 가르치기 위해 하루라도 배움을 게을리할 수 없다는 말씀을 하셨습니다. 하루가 다르게 쏟아지는 기술을 미리 학습하지 않으면, 제자들을 잘 가르칠 수 없다는 말씀을 하셨습니다. 특별한 취향을 가진 분이 아니라면, 기술은 좀 더 앞선 기술이 발전하게 되면 이전 기술은 더 이상 사용하지 않게 됩니다. 휴대폰의 처음 모델에 적용된 기술과 지금 사용하는 휴대폰에 적용되는 기술은 큰 차이를 알 수 있습니다. 현재 최신 기기를 사용하는 사람들에게 처음 모델을 사용하도록 한다면 큰 불편함과 답답함을 느낄 것입니다. 기술 경쟁에서는 일단 조금이라도 더 향상된 기술이 개발된다면, 더 이상 이전 기술에는 마음을 두지 않습니다. 이전에는 종이 영어사전을 많이 사용했습니다. 하지만 전자기기의 발전으로 전자사전을 사용하게 되었고, 이제는 휴대폰에서 편리하게 찾아볼 수 있는 사전 기능과 번역 기능을 사용합니다. 무겁고, 두꺼운 종이 사전을 가방에 들고 다니는 친구들을 요즈음 볼 수 있나요? 거의 찾아볼 수 없을 것입니다.

세상은 기술 경쟁을 하는 분야도 있지만, 영어 교육에서의 경쟁력은 시간 경쟁을 하는 분야가 되어야 합니다. 모든 분야에서 기술은 시간이 지나면 자연스럽게 더 향상되는 것은 아닙니다. 노력을 통해 혁신을 거듭해 가는 것입니다. 사람들은 평균 정규 교육 유아기에서 대학 졸업까지 꾸준히 교육을 받고 있지만, 이 교육 기간 중 교육을 받는 부분 중 영어 습득 부분에서는 수십 년 전이나 지금이나 큰 차이가 없습니다. 영어 교육을 위해 분명히 기술적인 면에서는 발전해 왔지만, 진정으로 주변 전자 기기의 도움 없이 본인의 실력이 되는 습득력 부분에서는 발전보다는 능력이 퇴행하였다는 생각마저 들게 합니다. 기술의 발전은 사람의 능력을 퇴보시키는 부분도 분명히 있습니다. 길을 찾는 내비게이션 기술을 통해 이제는 이 기술 없이는 이전처럼 길을 잘 찾는 능력은 많이 저하되었을 것입니다. 전화번호

자동 저장 기술로 우리는 기기 없이 전화번호를 잘 외우는 능력도 잃어가는 것이 분명합니다. 우리의 너무나 많은 생활을 기기에 의존하고 있다는 것을 알 수 있습니다. 기술 발전은 눈과 몸으로 즉시 체감할 수 있습니다. 하지만 영어 습득 교육에서는 기술만큼 눈으로 쉽게 확인할 수 없습니다. 이것은 어쩜 사람들의 인식 속에 잘못 학습된 내용에 의해 당연한 것으로 받아들이기로 우리의 의식이 타협한 결과이지 않나를 생각하게 됩니다. '영어 습득은 단시간에 되지 않는다.' '꾸준히 하다 보면 실력이 쌓여서 어느 날 갑자기 잘하게 된다.'라는 주술적 주문에 가까운 말들이 처음부터 영어를 배우는 사람들의 정신과 마음속에 주문처럼 자리 잡고 있기 때문인 것 같습니다. 가르치는 사람과 배우는 사람들은 서로 약속처럼 영어 습득은 장기간으로 해야 한다는 잘못된 생각이 본인이 영어를 배우면서도 실력이 발전하지 않는 것을 당연하게 여기는 것일 수 있습니다. 영어를 습득하는 교육은 기술 경쟁력과 다르게 가르친 시간과 순간들이 모여 실력이라는 경쟁력으로 평가받을 수 있습니다. 필자는 이것을 기술 경쟁력과는 다른 영어 교육에서 시간 경쟁력이라 설명을 합니다. 기술 경쟁은 보다 나은 기술을 위해 다른 기술과 경쟁을 합니다. 하지만, 영어 교육에서 시간 경쟁력은 하루라도 빨리 시작하고, 1분이라도 더 배운 실력이 눈에 감지할 수 있는 실력이 되게 하는 것이 '시간 경쟁력'입니다. 시간이 실력이자, 경쟁력이 되게 하는 것입니다. 한 달 동안 배운 실력, 한 분기, 한 학기 동안 배운 실력이 시간의 양에 의해 정확히 눈과 귀로 감지할 수 있는 실력이 되게 하는 시간 경쟁력은 영어 교육에서 꼭 필요한 것입니다. 교육이 발전과 변화를 가져오지 못한다면 시간 낭비일 뿐입니다. 기술 경쟁력은 우위의 순위를 명확히 확인할 수 있습니다. 영어 교육에서 시간 경쟁력도 분명히 측정할 수 있고 감지할 수 있게 되어야 합니다. 노력한 시간만큼 실력의 보상이 명확히 주어지는 '시간 경쟁력'에 대해 교육을 가르치고, 배우는 모든 분은 실천해야 합니다.

37.
0.1%의 차이

천재와 둔재는 종이 한 장 차이라는 말을 아실 것입니다. 성공과 실패, 삶과 죽음, 평범함과 위대함의 차이는 큰 것이 아니라는 의미를 포함하고 있을 것입니다. 사람의 생각도 '할 수 있다.'와 '할 수 없다.'와 같이 글자 한 자 차이지만, 이루고 못 이루는 결과의 차이를 가져올 수 있습니다. 한국에서 영어 교육이 사회적 문제가 된 지금 과거의 교육 방법과 교재는 현재 교육과 어떤 차이가 있습니까? 비슷한 교실에서 비슷한 교재와 비슷한 교수법은 예나 지금이나 거의 차이가 없습니다. 어떤 스타 강사가 조금만 다른 스타일로 영어를 가르치면, 학습자와 돈이 한쪽으로 몰려가는 차이 외에는 별로 달라지지 않은 영어 교육 시장은 거의 비슷한 결과들만 양성할 뿐임을 확신하게 됩니다. 아인슈타인은 "문제를 발생시켰을 때의 사고방식으로는 문제를 해결할 수 없다."라는 명언을 남겼습니다. 한국에서 영어 교육을 바로잡으려면 상당한 노력이 필요할 것입니다. 누군가 문제를 발생시킨 사고를 벗어나서 새로운 시각을 통한 방법을 제시하는 노력이 계속되어야 할 것입니다. 작은 차이가 얼마나 다른 결과를 가져다줄 수 있는지에 대한 중요성을 설명해 드리고 싶습니다.

유전자 염색체인 게놈의 구조 차이를 보면, 인간과 고릴라의 차이는 2.3%이고, 침팬지와 인간의 차이는 단지 1.5%라고 합니다. 여기에 더 놀라운 작은 차이는 남자와 여자는 0.1% 차이뿐이라고 합니다. 이 0.1%가 남자가 되고 여자가 되는 것의 차이입니다.

유전자 염색체인 게놈의 구조 차이	인간		남자	여자
	고릴라	침팬지	0.1%	
	2.3%	1.5%		

작은 차이가 얼마나 큰 차이를 가져올 수 있는지에 관해 설명을 하나 더 나누고자 합니다.

"여러분이 적도에 있는 공항에서 이륙해 지구를 한 바퀴 돈다고 가정해 보십시오. 그러나 여러분의 항로가 딱 1도만 이탈해 있어도, 같은 경도로 되돌아왔을 때, 여러분은 얼마나 멀리 경로를 벗어나 있을까요? 몇 킬로미터? 한 백 킬로미터? 정답은 여러분을 놀라게 할 것입니다. 겨우 1도에 불과한 오류는 여러분을 거의 800킬로미터 떨어진 지점 또는 제트기로 한 시간 떨어진 지점으로 데려다 놓을 것입니다."

잘못된 시작을 하게 되면 목적지 근처에도 가지 못합니다. 단지 1도의 차이가 800km나 벗어난 곳에 떨어져 있게 됩니다. 이것은 물리적 거리뿐만 아니라 효과도 없는 교육을 받게 되면 심리적 거리로도 좋은 교육에서 멀어지게 됩니다. 한번 좌절감을 경험한 사람들은 다시는 도전하고 싶은 의욕마저 잃게 되는 경우도 많습니다. 아주 작은 차이가 간격을 좁히기에 어려운 지점까지 데려다 놓을 수도 있습니다. 아주 작은 차이가 완전히 다른 결과를 가져올 수 있다면, 아주 작은 방법으로 좋은 결과도 얼마든지 만들 수 있다는 얘기도 될 것입니다. 이제는 한 잡지에서 읽은 단 1%의 차이가 좋은 결과를 만들어내는 것에 대한 이야기를 나누고 싶습니다.

유럽에서는 축구와 마찬가지로 사이클경기가 인기 있는 종목입니다. 영국 선수팀은 매년 23일 동안 약 3,500km의 거리를 달리며 인간의 한계를 시험하는 극한의 경기인 세계 최고 권위의 사이클 대회인 '투르 드 프랑스 대회'에서 110년 동안 단 한 번도 우승하지 못했습니다. 어떤 자전거 제조업체들은 어렵게 얻은 회사의 명성이 훼손될까 봐 영국 선수들에게는 자전거를 팔지 않았을 정도로 영국의 처지는 말이 아니었습니다. 2003년이 되어서야 영국 사이클링의 궤적을 영원히 바꿀, 그러나 당시에는 크게 주목받지 못한 작은 변화가 일어났습니다. 데이브 브레일스포드 경이라는 사람이 새로운 코치를 맡게 되었습니다. 그 당시까지 하룻밤 사이에 극적인 대전환을 꾀했던 이전 코치들과는 달리 브레일스포드 경은 "the aggregation of marginal gains 근소 이익의 합산"이라는 전략에 전념했습니다. 이것은 모든 면에서 작은 개선을 이뤄나간다는 뜻입니다. 자전거 타기의 모든 것을 나누어 1%씩 개선해 나가면, 모두 합쳤을 때 상당한 향상을 이루게 될 것이라는 생각에서 시작되었습니다. 아무리 어렵게 보이거나, 복잡한 문제, 달성해야 할 목표도 매일

1%만 개선해 나간다면 결국 이루게 되는 것을 의미합니다. 브레일 스포드는 자전거 장비, 운동복 소재, 훈련 패턴과 같이 눈에 잘 띄는 것부터 매일 1% 개선하는 노력을 했습니다. 그 이전 코치들은 바로 성과를 거둘 수 있는 일에 집중했고, 브레일스포드는 단 1% 개선에 집중했습니다. 이 근본 원리를 실행한 후 지난 20년 동안 영국 사이클링에 어떤 일이 일어났는지 주목해 보십시오. 투르 드 프랑스 대회에서 6번 우승을 했습니다. 지난 4번의 올림픽 경기에서 영국은 모든 사이클 종목에서 가장 성공적인 국가가 되었습니다. 1%의 개선이 이루어 낸 기적이라고 평할 수 있겠습니다. 매일, 하루도 빠짐없이 1%의 개선이 가져다주는 유익을 누구보다 잘 알고 있었던 세계적인 베스트셀러 작가인 제임스 클리어가 말한 내용을 공유합니다. "습관은 자기 계발의 복리 이자다. 매일 1%씩 1년 동안 향상한다면 처음 그 일을 했을 때보다 37배 더 나아져 있을 것이다."

"One Percent Better 1%의 개선" 우리가 살아가면서 삶의 신조로 삼기에도 손색이 없는 강력한 3단어입니다. 이렇게 0.1% 차이부터 1%의 차이가 인류의 위대한 업적을 만들어 왔습니다. 종이 한 장은 1mm도 되지 않지만, 천재와 둔재라는 능력의 차이를 만들어 내기도 합니다. 필자는 영어 교육에서 비영어권 국가의 사람들이 필자의 교육으로 배우는 즉시 실력이 향상되는 교육을 만들어냈습니다. 기존 영어 교육과는 1%의 차이가 아니라 완전히 다른 교육입니다. 영어 교육에서 시작이 다르면 결과도 다릅니다. 방법이 다르면 결과가 다릅니다. 《부자 아빠, 가난한 아빠》의 저자 로버트 기요사

키는 "나는 인생의 대부분을 진실이 아닌 것들을 폐기하는 일로 보냈다."라고 했습니다. 필자 또한 영어 교육 분야에서 그렇게 살아왔다고 단언할 수 있습니다. 작은 차이가 가진 힘의 원리를 실천해보시길 바랍니다.

38.
서비스가 눈에 보이게 하라

고도로 발달된 국가일수록 서비스업의 비중이 높습니다. 미국민의 80%는 서비스업에 종사하고 있고, 20%가 제조업에 종사하고 있습니다. 많은 3차 산업 업종 중에 금융업, 판매업, 교육 사업 등은 대표적인 서비스 산업입니다. 세계적인 교육 강국의 길로 나아가기 위해 교육 서비스의 중요성을 말씀드리고 싶습니다. 국내에서 효자 산업이라고 말을 할 때 반도체 산업이나 조선업을 얘기할 때가 많습니다. 이제는 더 많은 분야에서 전 세계로 수출을 통해 기술과 실력을 인정받고 있습니다. 전체 산업을 넘어 문화 산업에서도 큰 영향을 미치고 있습니다. 이제 우리가 지금까지 잘해온 교육에서도 세계 교육 강국으로 우뚝 서는 날을 맞이하길 기대합니다. 세계 교육 강국이 되기 위해서는 비록 분야는 다르지만, 지금까지 세계적인 경쟁력을 가지게 된 글로벌 기업들이 개척해온 방법을 교육 사업에도 적용할 필요가 있습니다. 산업 분야에서 현재까지 발전해온 경쟁 시장은 20세기 초에는 대량 생산만으로 시장을 장악할 수 있었습니다. 하지만 경쟁업종 간의 경쟁이 심해지면서 시장은 대량 생산만으로 생존할 수 없게 되면서 대량 생산 및 서비스가 없이는 소비자들의 선택을 받지 못했습니다. 20세기 말부터 21세기를 넘어오면서 시장은 이제 대량 생산과 서비스는 물론이고, 더 나아가 소비자들의 영혼까지 감동을 줘야 하는 시대를 맞이하게 되었습니다. 글로벌 시장을 선도해온 세계적인 기업들은 소비자들의 선택을 받기 위해 치열하게 소비자들의 욕구에 따른 시장을 잘 발전시켜왔습니다. 하지만 국내 교육 시장은 산업시장에서 지금까지 변화해 온 것처럼 하지는 못했습니다. 필자는 산업에서 '대량 생산'에 해당하는 것을 교육에서는 프로그램의 수로 비유합니다. 이전에는 사교육시장에서 교육원이 몇 개의 좋은 프로그램을 제공하고 있는지가 경쟁력이 된 적이 있습니다. 마치 대량 생산만으로 시장을 장악했던 시대와도 같은 것입니다.

하지만 산업시장에서처럼 교육 시장에서도 프로그램의 수만으로 경쟁력이 되는 시대는 지났습니다. 교육의 수요자인 학생들의 인구가 많을 때는 교육만으로 충분했지만, 개인 소득의 증가와 저출산 문제로 인해 이제 개인별 맞춤교육이 중요한 시대가 이미 오래전 시작된 것입니다. 지금까지 교육 시장에서는 산업시장에서 전쟁처럼 고객들을 만족시키기 위한 노력을 해온 것처럼 그러한 노력은 해오지 않았습니다. 어쩌면 가난하고, 학력 수준이 낮은 시대에 교육자가 부모님의 '갑'인 시대의 구시대적 정신을 그대로 계승하고 있다는 생각을 합니다. 기업은 상품을 판매한 후 보증 기간 내에 고장이 나거나 직원들이 고객 응대에 불친절하게 대하면 엄격한 평가를 통해 보상이나 개선을 거듭해 왔지만, 교육에서는 그렇게 해오지 못했습니다. 교육에 대한 서비스 정신이 없었다는 것입니다. 기업은 오래전부터 서비스를 넘어 영혼까지 감동이라는 고객 만족을 달성하기 위해 노력하고 있습니다. 이러한 서비스 경쟁력을 교육산업에 적용한다면 세계 교육 강국으로 가는 길이 멀지만은 않을 것입니다. 서비스는 눈에 보이게 만들기가 어렵습니다. 하지만 서비스를 눈에 잘 보이도록 시각화할 수 있다면 큰 경쟁력이 될 수 있습니다. 고급 음식점, 고급 백화점, 고급 판매점, '고급'이라고 붙여진 곳에는 언제나 서비스가 눈에 보이는 것이 한두 개쯤은 확인할 수 있습니다. 고급 백화점을 예로 든다면 주차장 입구부터 백화점을 대표하는 유니폼을 입고, 수신호로 주차 안내와 같은 서비스를 눈으로 확인할 수 있습니다. 필자는 이러한 것을 '서비스가 눈에 보이도록 한다.'라고 정의를 합니다. 주차 후 엘리베이터 입구에 들어서면 안내요원이 또다시 편안한 인사와 함께 안내를 도와줍니다. 쇼핑하는 내내 서비스가 눈에 보이도록 하는 모습을 곳곳에서 볼 수 있습니다. 이와 같은 서비스가 눈에 보이게 하는 것의 경쟁력은 서비스 산업에서 성공하는 데 얼마나 큰 비중을 차지하는지 한 사례를 통해 말씀드리겠습니다.

"한 비즈니스 맨이 싱가포르에 있는 래플스 호텔에 도착해서 체크인을 하고 방으로 들어가면서 무척 놀라워했습니다. 전에 한 번도 묵은 적이 없는 호텔인데도 직원들이 그의 이름을 부르며 인사로 맞이해주는 것이었습니다. 이것이 가능한 것은 손님을 태운 택시 운전기사가 손님의 이름을 적어 그 메모지를 손님이 내리기 직전 도어맨에게 건네고, 도어맨은 포터에게 건네고, 포터는 체크인 카운터에 건네고, 다시 포터가 받아 손님에게 방을 안내한 후 마지막으로 청소하는 직원에게 전달까지 하는 것입니다."

우리가 흔히 볼 수 있는 호텔들로 다 같은 호텔이 아니라는 것을 이 사례로 알 수 있습니다. 손님 한 명에게 쏟는 서비스 정신의 노력이 서비스가 눈에 보이도록 실천해서 감동을 제공하는 것입니다. 서비스는 눈에 드러나게 하는 것이 어렵습니다. 그래서 서비스가 드러나게 하는 업종이 소비자의 선택을 받고 성공하게 됩니다. 지금까지 세계 경쟁 속에서 치열하게 경쟁해서 글로벌 기업들이 된 사례들을 교육에 간단히 적용만 하면 교육 강국으로 나아가는 것은 어렵지 않을 것입니다. 우리에게 이미 좋은 교육 콘텐츠는 많기 때문에 여기에 교육 서비스만 더 한다면 큰 경쟁력을 가지게 될 것입니다. 그러기 위해서는 먼저 교육은 서비스 산업이라는 인식의 전환이 필요합니다. 교육을 진행하는 모든 분은 좋은 교육과 함께 교육 AS도 제공해야 합니다. 교육산업에서 높은 경쟁력을 이루기 위한 두 가지 제안을 드립니다. 1. "교육 서비스를 눈에 보이게 하라 2. 교육 서비스의 품질에 대한 증거를 만들어서 고객에게 알려라."입니다. 이 두 가지만 잘 준비해도 큰 경쟁력을 가지게 될 것입니다. 아무리 좋은 교육이라 해도 교육 결과가 없다면 경쟁력을 오래 유지할 수 없습니다. 그래서 교육에 대한 증거를 모아서 고객에게 지속해서 알려야 합니다. 좋은 교육에 좋은 교육 서비스라면 세계인들의 선택을 반드시 받게 될 것입니다.

39.
단체교육에서 개인 교육으로

저출산 문제로 인해 다가올 미래에 맞이하게 될 문제를 해결하기 위해 영어를 공용어로 시작해야 하는 것과 교육을 통한 개인 경쟁력 강화라는 의견을 나누었습니다. 코로나19는 고정된 우리 의식과 생활을 많이 바꾸어 놓았습니다. 이러한 변화는 순기능과 역기능의 변화를 가져다주었습니다. 지난 1세기 동안 거의 변하지 않은 교육 형태는 코로나19라는 전염병으로 큰 전환을 맞게 되었습니다. 필자는 지난 1세기 동안 우리나라 교육의 특징을 세 분류로 정리해 보았습니다.

시대별 교육 특징

일제 강점기 교육 특징	1970 이후 교육 특징	2020년 이후 교육 특징
우민화 교육 + 공장식 교육	공장식 교육 + 주입식 교육	코로나 19와 저출산 문제로 인한 개인 교육시대

시대별로 교육 특징을 간단히 설명해 드리자면 일제 강점기에 우리나라는 근대식 교육이라는 이름으로 일제 식민 통치하에 우민화 교육이 시작되었습니다. 바로 국민을 바보로 만드는 교육의 형태입니다. 교육의 목적은 관리자가 시키는 일만 이해하고 시계 바늘처럼 반복된 일을 할 수 있는 능력, 바로 공장식 교육을 시키는 교육이었습니다. 일본이 전쟁에서 패망하고 우리나라 교육은 여전히 미 군정하에 교육의 형태는 거의 변화 없이 주입식 교육으로 우리 교육의 핵심을 삼아왔습니다. 개발도상국으로서 선진국이 이룬 업적을 따라 하기만 하면 되는 시절의 교육은 창의적 교육이 아닌 바로 이미 있는 지식을 누가 더 빨리 암기해서 원하는 때에 내뱉을 수 있는지 평가하는 교육이 교육의 핵심이자 특징이었습니다. 아무리 창의적 인간 교육이 목표라고 부르짖어도 인간 가치를 시험이라는 평가 아래 두게 되면 오직 동일한 생각 동일한 목표만을 가진 집단성만 강화됩니다. 이러한 교육은 저출산 시대는 물론이고 전 세계를 강타한 코로나19 전염병이 시작된 2020년 이후에 사람들의 행동과 생각에 많은 변화를 가져다주었습니다. 코로나19 전염병이 우리나라에 본격적으로 시작된 2020년 2월 이후 3월에 신학기가 시작되었습니다. 이 세계적인 전염병에 전혀 준비되지 않은 교육 현장에서는 3월에서 5월까지 많은 혼란이 있었습니다. 자녀들의 건강 걱정으로 많은 부모님들은 단체가 모여서 교육받던 학교를 보내는 것에 대한 걱정이 있었습니다. 각 반에 반 이상은 결석하는 아이들도 있었고, 늘 지난 1세기 동안 모든 아이가 등교해야만 수업을 하는 시스템이 정상적인 작동을 할 수 없게 되었습니다. 출석한 아이들이 소수일 때 결석한 아이들을 위해 수업과 진도를 나가야 할지의 문제부터 어떤 부모님들께서는 자녀가 결석하는 동안에는 진도를 나가지 말라는 부탁까지 하는 분들도 계셨습니다.

우리는 일제 강점기 이후 늘 단체교육에 익숙해져 왔습니다. 개인이 아닌 늘 단체였습니다. 학교에서 누가 잘못을 해도 반 전체가 단체 벌을 받아야 했고, 체육을 해도 집단체조를 배웠습니다. 코로나19 전염병은 이 단체 교육에 대한 생각을 완전히 바꾸게 하는 기회가 된 것입니다. 사실 교육은 개인별 특성화 교육이 가장 바람직한 교육입니다. 교육의 다양한 형태 중 협력을 바탕으로 단체 교육이 필요할 때도 많습니다. 하지만 습득력, 이해력, 발전 속도가 다른 개인을 단체, 즉 덩어리로 취급해서 교육해온 지난 1세기 동안의 교육은 코로나19가 아니었다면 부작용이 심하지만 큰 덩어리 공교육에서는 큰 변화 없이 계속 지속되었을 것입니다. 학습 현장에서는 이제 코로나로 등교하는 아이들뿐 아니라 등교하지 않는 학생들을 위한 수업 방법을 해결해야 했습니다. 늘 등교해서 반에서 단체로 교육해야만 했던 교육 시스템이 등교하는 학생과 등교하지 않는 학생들을 위한 두 그룹 모두에게 만족 될 수 있는 교육이 자연환경 때문에 변화가 생기게 되었습니다. 큰 두 그룹의 수업이 진행되어야 했고, 코로나에 감염되어 병원에 입원해 있는 학생 등 단체가 더 작은 그룹으로 쪼개지고 교육이 효율적으로 진행되어야 하는 방법들이 계속 발전하게 되었습니다. 코로나 기간 동안 등교를 하지 않아도 교육이 이루어질 수 있음을 우리 모두는 경험하게 되었고, 학교에 등교하지 않고는 배울 수 없는 고정관념을 극복할 수 있는 기회가 되었습니다. 지난 세월 동안 우리는 19세기에 고안된 20세기의 교육을 21세기에 태어난 사람에게도 그대로 답습해서 교육을 해왔습니다. 단체 교육에서, 그룹 교육으로, 그리고 이제는 저출산 시대와 맞물려 개인 교육에 눈을 뜨기 시작하였습니다. 필자는 영어 교육에서 작은 사교육의 일부를 담당하는 작은 사람으로 코로나19와 관계없이 저출산 시대에는 곧 단체교육은 그 생명력을 다 할 것에 대해 말해왔습니다. 이 교육을 진행하는 교육원에서는 코로나19 기간에도 단 한 번도 교육이 멈추지 않고 교육이 진행되어왔습니다. 필자는 교육은 단체가 아닌 개인을 위해 하는 것임을 이미 오래전 알았기에 이 교육을 받는 학습자가 어디에 있든지 이 교육을 통해 발전을 이룰 수 있는 교육을 만들어왔기에 사실 코로나19에 이 교육을 배우고 있는 학습자들은 더 많은 교육적 발전을 이루게 되었습니다.

많은 독서를 통해 미래는 개인의 시대이기에 개인을 위한 교육을 준비할 수 있었습니다. 필자에게 작은 통찰력을 알려준 책의 한 내용이 있습니다. 세계 최고의 부호 중 한 명인 아마존 CEO 제프 베조스는 개별화의 중요성을 말한 적이 있습니다. 이 글은 오래전 교육 사업을 하는 필자에게 깊은 통찰력을 가져다주었습니다.

"만약 당신에게 450만 명의 고객이 있다면, 상점도 450만 개가 있어야 한다. 즉 방문하는 한 사람 한 사람을 위한 상점이 필요하다."

제프 베조스는 온라인 쇼핑몰을 통해 자신이 꿈꾼 소비자 개개인을 위한 상점을 만들어서 꿈을 실현했습니다. 필자는 이 글을 읽고 교육에서도 교사가 30명을 가르친다면 학습자 개인을 위한 교실도 30개가 필요한 것은 당연하다는 생각으로 개인맞춤형 발전관리라는 것을 만들 수 있었습니다. 남들과 비교하지 않고, 오직 자신의 어제 모습하고만 비교할 수 있는 개인 맞춤형 교육은 저출산 시대와 코로나19 시대에 꼭 필요한 교육이 되었습니다.

2019년~2021년 개인 관리

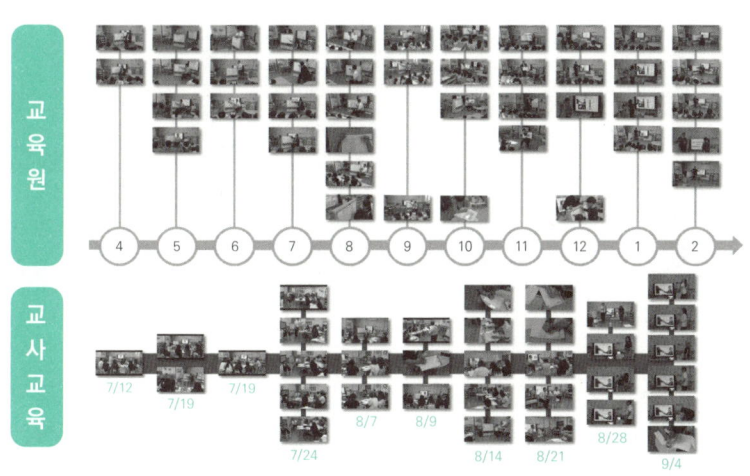

2020년 유아 명품교육원 언어습득 프로젝트

2018~2022년 교육원 개인별 교육 관리

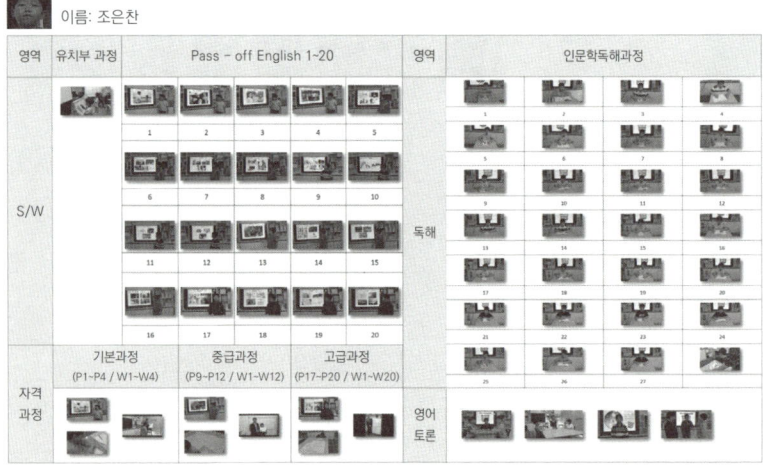

2022년 강사 양성 과정 개인 관리

필자는 이미 코로나 이전부터 단체교육으로 아이들을 교육 관리 해오던 방식에서 개인 교육으로 영어 교육을 진행했습니다. 첨부 사진1은 단체교육으로 수업을 하는 장면이며, 첨부 사진 2~4까지는 교육을 통해 발전되는 개인별 맞춤형 발전사항을 개인별로 추적관리 하고 있는 자료입니다. 개인별 교육과 관리는 프로그램으로 1달을 교육했을 때부터 1년 2년 3년 교육을 진행하였을 때 목표로 한 실력과 과정 그리고 결과를 정확히 볼 수 있는 교육입니다. 저출산 시대와 코로나19 전염병이 우리 생활 중 많은 부분을 바꾸어 놓았듯이 지난 1세기 동안 단 한 번도 변하지 않았던 개인 교육이라는 대전환을 가져왔습니다. 단체교육에서 개인 교육으로 이것이 지금

233

시대와 미래에 가장 필요한 교육입니다. 이 교육은 오래전부터 모든 시행착오를 겪으며 발전해온 세계 최고의 교육입니다.

40.
표준을 만드는 자 세계를 지배

중소도시뿐 아니라 대도시 번화가에는 세계적인 기업의 간판들을 쉽게 볼 수 있습니다. 커피전문점에서부터 햄버거 전문점까지 이름을 굳이 열거하지 않아도 이미 떠오르는 브랜드가 있을 것입니다. 우리 기업에서도 햄버거를 판매하고 커피를 판매하지만 왜 국내 브랜드는 국가의 경계를 넘지 못할까요? 왜 세계적인 브랜드는 전 세계의 국경을 무섭게 무너뜨려 시장을 점유하고 있을까요? 여러 이유들 가운데 하나는 바로 표준을 선점한 기술력이 아닌가를 생각하게 됩니다. 세계적인 치킨업체는 세계인이 좋아할 만한 맛의 표준을 찾았고, 햄버거 업체도 마찬가지일 것입니다. 세계적인 커피 업체도 세계인들이 좋아할 만한 맛의 표준을 찾아 이것이 매장 인테리어와 결을 같이해서 소비자들의 감성에 효과적으로 파고든 결과가 아닐까를 생각합니다. 우리 업체들이 국내에 머물러 있는 이유 중 하나는 바로 세계인의 입맛에 맞는 맛의 표준을 찾았는지 먼저 깊이 고민해 볼 필요가 있습니다. 세계 시장을 점유하기 위해 표준을 얘기하기 전 먼저 개발 도상 국가와 선진국의 가장 큰 차이점 중 하나를 설명해 드리고자 합니다. 선진국은 새로운 분야를 계속 개척하는 능력을 가진 국가이고 개발도상국은 선진국이 이룬 업적을 그대로 따라만 가는 국가라고 생각됩니다.

  오래전 우리나라에 간 박사로 알려진 김점룡 교수님이 돌아가신 후 한 신문에 흥미 있는 기사가 함께 실린 것을 보았습니다. 김점룡 교수님은 세계 최초로 B형간염 백신을 개발했지만, 상용화한 것은 세계 세 번째였다. 백신을 만들어 놓고도 보건사회부(현 보건복지부)의 허가를 받지 못한 탓이다. 처음 있는 일이라 한국에 인증 기준이 없었다. 1981년 미국의 '머크 샤프 앤드 돔'과 프랑스 '파스퇴르연구소'에서 백신을 상용화하고 나서야 보건사회부에서 허가를 내줬다. "백신을 우리나라 수출 상품으로 만들 기회였는데, 안타까웠죠." 이 기사에 의하면 우리나라에서 B형 간염백신을 세계 최초로 만들어 놓고도 인증 기준이 없어서 미국과 프랑스에서 상용화하고 난 후 우리나라가 세계 3번째로 사용하게 되었다니 안타까운 일이 아닐 수 없습니다. 이제 국가 경쟁력으로 선진국에 들어선 우리나라도 이제는 새로운 분야를 가장 먼저 개척하고 표준의 생산자가 되는 국가가 되면 좋겠습니다. 지금까지 많은 분야에서 세계 최고가 되어보지 못했다는 말은 기회도 그만큼 많다는 것을 말해주는 것일 것입니다. 상품은 물론이고 문화나 음식에서도 세계인들의 마음을 사로잡을 전통음식들도 많지 않겠습니까? 하지만 우리의 음식 중 '김치'가 세계적인 음식이 되려면 세계인들의 입맛에 맞는 맛의 표준을 찾기 위한 노력도 함께해야 할 것입니다. 필자는 기술과 상품으로 세계 속에서 뛰어난 역량을 다하고 있는 기업들을 볼 때면 한없이 부러울 때가 많습니다. 많은 분야에서 세계 최고가 되어 있지만 가장 뛰어난 두뇌를 가진 우리나라 교육이 세계 최고가 되어가고 있지 못하다고 생각할 때면 몸이 순간적으로 긴장되는 것을 자주 경험하게 됩니다. 미국의 오바마 전 대통령은 재임 시절 여러 번 한국 교육의 우수성에 대해 연설을 통해 언급했습니다.

세계의 대통령이라고 불리는 미국 대통령이 재임 시절 한국 교육에 대해 극찬을 했을 때 우리 교육이 세계로 뻗어가는 최고의 기회였다고 생각합니다. 하지만 우리는 칭찬에 안주한 나머지 무엇을 어떻게 해야 하는지 깊은 통찰력을 지닌 교육 리더가 없었다는 것이 안타까울 뿐입니다. 한국의 문화산업이 전 세계를 휩쓸고 있지만, 교육에서 세계 최고의 자리에 서기 위해 국제적으로 노력하는 사람들이 거의 보이지가 않습니다. 필자는 교육 현장에서 아이들을 가르치면서 우리나라에서 태어난 아이들에게는 먼저 검증조차 받지 않고 수입해서 교육시켜 온 수입 교육 프로그램과 수업 교구들에 대한 의문점을 자주 가지게 되었습니다. 이탈리아에서 수입된 몬테소리 교육, 독일에서 수입된 파인슐레 교육, 일본의 시찌다 교육, 이스라엘의 오르다 교육 등 이러한 교육들이 우리 땅에서 태어난 아이들에게 적합한 교육인지 충분히 검토한 후 지금까지 교육을 해왔다고 생각하지는 않습니다. 이러한 이름난 교육들은 전 세계 많은 국가에서 수입을 해서 사용하고 있습니다. 이제 세계 선도국가가 된 우리나라에서 이제 세계적인 교육을 수출하는 세계적인 교육 강국이 되어야 하지 않겠습니까? 이제 세계를 점유하기 위해서는 표준의 생산자가 되어야 함을 설명 드리겠습니다.

표준을 만들 수 있는 자가 세상을 지배

1. **국제 무역에서 거래되는 제품의 80% 표준**의 영향하에서 유통
2. **진시황제**는 전차 바퀴, 활(쇠뇌), 창, 칼, 도량형, 화폐, 문자를 통일해 표준화해서 천하를 통일
3. 우리 생활에서는 저울, 자, 신발 사이즈, 의류 사이즈, 컬러, 도로 표지판, 문자, 법률, 스포츠 규칙, 키보드 배열, 건축물, 음식 맛 등.
4. **미국 남북 전쟁**은 4년 동안 61만 8천명이 목숨을 잃었으며, 북군의 소총은 호환성이 있는 "**표준 소총**"이었고, 남군은 호환성이 없었음. 결과적으로 "표준 소총"의 승리.
5. **지식 관리의 핵심**은? 표준을 만들어 내는 것.

　국제 무역에서 거래되는 제품의 80% 이상은 표준의 영향 아래서 유통된다고 합니다. 우리 생활에서 사용되는 대부분의 물건들도 표준의 기준에 의해 만들어지고 유통됩니다. 신발이나 옷의 사이즈, 상품의 크기, TV 사이즈 등 대부분이 표준에 의해 만들어집니다. 우리의 창의성으로 앞으로 만들게 되는 모든 것에서 새로운 표준의 생산자가 된다면 세계 최고의 경쟁력을 계속해서 가지게 될 것입니다. 필자는 미력하나마 교육 부분에서 세계 최고의 표준을 만들기 위해 연구하고 노력해왔습니다. 우리 시대에 많은 영어 교재들이 일본 교재에 영향을 받았고 이 결과 때문에 일본과 우리나라는 세계에서 영어를 잘 말할 수 없는 결과를 가지고 있습니다. 필자가 만든 영어 교육은 우리나라에서 영어 교육을 공급하는 타 업체와 경쟁하기 위해 프로그램을 만들지 않았습니다. 필자는 이렇게 자주 말합니다. 돈을 주고 교육을 받는 과목과 돈을 내지 않고 배우는 교육 중 교육 결과

가 더 좋아야 하는 것은 어느 쪽입니까? 물론 돈을 내고 배우는 교육에서 탁월한 발전이 있어야 합니다. 모국어는 돈을 내고 배우지 않지만, 영어는 교육비를 지불하고 배우기 때문에 모국어보다 더 잘 해야 한다고 말합니다. 이처럼 이 교육은 영어를 모국어로 사용하는 국가의 아이들보다 더 잘 영어를 하도록 만들어진 교육입니다. 언어 습득에는 말하기, 듣기, 읽기, 쓰기 영역이 있습니다. 이 중 영어는 모국어가 아니기에 영어가 24시간 노출되어 있는 원어민 아이들보다는 더 잘할 수는 없을 것입니다. 하지만 독해력과 쓰기는 이 교육을 통해 더 잘 할 수 있습니다. 결국 이 교육으로 교육받은 아이들은 논리적 사고력을 통해 의사소통에 문제없이 영어를 습득하게 될 것입니다. 저는 세계 최초로 영어 습득을 위해 말하고, 쓰기의 표준을 만들었습니다. 비영어권 국가의 사람들은 이 교육으로 영어를 가장 체계적으로 배우게 될 것입니다. 영어 표준에 대한 차트를 하나 공유합니다.

⟨영어 습득의 표준⟩

영어 단계별 교육 표준화

　영어를 유창하게 말하고 쓰기 위해서는 표준 단계가 필요합니다. 말하기 표준 단계는 음절 말하기, 습득된 음절로 새로운 단어와 문장 습득하기, 문장 읽기, 말하기, 발표하기, 토론하기 단계로 되어 있습니다. 쓰기 교육 표준 단계는 글자 모양 만들기, 음절 쓰기, 문장 쓰기, 문장 고치기, 문장 응용 단계로 되어있습니다. 영어를 처음 배우는 아이들에게 이 영어 표준화 수업은 배우는 즉시 영어 발전을 경험하는 최고의 교육법입니다. 이제 오바마 대통령도 극찬한 한국 교육이 문화 강국을 넘어 교육 강국으로 세계인들의 머릿속에 기억되어야 할 것입니다. 이미 다른 분야에서 우리나라를 많이 알려왔기에 준비된 교육은 조금은 쉽게 세계 최고가 될 수 있을 것입니다. 세계 최초 영어 표준화 교육에 관심이 있는 분들은 대면 교육으로 자세히 배울 수 있습니다. 영어 교육의 표준은 이 교육이 유일합니다.

41.
영어 강사와 학습자 10만 명 양성

　여전히 세계는 무기를 들고 다른 사람의 생명을 빼앗는 전쟁을 하고 있습니다. 반만년 역사 동안 물질적으로 가장 풍요롭다는 지금 시대를 살아가고 있는 우리는 좀 더 풍요로워지기 위해 다른 한편으로는 총성 없는 전쟁도 하고 있습니다. 국가 간에 무기만 들지 않았지, 무역전쟁을 하루도 빠짐없이 해야 하는 지금 시대에 가장 강력한 무기 중 하나는 의사소통 능력일 것입니다. 조선 시대 아홉 번 과거에 모두 장원급제한 율곡 이이는 전쟁 없이 평화로운 시기에 뛰어난 통찰력으로 1583년 '시무육조'라는 장계에서 10만 양병설을 주장했습니다. 이이가 10만 병사를 기르자고 주장한 후 약 10년 후에 임진왜란이 일어났습니다. 그 당시 10년 전부터 전쟁을 대비했다면 임진왜란뿐 아니라 일제 식민 시대도 없었을지 모릅니다. 필자는 무기만 들지 않은 지식전쟁의 시대를 살아가는 우리 시대에는 국가 간 의사소통 능력이 국력의 가장 기본이라 생각합니다. 새로운 물건을 만들고 세계 최고의 기술을 가졌다고 할지라도 세계인들을 대상으로 이러한 상품과 기술들을 효과적으로 설명하고 설득할 수 있는 의사소통 능력이 없다면 기회는 언제나 한계가 있을 것입니다. 지금 당장 영어를 공용어로 사용할 수 없다면 영어 전공자와는 상관없이 일반인 중 영어 강사 10만 명을 양성하면 개인 경쟁력은 물론이고 국가 경쟁력에도 상당한 도움이 될 것으로 생각합니다. 영어 강사 10만 명을 양성하는 프로젝트는 영어를 잘하는 사람들을 대상으로 강사로 양성하는 것이 아닙니다. 영어를 배우기 원하는 학습자에게 영어를 처음 가르칠 때부터 다른 사람들을 가르치는 방법까지도 같이 가르치면 학습자가 배우면서 자연스럽게 강사로 성장할 수 있을 것입니다. 우리는 배움 따로 교사 과정 따로 교육을 할 필요가 없습니다. 특히나 영어를 배우고 가르치는 데는 교사 따로 학습자 따로 구분할 필요가 없습니다. 올해 러시아가 우크라이나를 상대로 전쟁을 일으켰을 때 우크라이나 자국민 중 많은 젊은 유튜버들은 전쟁의 참상을 알리기 위해 전 세계인을 대상으로 실시간으로 영어 유튜브 방송을 진행하였고, 자국민들을 위해서는 모국어로 방송을 하였습니다. 세계 공용어인 영어가 자유롭다는 것은 모든 면에서 유익을 가져다줍니다. 필자에게 영어를 배우기 위해 찾는 분 중 어떤 전업주부께서 영어를 배우면서 자연스럽게 남편도 영어를 배우게 되었고 이후 자녀까지 배우면서 모든 가족이 새로운 배움에 도전하면서 가족관계가 더 돈독해진 모습을 보게 되었습니다. 독자분들 주위에는 몇 사람과 연결되면 영어를 모국어처럼 할 수 있는 사람과 연결이 됩니까? 필자는 교육 설명회를 하는 지역에서 부모님을 대상으로 이러한 질문을 가끔 합니다. 아직 우리 주위에는 영어를 능통하게 하는 사람들과 쉽게 연결되어 있지는 않습니다. 이제 우리 주위에서 이러한 능력을 지닌 사람들을 찾을 것이 아니라 바로 이 교육을 통해 본인이 그러한 사람이 된다면 얼마나 가치 있는 일이 되겠습니까? 영어 전공자들이 가르친 교육을 국민 대부분은 경험했고 현재의 모습이 교육의 결과입니다. 이제 전 세계가 완전히 하나로 연결된 시대에 우리는 영어를 외국어가 아니라 공용어 또는 모국어로 간주해야 합니다. 누구를 위해서가 아니라 바로 본인을 위해서 10만 영어 강사 중 한 명이 되어본다면 물질적 풍요가 넘쳐나는 시대에 지적 풍요함으로 균형을 이루게 될 것입니다. 어느 국가의 언어를 배운다는 것은 한 국가를 이해한다는 말이 있습니다. 세계 공용어인 영어를 이해한다는 것은 지구상 모든 국가와 민족을 이해하고 통합정신을 가질 수 있다는 것을 의미합니다. 영어를 효과적으로 배우기 위해서는 영어를 효과적으로 가르치는 방법을 함께 알게 된다면 습득력에 큰 도움이 됩니다. 다른 사람들에게 알게 하는 방법을 배우게 된다면 본인의 학습에서도 알게 되는 방법을 적용할 수 있습니다. 영어를 배우고자 하는 학습자에게 처음부터 배워서 남을 주는 학습자가 되는 목표도 함께 주어야겠습니다. 트라이언 에드워즈는 이러한 말을 남겼습니다. "어떤 것을 완전히 알려거든 그것을 다른 사람에게 가르쳐보라. If you would thoroughly know anything, teach it to others." 프랑스의 작가 조제프 주베르 또한 이러한 말을 남겼습니다. "가르치는 것은 두 번 배우는 일이다." 영어 강사 10만 양성 프로젝트는 자신이 영어를 습득해야만 하는 동기를 정확히 알게 해 줄 것입니다. 그리고 결심한 목표를 다른 사람들과 나누고 가르치면서 자신이 습득한 문장에 대해 더 잘 알게 될 것입니다.

대한민국
독서 혁명!

42.
독서의 중요성과 독서 경영

학교에서 깊이 다루지 못한 배움들이 많습니다. 사람들의 성장과 생산성을 가져다주는 독서 교육도 이에 포함됩니다. 좋은 습관을 가르쳐주는 교육도 학교에서는 효과적으로 교육을 해주지 않습니다. 공부는 가르치지만 공부하는 방법은 잘 가르쳐주지 않습니다. 슬럼프가 찾아왔을 때 극복하는 방법도 배우기 어렵습니다. 사회생활에서 인간관계를 어떻게 잘할 수 있는지도 잘 배울 수 없습니다. 살아가면서 학교에서 가르치는 교육보다 더 중요한 배움들이 많았습니다. 펜으로 모두 나열하기에도 여백이 부족할 것입니다. 사교육 영어 교육자로 발전해오면서 혁신적인 영어 학습법을 앞장에서 소개하게 되었습니다. 이 장에서는 독서를 하면서 바로 적용하면 성장을 경험할 수 있는 독서법을 소개하고자 합니다. 필자는 1999년도에 만든 영어 프로그램을 현장에서 8년간 직접 지도한 후 교육의 우수성이 검증되어 2007년에 전국으로 보급하기 시작했습니다. 영업사원 한 명 없이 함께 근무하는 직원 2명과 전국에 수백 개의 교육원에 교육프로그램을 보급했지만, 이 교육을 정착시키는 것에서 큰 성공을 이루지 못했습니다. 교육사업이라는 것이 좋은 프로그램이나 우수한 학습법만으로 교육 시장을 장악할 수 있는 것만은 아니었습니다. 좋은 교육을 사람들에게 효과적으로 알릴 수 있는 마케팅 능력부터, 적절한 수입과 투자에 대한 능력뿐 아니라 교사들을 체계적으로 교육하고 관리하는 능력 등이 없다면 가장 좋은 교육도 하루아침에 사라질 수 있는 곳이 교육시장이었습니다. 정규 교육 이후부터 계속 가르치는 일만 해오던 필자가 어느 날 교육경영자가 된다고 해서 경영자의 능력이 자동적으로 생겨나는 것도 아니었습니다. 지방에서 교육사업을 진행하다 보니 교육 경영을 가르쳐주는 곳도 수도권보다 많지는 않았습니다. 교육사업과 함께 경영을 배우고 싶었습니다. 수도권에 있는 전문가라고 소문난 분들의 강의도 듣고, 각종 영상을 통해 경영수업을 배워보았습니다. 사업과 경영 수업을 듣기 위해 거리, 시간, 환경적인 부분을 해결하기는 쉽지 않았기 때문에 전문가에게 현장에서 배우는 방법보다 더 효과적인 방법이 없을까를 고민하다 독서를 하게 되었습니다. 여러 책을 읽으면서 나와 같은 문제를 경험하고 해결책을 알려주는 책들이 많았습니다. 한 책에는 교육자로서 등한시한 필자의 상태를 잘 말해주는 내용이 있었습니다. 함께 이 내용을 나누고 싶습니다.

"진시황은 한비의 법가사상이 담긴 "한비자"를 통치이념으로 삼아 최초로 중국을 통일했습니다. 이후 인문학 파괴정책인 분서갱유를 단행했고, 그의 제국은 고작 15년 만에 멸망했습니다. 진시황 사후 약 8년 뒤 서초 패왕 항우를 격파하고 중국 역사상 두 번째 통일국가인 한을 건국한 유방은 "이제 황제도 되었으니 본격적으로 인문학을 해야 한다."는 신하들의 조언에 **"나는 말 등 위에 올라타서 천하를 얻은 사람이기 때문에 그런 것은 필요 없다."**고 공언했을 정도로 인문학을 경시했습니다. 하지만 **"말 등 위에 올라타서 천하를 얻을 수는 있지만 말 등 위에서 천하를 다스릴 수는 없다"**는 태중대부, "육고"의 조언에 이내 반성하고 인문 고전 독서를 시작했습니다."

이 글은 교육경영자가 되기 전 준비하지 못한 필자의 상태를 너무 잘 말해주는 글이었습니다. 이러한 유형의 글들을 반복해서 많이 읽으면서, 자신을 다스리고, 한 가정을 다스리고, 한 조직을 리드하고, 자신이 속한 조직에서 현명하게 사명을 다 할 수 있는 방법은 독서임을 깨닫게 되었습니다. 필요한 책들을 읽을 때면 생각지도 못한 필요한 내용을 분야별로 집필한 모든 저자 한분 한분에게 절로 머리가 숙여지는 경험을 반복해서 합니다. 남자 나이 40 이후면 감정도 무뎌져 가고, 머릿속 생각들도 편견과 선입견으로 세상을 바라보고 판단하려는 성향이 강화되는 시기에 독서는 자신을 잠시 벗어나서 잘못된 생각을 조절해주는 역할도 가능하게 해줍니다. 본인에게 맞는 좋은 책을 만나기는 쉽지만은 않습니다. 그래서 독서를 처음 시작하는 분들은 언제나 추천 도서에 귀가 쫑긋해지기도 합니다.

'대한민국 영어혁명, 독서 혁명' 책을 2022년 11월 28일 월요일부터 집필해 보기로, 결심하고 2022년도 내에 원고 탈고를 목표로 밤낮없이 글을 쓰고 있습니다. 중국의 시성(詩聖) 두보는 말했습니다. "만권의 책을 읽으면 글을 쓰는 것이 신의 경지에 이른다 讀書破萬卷 下筆如有神 (독서파만권 하필여유신)"라고 했습니다. 필자는 지난 10년 동안 매일 책을 읽고, 교육 관련 글을 써서 교육경영자와 이 교육의 학습자들과 공유해왔습니다. 많은 독서로 인해 한 달에 한 권 분량의 책을 낼 수 있는 능력은 가지게 되었습니다. 누군가는 얘기들 합니다. 독서량보다는 독서의 질이 중요하다고 말입니다. 대충 백 권의 책을 읽는 것보다는 한 권의 양서를 정독하는 것이 나을지도 모릅니다. 그럼에도 독서량은 무시하지 못하는 힘이 있습니다. 책 읽기를 통해 지식을 습득할 뿐만 아니라, 자신의 인생을 보게 되고, 세상을 바라보는 시각과 미래를 준비하는 통찰력도 가지게 하기 때문입니다. 일인다역을 하며 살아가야 하는 지금 시대에 많은 독서를 하는 것이 시간 적으로 허용하지 않는 사람들이 많습니다. 독서는 사람을 더 좋은 사람으로 변화시키는 힘이 있습니다. 그렇다면 모든 사람이 단 한 권의 양서만 읽고도 그 책 속에서 다양한 유익한 원리를 얻어내는 방법이 무엇일까를 고민하며 치열하게 독서하며 필자가 독서를 하며 경험하게 된 독서법을 만들게 되었고, 많은 사람에게 자연스럽게 유익을 주게 되었습니다. 독서는 평생 학교입니다. 분야별 전문가가 때와 장소를 가리지 않고 도움을 줍니다. 자신의 생각에서 벗어날 수 있는 최고의 방법입니다. 이 장을 통해 가장 유익하고 특별한 독서법을 소개하겠습니다.

43.
양질(EQ) 독서법이란?

영어를 배우기 위해 교육장을 찾는 분 중에는 독서를 실천하고 계신 분이 많습니다. 학습자 중에는 필자의 사무실에 있는 책을 보며 좋은 책을 추천해달라는 분들도 계시고, 독서법에 대해 알려달라는 분들도 계십니다. 그동안 영어와 함께 독서에 대한 세미나도 많이 가졌지만, 영어와는 달리 필자만의 독서 강의에서 독서법에 대한 이름도 없이 독서 원리들을 교육해 왔음을 처음으로 알게 되었습니다. 이 책을 집필하면서 필자의 독서법에 대해 이름이 필요함을 알게 되었습니다. 오랜 시간 고민하지 않고, 이 독서법은 무엇을 표방하는지를 생각해 본 후 바로 '양질(EQ) 독서법'이라는 이름을 붙이게 되었습니다. 고민하지 않고 이렇게 이름을 지은 이유가 있습니다. 필자가 실천하고 강조해온 독서법은 많은 양의 독서와 독서의 질을 말해왔기 때문입니다.

양질 독서법에서 '양'은 문자 그대로 다독을 의미합니다. 많은 독서를 통해 평범한 뇌를 위대한 뇌로 변화시키는 독서법입니다. 필자는 지극히 평범한 지능을 가진 사람입니다. 취미 독서를 넘어 독서가 좋아 독서를 전투와 같이 수년간 한 적이 있습니다. 주말에는 하루에 12권씩 독서를 하며 생각과 사고력에 어떤 변화가 일어나는 경험을 통해 독서의 양이 사고력에 분명히 엄청난 변화를 가져온다는 것을 알게 되었습니다. 한 권의 책을 취미 독서처럼 1주에서 2주 정도 기간 동안 읽을 때와는 분명히 다른 변화였습니다. 일 년에 수백 권의 책을 읽는 전투 독서는 머릿속에서 서로 다른 지식과 정보들도 모든 것을 연결할 수 있는 능력도 생기게 되었습니다. 전투 독서를 통해 아무런 관련이 없는 것들도 모두 하나로 연결되며, 그 어떠한 분야에서도 전혀 새로운 것들로 표현될 수 있다는 것을 알게 되었습니다. 아주 특별한 경험과 변화였고 필자가 전투 독서를 통해 경험한 다양한 경험들과 정보들을, 교육을 통해 얘기해주었을 때 독서에 관심 있는 분들은 이것을 구체적으로 알고 싶어 했습니다. 독서에서 단순한 '양'을 말하는 것이 아닌 특정 기간에 정해진 독서량을 통해 얻을 수 있는 유익을 설명하는 것이 '양질 독서법'에서 '양'을 의미하는 것입니다. 이 독서법은 '독서의 임계점'으로 그 원리를 설명드릴 수 있습니다.

그리고 '질'에 대한 독서법은 바쁜 일상생활로 인해 책 읽을 시간이 제한적인 분들에게 단 한 권의 책을 읽는다고 할지라도 '질'적인 변화를 가져다주는 독서법을 의미합니다. 인생에서 단 한 권의 양서를 통해 변화된 사람들이 많습니다. 우연히 만나게 된 한 권의 책이 삶을 되돌아보게 하고, 다가올 미래를 준비하는 영감을 가져다주기도 합니다. 예상치 않은 기회를 통해 책 한 권이 인생을 완벽히 변화시키는 힘을 가져다주기도 합니다. 이러한 변화를 경험한 사람들은 정말 우연한 기회라고 말을 하지만 이제는 이 '양질 독서법'에서 '질'에 해당하는 독서 원리를 알게 된다면 단 한 권의 책으로 인생이 변화되는 경험이 우연히 누군가에게만 일어나는 것이 아닌 바로 이 독서법을 적용하는 분들 모두에게 일어나는 변화임을 확실히 말씀드리고 싶습니다. 독서량이 많은 사람에게는 그만큼의 유익이 있어야 할 것입니다. 독서량이 부족한 분들도 단 한 권의 책만 읽는다고 할지라도 그만큼의 유익이 있어야 할 것입니다. '양질 독서법'은 목적지까지 가는 이정표와 같습니다. 이정표가 명확할수록 목적지까지 도착하기 위해 정확한 거리와 시간 계산하기가 쉬울 것입니다. 모든 독서는 성장과 관련이 있어야 합니다. 성장과 관련이 없는 것은 재미와 관심 정도입니다. 오락게임을 직업적으로 하지 않는 사람들에게 오락게임은 재미 이상도 이하도 아닌 것처럼 독서도 마찬가지입니다. B. 리튼은 "목적이 없는 독서는 산보일 뿐이다."라고 말했습니다. 독서를 통해 자신의 분야에서 원리를 적용해서 성장하는 것이 독서의 목적 중 하나가 될 수 있습니다. 인생에서 시간은 한정된 자원입니다. 한정된 자원을 어떻게 사용할지 계획하는 것은 중요합니다. 시간 자원은 가장 중요하지 않습니까?

"양질 독서법에서 핵심적으로 나누게 될 것에 대해 다시 한번 간단히 정리해드립니다. 많은 책을 특정 기간 내에 읽는 '양'(전투) 독서를 통해 독서의 임계점을 넘는 것을 소개할 것입니다. 그리고 시간적 제한으로 많은 독서를 할 수 없는 분들을 위해 단 한 권의 양서를 통해 원리를 찾고 적용할 수 있는 6가지 독서 원리도 소개할 것입니다."

 양이 넘치면 질을 생각할 수 있습니다. 그렇지만 이제는 6가지 독서 원리로 한 권의 책으로 질을 담보할 수 있게 되었습니다. 6가지 원리를 설명하기 위해 실제 적용 사례 글을 통해 개념을 이해할 수 있도록 도움을 드리겠습니다. '양질 독서법'을 통해 분명한 변화를 경험해 보시길 바랍니다.

44.
반복의 중요성과 반복 독서

　교육이나 독서 모임 중에 심심찮게 자주 등장하는 토론 주제들이 있습니다. 인간의 타고난 성격이나 성향은 변화될 수 있는가에 관한 내용입니다. 삶을 조금 오래 살아오신 분들의 의견과 다소 나이대가 젊은 분들의 생각에 조금의 의견 차이가 있다는 것을 알 수 있습니다. 연세가 조금 지긋하신 분들은 타고난 '성격이나 성향은 절대 변하지 않는다.'라는 단호한 주장들을 많이 하십니다. 이 주장을 좀 더 강하게 하시는 분들은 '개 버릇 남 못 준다'라는 말까지 하십니다. 어떤 실수나 잘못들을 하지 않겠다고 말해놓곤 또 다른 사람에게 피해를 주는 행동을 반복할 때 '사람이 어떻게 변하겠어.'라는 말을 합니다. 사람이 태어나서 좋은 사람으로 발전하기 위해서는 타고난 성향과 후천적으로 발전시켜야 할 재능을 함께 발전시켜야 합니다. 필자는 '교육은 사람을 변화시키는 힘'이 있다고 자주 말을 합니다. 사람을 변화시킬 수 없는 교육은 교육이 아닙니다. 교육의 목적을 분명하게 알지 못하는 사람들은 '사람은 변할 수 없다.'라는 생각을 하게 됩니다. 교육을 하는 사람들은 가르치는 목적이 분명해야 합니다. 본인이 가르치는 교육으로 어떤 변화를 원하는지를 정확히 알고 교육을 해야 합니다. 사람은 나이가 들어갈수록 본인의 생각과 가치관은 고정되어 가는 것 같습니다. 타고난 성격이나 성향이 변하지 않는다고 생각하는 분들은 변화의 본질을 흑과 백으로만 생각하기 때문에 변하지 않는다고 생각할 수도 있습니다. '난폭한 성격을 타고난 사람이 어느 날 천사의 성격으로 변해있지 않으면 변화하지 않는다.'라고 생각할 수 있습니다. 아주 내성적인 사람이 어느 날 완전히 외향적인 사람으로 변하지 않고는 변화라고 인정할 수 없는 것처럼 말입니다. 사람이 교육을 통해 변할 수 있다는 믿음 없이는 어떤 교육도 효과적일 수 없을 것입니다. 어차피 이 세상에는 완전한 것은 하나도 없습니다. 불순물이 하나도 섞이지 않은 순도 100% 금이 없듯이 사람의 변화는 완전히 하얀색인 사람이 어느 날 완전히 검은색으로 변하지 않았다고 해서 사람은 변하지 않는다고 전혀 생각할 필요가 없습니다. 교육을 통해 어제보다 0.1%만 노력해서 전혀 눈에는 감지되지 않는 변화라도 이미 변화는 시작된 것이니 말입니다. 교육 현장에서 여러 선생님을 만나서 깊은 얘기들을 나누어보면 이미 변하지 않는 아이로 낙인이 찍힌 아이들이 많습니다. '저 아이는 이래서 힘들고, 저 아이는 저래서 안 돼.'라는 편견이 너무 머릿속에 깊이 자리 잡고 있기에 그 생각을 바꾸어주기에는 많은 노력이 필요하겠다는 생각을 가질 때가 있습니다. 정말 큰 걱정과 염려의 생각은 가르치는 아이들이 이제 5세라는 나이일 때 더 절망적입니다. 5세 때부터 '저 아이는 바뀌지 않아요.'라는 그릇된 생각으로 단정할 때 단 한 번의 생각이나 한두 번의 행동으로 아이에게 영향을 미치지는 않을 순 있지만 한 학기나 1년 동안 반복해서 같은 생각과 태도로 대하게 되면 한 아이의 성장에 치명적인 영향을 미칠 수 있습니다. 타고난 성향으로 잘 변하지 않는 사람들은 있어 보입니다. 교육으로 좋은 변화를 기대하신다면 변화를 단 한 번의 교육이나 단시간에 목표를 두고 조급해할 필요는 없습니다. 변화될 수 없고, 발전의 속도가 느린 사람들을 위해 공평한 교육이 반복 교육입니다. 반복에는 보이지 않는 힘이 숨어있습니다. 많은 사교육 시장에서 가르치는 교육에서는 단시간에 어떤 효과를 노리는 교육이 계속되어왔습니다. 이러한 시장 환경에서는 원래 우수한 능력을 가진 아이들이 여전히 우수한 성적을 내는 교육을 하고 있을 뿐입니다. 교육은 교육을 받는 모든 한 사람 한 사람이 변화되는 유익함을 얻을 수 있어야 합니다. 반복의 중요성은 타고난 재능과 습득력이 부족한 모든 사람에게 가장 큰 선물이 되는 교육입니다. 필자에게 지난 20년이 넘는 시간 동안 수업 현장에서 경험한 교육 재산이 있다면 최고의 재산은 바로 '반복 학습의 힘과 중요성'일 것입니다. 분명히 영어 교육을 위해 수업을 해보면 수업 첫 시간부터 습득력이 타고난 아이를 발견할 수 있습니다. 이러한 아이들의 공통점은 가르쳐주는 내용은 물론이고 원리 적용까지 기대 이상의 능력을 가진 아이들은 늘 있습니다. 하지만 이해력도 느리고 더 큰 문제는 수업에도 전혀 집중하지 않는 아이들이 더 많다는 것입니다. 반복 교육 수업을 일 주, 한 달, 한 분기, 한 학기의 시간이 지나면서 처음 수업에서부터 평범 이하의 능력을 보인 아이들이 한 명 한 명씩 천재성을 가진 능력자로 변화되어 간다는 것입니다. 반복 교육은 평범한 능력을 가진 사람들을 위대하게 변화시킬 힘이 있다는 것을 완전한 지식으로 알게 되었습니다.

아리스토텔레스는 "탁월성은 한두 번 행동으로 완성되는 게 아니라 반복되는 지루한 습관의 산물이다."라고 했습니다. 이미 수천 년 전에 탁월성의 '본질'을 이루는 방법을 설파한 아리스토텔레스는 반복의 힘을 알고 있었습니다. 특별히 아이들에게 교육을 가르치는 분들은 많은 내용을 알려주려고 하기보다는 하나라도 반복해서 완전히 알 때까지 가르쳐주는 것이 중요함을 실천해야겠습니다. 반복 교육의 원리는 독서를 통해 위대함으로 변화되는 것에도 그대로 적용됩니다. 중국의 사서인 《삼국지》 위서에 실린 동우의 고사에는 '독서백편의자현', '책을 백 번 읽으면 그 뜻이 저절로 드러난다.'라고 했습니다.

이와 같은 맥락의 글로 '손자천독달통신'이라는 말도 있습니다. 손자병법을 1,000번 읽으면 신의 경지에 통하게 된다는 뜻입니다. 물론 이 글의 내용은 '손자병법'이라는 책의 중요성을 알려주기 위함이지만 반복이 가져다주는 힘은 그대로 알 수 있는 내용입니다. 한 실험을 통해 반복의 힘이 가진 효과에 대해 말해주고 있습니다.

"거머리를 가지고 다음과 같은 실험을 하였다고 합니다. 거머리가 달라붙으면 전류가 흐르는 감전 장치를 설치했습니다. 기억력이 거의 없다고 알려진 거머리가 떨어지면 붙고, 떨어지면 붙고를 반복했습니다. 그러나 100을 반복한 후 더 이상 달라붙지 않았다고 합니

다. 그리고 그 실험을 한 거머리가 새끼를 낳았는데 그 새끼 거머리
도 안 붙었다고 합니다. 이렇듯 기억력이 낮은 거머리도 100번이면
학습이 되는 것이 실험을 통해 확인이 되었습니다. 거머리가 100번
에 통했다면, 사람이 100번 반복해서 안 될 일은 없을 것입니다."

현존하는 세계 최고의 지성으로 손꼽히는 프랑스의 대문호 파스
칼 브뤼크네르(Pascal Bruckner)는 반복의 중요성에 대해 다음과
같이 말했습니다. 반복을 '정체된 전진'이라고 표현했습니다. 그리고
"좋은 의미의 반복은 '숨은 재능을 찾게' 해준다."라고 말했습니다.

이것은 단지 듣기 좋은 말이 아닙니다. 직접 교육에 '반복 학습'을
적용해보면 훈련과 시간이 원석을 보석으로 변화시켜주는 '반복 교
육'이 가진 마술을 누구나 경험하게 됩니다. 반복 교육은 '의식적'이
라는 수식어와 반드시 짝을 이루어, 일을 할 때 탁월한 발전과 변화
라는 결과를 가져다줍니다. '의식적 반복' 누구에게나 희망을 가져다
주는 학습법입니다. 교육은 사람을 변화시키는 힘을 지니고 있습니
다. 사람은 교육을 통해 가장 효과적으로 변화될 수 있습니다. 모든
교육자는 자신이 가르치는 교육에서 가르치는 전과 후에서 명확한
변화를 이루도록 교육을 해야 합니다. 이 변화를 이루는 탁월한 방
법은 바로 '반복 교육'입니다. 한 권의 책을 10번 이상 반복해서 읽
어본다면 책의 내용이 통째로 들어올 것입니다.

45.
독서와 두뇌

갈수록 취직이 어려운 시대에 취업을 앞둔 많은 사람들이 스펙을 쌓고 있습니다. 각종 자격증과 인턴 증명서가 이력서를 가득 채웁니다. 이러한 현상이 언제까지 지속될 수 있을까요? 현대 과학의 발달로 최첨단 의료장비들은 우리 몸을 좀 더 자세히 볼 수 있게 되었습니다. 머지않은 미래에는 이력서에 우리의 머릿속을 증명할 수 있는 자료도 첨부해야 하는 시대를 맞이해야 하지 않을까를 생각하게 됩니다. 인간의 두뇌는 유아기에 거의 모두 형성된다고 합니다. 유아기의 경험과 자극들은 우리가 평생 가지고 사용해야 할 우수한 두뇌를 만드는 데 결정적 역할을 합니다. 학창 시절 각 학교에는 천재적인 두뇌를 가진 학생들이 한두 명은 있었을 것입니다. 필자의 친구 중에도 그러한 친구가 있었습니다. 다른 친구들은 시험 기간이면 하루에 4~5시간만 자면서 공부해도 평균 90점 이상을 유지하기가 어려운 친구들도 있었지만, 천재적인 두뇌를 가진 한 친구는 시험을 치기 전날까지 오락실이나 만화방에서 만화만 보다가도 시험만 치면 거의 전 과목 만점을 받는 친구 말입니다. 독자분들도 이러한 친구들을 학교에서 본 적이 있을 것입니다. (독자 본인일 수도 있고

요). 필자는 학창 시절부터 지금까지 이러한 능력을 가진 사람들을 유심히 관찰해보았습니다. 알게 된 사실은 이러한 천재적인 두뇌를 가진 사람들의 공통점은 어릴 적부터 엄청난 양의 독서를 해왔다는 공통점이 있었습니다. 이미 글자를 알기 전부터 많은 책에 노출되어 있었고, 글자를 알게 된 후로는 많은 양의 독서를 자연스럽게 하면서 우리 두뇌가 완성되어가는 시점에 지식 세포들이 서로 시냅스를 통해 아주 많이 정교하게 연결되어 어린 시절 우수한 두뇌를 가지게 된 것입니다. 잠시 독서가의 뇌와 지식 세포가 시냅스를 통해 정교하게 많은 나뭇가지처럼 연결된 사진을 살펴보도록 하겠습니다.

독서와 두뇌

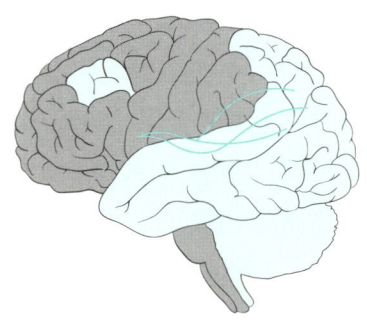
숙련된 독서가의 뇌

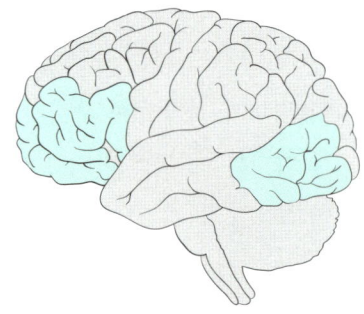
초보 독서가의 뇌

뉴런과 시냅스

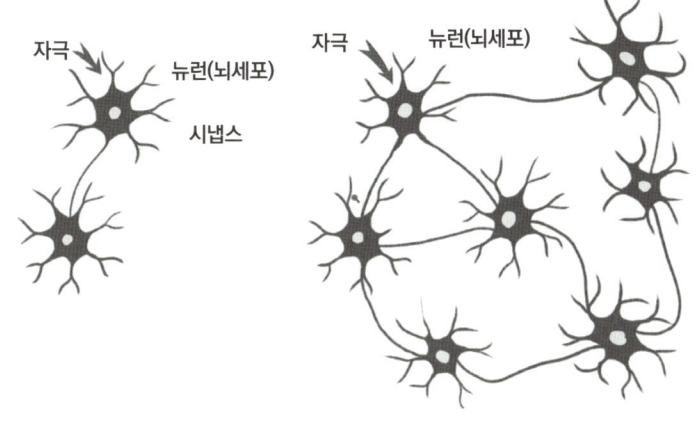

　인간의 뇌세포는 외부 자극을 통해 정보를 얻게 되면 지식 세포를 통해 다른 세포와 시냅스를 통해 정교하게 연결되게 됩니다. 이러한 시냅스가 정교하게 많이 연결될수록 인간의 두뇌는 더 우수하게 변화한다는 것입니다. 학창 시절 천재성을 가진 친구들은 부모님으로부터 좋은 유전자도 받았겠지만 유아기의 결정적 시기에 많은 다독을 통해 이미 천재적인 두뇌가 형성된 것입니다. 이러한 친구들의 특징 중 또 하나의 중요한 점은 이렇게 두뇌가 만들어진 후 초등 고학년부터 중등 시절까지 학업에 전혀 관심이 없다가도 어느 시점 한 번 공부를 제대로 해볼까 결심하고 1년만 하면 상위 탑 그룹에 언제든지 속할 수 있는 두뇌를 가졌다는 특징이 있습니다. 어릴 적 독서는 이만큼 중요합니다. 필자가 학습 현장에서 20년이 넘는 시간 동안 유아부터 성인까지, 교육해오면서 깨달은 것은 유아기의 모든 아이에게는 특별한 점이 있다는 것입니다.

"유아기 때는 '암기'라는 단어가 필요 없습니다. 또 하나는 '지겹다'라는 말도 필요 없습니다."

유아교육원에서 발표회를 위해 각종 대본을 외워야 하는 아이들에게는 초등 이상의 아이들의 방법대로 교육할 필요가 없습니다. 그냥 즐겁게 몇 번만 연습하면 대부분 자연스럽게 연극 대본 등을 암기할 수 있습니다. 유아기의 결정적 시기에 다독하게 되면 암기하는 절차를 우리 두뇌는 자동으로 알게 되고 이 능력이 학교 시기에도 유감없이 발휘하게 됩니다. 독서가의 뇌는 우리 두뇌의 많은 곳이 자극을 받아 반응하게 됩니다. 하지만 평소 독서를 하지 않는 사람들의 두뇌는 반응하는 부분이 극히 작습니다. 문제는 이러한 두뇌 환경을 가진 사람들이 회사에 취직해서 회의하고 새로운 아이템을 만들어가야 할 때 어느 두뇌를 가진 사람들이 모인 곳에서 혁신적인 상품을 만들기가 쉽겠습니까? 앞서 필자는 머지않은 미래에는 우리 머릿속을 증명하는 뇌 사진을 이력서에 포함해서 제출하는 시대가 올 수 있다는 농담의 말이 결코 농담에서 그치지 않을 것입니다. 많은 사람은 하루 중 많은 시간을 전자 기기와 함께 시간을 보냅니다. 어떤 정보를 통해 무엇인가를 보고, 듣고, 읽고 있다고 하여 우리 뇌는 우수하게 변화되지 않습니다. 정보는 지식이 아니기 때문입니다. 독서는 우리의 뇌를 우수한 성능으로 변화시켜줍니다.

46.
독서의 효능

독서의 중요성에 대해 성장하면서 많이 듣고 자랐습니다. 평생교육을 얘기하고 자기 계발 분야를 교육하는 곳에서는 언제나 독서의 중요성을 가르쳐줍니다. 이제 세월이 흘러 독서의 중요성을 얘기해주고 가르쳐야 하는 기회를 얻게 되었습니다. 아무리 좋은 것도 강압적으로 하면 득보다는 실이 많을 때가 많습니다. '독서'라는 어감에 사람들은 어떤 느낌이 드는지 계속 궁금했습니다. 너무 자주, 너무 많이 들은 '독서'의 어감에는 달콤함보다는 무엇인가 딱딱하고 학습이라는 느낌이 많은 것 같습니다. 성인 수업에서 '독서'라는 단어보다는 독서를 지칭하는 다른 달콤한 어감을 주는 단어를 찾기 위해 상금을 걸어두고 공모를 모아본 적도 있지만, 지금까지 '독서'를 대신할 마땅한 이름을 찾지 못하고 있습니다. '독서'가 평범한 뇌를 우수한 뇌로 바꾸고, 창의력과 생산성에도 큰 도움을 주는 최고의 방법의 하나라면, 모든 사람이 꼭 행복하게 해야 하는 운동을 전개해 나가야 하지 않겠습니까? 기존의 부정적인 인식도 좋은 어휘만 살짝 변경해도 호감을 느낄 수 있는 것이 우리의 의식입니다. 독서의 효용성을 얘기할 때 말보다는 눈에 보이도록 시각화할 수 있다면 큰 설득력을 가질 것입니다.

　스티브 잡스는 이러한 말을 남겼습니다. "대개의 경우 사람들은 당신이 뭔가를 보여주기 전까진 정말 원하는 게 뭔지 모른다"라고 했습니다. 그리고 헨리 포드가 자동차를 만들기 전까지 사람들이 원한 건 '보다 빠른 말이었다'고도 말했습니다. '책 읽어라, 독서해야지! 책을 많이 읽으면 훌륭한 사람이 된다.' 얼마나 많은 사람들로부터 이런 유형의 말들을 들어보았습니까? 사람들을 잘 가르치는 방법 중에는 말뿐만 아니라 행동이나 모범으로 가르칠 때 교육의 효과는 배가 될 것입니다. 우리가 듣고 자란 책을 읽으라는 말에는 단지 명령어 이상도 이하도 아닐 때가 많았던 것 같습니다. 스티브 잡스가 말한 것처럼 사람들은 만들어서 보여주기 전까지 자신에게 무엇이 필요한지도 모를 때가 많습니다. 사람들이 구매리스트 없이 쇼핑을 가면, 불필요한 것을 한두 가지는 구매하는 경향이 있지 않습니까? 하지만 이것을 두고 항상 잘못된 소비라고 말할 필요는 없을 것입니다. 때때로 충동구매보다는 물건을 보기 전에는 무엇이 필요했는지 모르는 경우가 있기 때문에 쇼핑을 하면서 꼭 구매해야 하는 것들을 알게 되는 경우입니다. 독서가 삶을 바꾸는 힘을 지니고 있다면 이 또한 시각화해서 필요성을 알려주는 노력이 필요할 것입니다. 필자가 교육 현장에서 발전시킨 작은 재능이 있다면 머릿속에 있는 생각들을 시각화할 수 있는 능력이라고 생각합니다. 우리 머릿속에 떠오르는 모든 생각들은 시각화시킬 수 있습니다. 필자는 독서의 중요성을 말로만 하지 않습니다. 이 중요성을 눈에 보이도록 표현해서 사람들의 이해를 돕고 실천하도록 도움을 줍니다. 사람에게는 크게 두 가지 능력이 있습니다. 하나는 육체적인 능력이고 또 하나는 정신적인 사고력입니다. 육체적인 능력에는 한계가 있습니다. 아무리 뛰어난 사람도 다른 사람에 비해 힘이 세 배, 네 배로 강하지는 않습니다. 현재 세계에서 100m 신기록을 가진 선수라도 다른 선수들보다 2배로 빨리 뛰지는 못합니다. 세계에서 가장 무거운 역기를 들 수 있는 기록 보유자도 다른 선수들보다 두 배로 더 무거운 역기를 들 수 있는 것이 아닙니다. 최선을 다한다면 육체적인 능력은 조금 뛰어날 뿐이지만 사람들의 사고력은 그렇지 않습니다. 사고의 폭과 넓이 그리고 깊이는 무한계입니다. 이러한 사고의 능력의 차이로 인해 어떤 뛰어난 사람들은 평범한 사람들보다 수천 배, 수만 배의 부를 쌓고 있습니다. 정신적인 사고의 능력을 키우는 최고의 방법 중 하나가 바로 독서입니다.

육체적 능력에는 한계가 있다

 "사람들이 찾은 보물은 땅에서 보다 머릿속에서 더 많이 찾았다." 라는 말처럼 인간의 사고는 무한하며 우리의 두뇌를 어떻게 발전시키느냐에 따라 무궁무진한 능력을 발휘할 수 있다는 것은 의심의 여지가 없습니다. 2002년 미국 교육과학통계연구소에서는 '미국의 리더는 어떻게 만들어지는가?'라는 연구 결과를 발표했습니다. 이 결과에 의하면 미국을 이끌어가는 리더들은 모두 초등학교 때 엄청난 양의 책을 읽었다는 것입니다. 그들은 초등학교 때에만 세계 명작을 최소 500권 이상을 읽었음을 알 수 있습니다. 매년 수백 권의 독서력을 통해 어휘력과 이해력이 발전되어온 아이들에게는 학교에서 배우는 교과수업은 어쩜 수준 낮은 교육일 수 있습니다. 이해를 돕기 위해 첨부 사진을 참고해보시길 바랍니다.

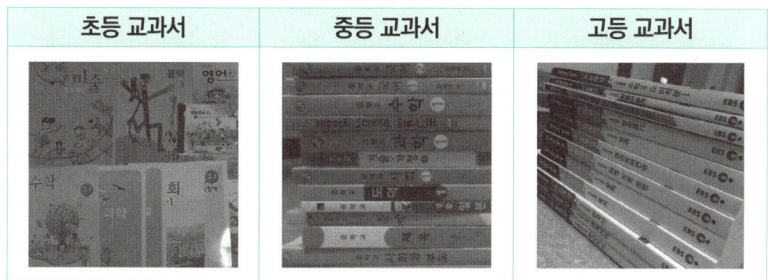

스스로 독서하는 아이들 : 연 100권

초등 교과서 | 중등 교과서 | 고등 교과서

　일 년에 독서를 100권 이상 하는 독서 습관을 가진 아이들에게 1년 동안 학교에서 배우는 10~12개의 과목은 한 달만 집중해서 공부하면 모두 이해할 수 있는 학습량 정도일 것입니다. 독서를 통해 어휘력이 폭발적으로 발전하게 되고 문맥을 이해하는 능력이 발전해온 아이들의 사고력은 실제 학년은 초등학교 2학년이지만, 그들에게 초등학교 2학년 교과서 수준의 내용은 장난감처럼 느껴질 수도 있습니다. 독서에는 나이와 학년이 없습니다. 학교 수업에 나이와 레벨이 있을 뿐입니다. 이것은 분명한 독서가 주는 유용성입니다. 한 가지 예를 더 들어보겠습니다. 초등학교 1학년 때 미국으로 유학을 간 학생이 미국에서 6년의 교육을 받고 중학교 1학년 때 한국으로 돌아온 후 중학교 1학년 영어 수업을 듣는다면 장난감 수준의 수업일 수밖에 없습니다. 분명히 이해되실 것입니다. 독서를 통해 사고능력이 발달된 사람들은 사회에서 지도자가 될 가능성이 클 수밖에 없습니다. 사회적으로 성공한 사람이나 리더들은 독서광이었습니다. 시험이나 평가를 위한 독서법은 책을 멀리하게 하는 부작용이 있을 수 있습니다. 그렇다면 독서는 어떻게 해야 할까요? 양도 중요하고 질도 중요합니다. 영국의 정치가 벤저민 디즈레일리는 "단 한 권의 책밖에 읽지 않은 사람을 경계하라."라고 했습니다. 처음에는 관심 있는 책부터 시작해서 폭넓은 독서를 해보시길 제안해 드립니다. 철학자 스피노자는 '나는 깊게 파기 위해 넓게 파기 시작했다.'라고 했습니다.

나는 깊게 파기 위해 넓게 파기 시작했다
-네덜란드 철학자 스피노자-

　전문가는 깊고, 넓게 파는 사람입니다. 이 장에서 필자는 독서의 유용성에 대한 이해를 돕고자 몇 장의 차트를 통해 설명해 드렸습니다. 독서는 나이도 학년도 필요 없는 각자가 실천하는 만큼 사고능력의 차이를 낼 수 있는 우리가 누릴 수 있는 최고의 선물입니다. 누군가 이렇게 말했습니다. 책은 영혼의 보약이라고 말입니다. "책 한 권을 읽는 것은 30년 된 산삼을 한 뿌리 먹는 것이다. 책 10권은 300년 된 산삼을, 책 300권은 3만 년 된 산삼을 먹는 것과 같다." 독서는 한계가 없는 사고력에 보약입니다.

47.
독서 능력이 학습 능력(독서와 영어)

　사람의 능력에는 육체적 능력과 정신적 사고력이 있다는 설명을 드렸습니다. 육체적 능력에는 한계가 있으며 아무리 뛰어난 사람도 다른 사람에 비해 두 배 이상 육체적 능력을 가지기 어렵다는 것은 우리는 이해할 수 있습니다. 교육을 진행하여 오면서 늘 반복해서 하게 된 경험을 나누고 싶습니다. 어떤 원리 하나를 가르쳐주면 다음 날 두 개를 깨우쳐 오는 학습자가 있는 반면에 배운 하나도 잊어버리고 오는 학습자도 있습니다. 이러한 학습자들을 보면서 필자는 여러 상상을 하며 교육에 적용해보려는 시도를 해왔습니다. 만일 어떤 교육을 받는 학습자에게 매일 성을 만들기 위해 벽돌을 쌓도록 한다면 하루라도 빨리 작업을 시작한 사람이 성을 만드는 일을 빨리 끝낼 수 있을 것입니다. 성 쌓기를 한 달 먼저 또는 1년 먼저 시작한 사람들의 속도를 따라잡는 것은 거의 불가능할 것입니다. 하지만 교육에서 정신적 사고 능력이나 습득력에서는 그렇지 않음을 명확히 경험하게 됩니다. 일반 영어 교육에서 어학원을 3년 먼저 다닌 학습자라 할지라도 3년 늦게 배우기 시작한 학습자보다 실력이 뒤질 수 있습니다. 왜 인간의 사고력과 습득력에서는 이러한 일들이 빈번할까에 대해 주의 깊게 생각하다 여러 공통점을 알게 되었습니다. 이러한 일이 가능한 것은 학습 태도는 물론이기만 사실 가장 큰 요인은 독서력에서 찾을 수 있습니다. 다른 학습자들보다 어학원을 늦게 다닌 학습자 중에서도 독서를 꾸준히 해온 학습자는 독서량이 부족한 학습자에 비해 영어 습득 능력이 탁월했습니다. 그렇다면 항상 지적 결과는 독서와 관련성이 있다면 독서를 하지 않고, 영어 교육을 일찍 시작하는 아이들에게는 더 큰 유익이 없다면 세상이 너무 불공평하게 느껴지지 않을까요? 모든 교육을 진행하시는 교육자분들은 분명히 이러한 불공평하게 느껴지는 것을 해결하기 위해 노력해야 합니다.

   필자는 이러한 차이를 설명하기 위해 벽돌로 성을 쌓는 예를 들어 설명하였습니다. 우리는 영어 습득에서 이러한 불공평함을 해결하기 위해 벽돌로 성을 쌓는 예에서 해법도 생각해 볼 수 있습니다. 벽돌로 성을 쌓는 것은 분명한 목표가 있습니다. 만일 목적 없이 벽돌 쌓기를 시작한 학습자가 있다면 1년 후, 2년 후에 뒤늦게 벽돌로 성을 쌓는 명확한 목적을 가진 학습자가 벽돌을 쌓기 시작한다면 목적 없이 벽돌로 먼저 성을 쌓기 시작한 사람보다 먼저 성을 만들 수 있는 것과 같습니다. 목적이 분명한 교육을 하는 교육자는 먼저 시작한 학습자에게 늘 더 많은 유익을 가져다줄 수 있습니다. 하지만 교육 현장에서는 명확한 목적 없이 벽돌만 쌓아가는 경우가 많습니다. 벽돌을 쌓는 목적이 성을 만들기 위한 명확한 목표가 된다면 이야기는 달라집니다. 하지만 이미 독서량이 많은 학습자는 배운 지식에 대한 적용과 활용 면에서는 어쩔 수 없는 우수성을 언제나 볼 수 있습니다. 습득력의 힘도 탁월합니다. 필자는 영어를 가르친 지 15년 정도의 세월 동안은 영어 교육에만 집중해서 가르쳤습니다. 하지만 먼저 시작한 학습자와 늦게 시작한 학습자의 습득력과 독서 습관에 따른 학습자들과의 능력 중 틈을 좁힐 수 없는 부분을 발견하게 되었고, 영어의 기본실력까지는 모든 사람이 가능하게 할 수 있지만, 높은 실력을 갖춘 실력자가 되기 위해서는 반드시 독서력이 받쳐주지 않으면 한계가 있다는 사실을 분명히 알게 된 후 독서교육도 함께 진행하게 되었습니다. 몇몇 분들이 필자에게 질문을 하셨습니다. 대표님은 영어 강사입니까? 독서 강사입니까? 저는 이러한 질문을 들을 때마다 영어 교육은 독서 교육에 포함된 교육이라고 말씀을 드립니다.

모든 학습은 자기를 경영하는 능력에 속해 있습니다. 자기 계발과 자기 경영이 계속 중요시되어온 시대에 우리는 살아왔고 앞으로도 살아가게 될 것입니다. 자기 계발 안에 독서와 외국어 능력이 포함됩니다. '영어 습득은 습관과의 전쟁입니다.' 습관은 자기를 관리할 수 있는 능력 안에서 만들어집니다. 우리가 배우는 과목 중 과목으로 분류할 수 없는 교육은 바로 '독서'와 '영어'입니다. 이 두 가지는 매일 식사하는 것처럼 해야 하는 것입니다. 건너뛰거나 멈추어 서도 안 됩니다. 독서와 영어를 배울 때는 서로 구별해서 학습하지만, 결국 영어 실력으로 영어 독서를 하면 되기에 하나만 습관으로 가지게 되면 됩니다. 독서와 영어 이 말이 부담으로 느껴지신다면 '습관'이 되지 않았기 때문입니다. 어떤 국가는 식사 때 수저를 사용하지 않고 손가락을 사용해서 식사를 합니다. 이 국민에게 갑자기 식사 때마다 수저를 사용하고 설거지를 하도록 한다면 아주 귀찮은 일이 될 것입니다. 왜입니까? 사용한 적이 없어 습관이 되지 않았기 때문입니다. 우리에게 식사 때 수저를 사용하는 일은 무의식적 본능 수준입니다. 이것이 귀찮다고 느껴지는 분들은 거의 없을 것입니다. 유아들처럼 시간 개념이 명확하지 않을 때는 독서와 영어를 습관화시키기는 쉬운 일입니다. 하지만 시간적 개념이 명확한 학습자들에게는 의식적 훈련과 노력이 필요합니다. 꼭 들여야 하는 습관을 어릴 적 들이지 않았기 때문에 지금 지불해야 하는 대가가 크게 느껴지는 것입니다. 이 교육을 60이 넘어서 만나게 되는 분 중 이렇게 말씀하시는 분들이 계십니다. '10년 전에만 이 교육을 만났어도' 우리는 시간이 지나고 나면 알게 되는 것 같습니다. 시간은 돈으로 살 수 없다는 사실에 대해 말입니다. 시간이 지나서 좋은 습관을 들이려면 지불해야 하는 대가가 그만큼 커집니다. 좋은 습관은 다시 들일 수 있습니다. 독서와 영어는 끝까지 함께 가야 할 동반자입니다. 독서력이 학습력입니다.

48.
아이들의 독서 능력

성인들의 능력을 능가하는 유아들의 능력들은 집중력, 습득력, 때때로 이해력도 포함됩니다. 대부분의 아이들에게는 여전히 단 한 번도 발굴되지 않은 잠재적 능력이 그대로 잠들어 있는 경우가 많습니다. 이러한 능력들은 간단한 교육만으로도 쉽게 발굴할 수 있습니다. 본인의 재능을 일찍 잘 알게 된다는 것은 오랜 시간 다듬어 갈 수 있는 장점이 있습니다. 아이들에게 좋은 책을 가지고 교육했을 때 일어나는 기적 같은 변화들은 바르게 교육을 해본 사람이라면 누구나 알 수 있습니다. 앤서니 라빈슨은 그의 저서에서 그가 경험한 것을 바탕으로 한 이야기를 알려주고 있습니다.

미국에서 가장 존경받는 교사 중 한 명은 마르바 콜린스입니다. 이 여성은 시카고의 빈민가에서 처음 교편을 잡았습니다. 2학년을 맡게 된 마르바는 처음에는 아무것도 배우려고 들지 않는 아이들을 결국 변화시키는 데 성공했습니다. 난독증과 학습장애, 그리고 행동장애를 가졌다고 낙인찍힌 아이들을 대하면서, 그녀는 아이들이 문제가 아니라 교수법이 문제라는 사실을 깨닫게 되었습니다. 마르바는 아주 기초적인 내용만 담긴 교과서를 던져버리고 셰익스피어, 소포클레스, 톨스토이의 작품을 가르쳤습니다. 다른 선생님들은 그것은 불가능한 일이며, 아이들의 인생을 망치고 있다면서 개인적인 공격도 멈추지 않았습니다. 하지만 결과는 대성공이었습니다. 이후 미국에서 가장 뛰어난 인물 10인에 선정된 토니 라빈스가 그녀를 처음 인터뷰를 하고 그녀가 세운 사립학교인 웨스트사이드 예비 학교에서 네 살짜리 탈미지 E. 그리핀이라는 꼬마 아이를 우연히 만나 얘기를 나누면서 놀라운 경험을 가지게 되었습니다. 라빈스는 "그리핀, 요즈음 무엇을 배우고 있는지 말해주겠니?" 하고 질문을 던졌습니다. 네 살 꼬마 그리핀은 지금 막 "쥐와 인간에 대하여"라는 존 스타인벡의 소설을 다 읽었다고 말했습니다. 라빈스는 그 책이 조지와 레니라는 두 남자에 관한 이야기라는 답을 기대하면서 다시 물었다고 했습니다. 그런데 네 살 꼬마의 대답은 기대 이상이었습니다. "저는 배운 것 이상을 얻었어요. 그 책은 제 영혼을 충만케 했어요." 라빈스는 놀라며 웃을 수밖에 없었습니다. 그리고 다시 물었습니다. "충만이란 말뜻을 아니?" 네 살 아이의 대답은 "안으로 퍼져서 가득 차는 거죠." 아이가 덧붙여 대답하기를 "그 책에서 아이들은 절대 피부색으로 사람을 판단해서는 안 된다는 것을 배웠어요. 그것은 어른들이나 하는 짓이죠. 제가 자라서 어른이 돼도 절대 이 교훈을 잊지 않을 거예요. 이러한 위대한 교육을 인도한 마르바 선생님은 어린이들에게 오늘뿐 아니라 일생 동안 자신의 결심을 지속하겠다는 믿음을 심어주는 것을 보고는 라빈스는 눈물을 흘렸다고 말했습니다. 마르바 선생님은 아이들에게 1. 높은 기준을 적용했고 2. 아이들이 지닌 제한적인 믿음을 깨고 새로운 믿음을 갖도록 도와주었으며 3. 성공적인 삶을 살기 위한 구체적인 기술과 방법들을 가르쳐 이것을 뒷받침했습니다."

어느 국가에서 아이들의 능력을 제대로 알고 교육하는 나라에서는 미래의 보고를 알고 있는 것입니다. 지금까지 우리들의 눈에 익숙한 성인들이 아이들을 대하는 모습은 공항에서 귀빈 방문 시 화동 역할을 하는 것입니다. 이처럼 익숙한 모습은 결혼식이나 각종 기념일에 예쁜 꽃을 전해주는 정도입니다. 필자는 지금까지 한 국가의 대표자가 어느 국가를 방문하면 곧바로 유아들을 어떻게 교육하고 있는지 알기 위해 유아들이 있는 교육원을 가장 먼저 방문했다는 소식을 들은 적은 없습니다. 대부분은 아이들을 가르치는 교육원은 대통령의 부인이 잠시 둘러보고 기념사진을 남기는 곳 정도로 활용되는 것에 극히 제한되어왔습니다. 어쩌면 자연스럽게 아이들의 교육 때부터 국가 경쟁력이 만들어진다는 사실을 알지 못하고 있을 것입니다. 한 국가의 미래를 알려면 유아교육을 보면 짐작할 수 있습니다. 좋은 대학을 가기 위해 교육 과정을 정교하게 다듬고, 어느 과목에 비중을 더 깊이 두는지에 대한 고민보다 더 중요한 교육이 좋은 두뇌를 갖게 하는 유아교육을 잘 살펴보아야 합니다. 음악사에 중학교 때부터 시작한 모차르트는 없을 것입니다. 빙상계에 중학교에 시작한 김연아와 같은 선수는 없을 것입니다. 유아 때의 성취는 성인 때 이루게 될 일을 미리 보는 예표이자 준비 기간입니다. 유아 한 명 한 명을 대할 때 미성숙하고, 불완전함을 볼 필요가 없습니다. 내면에 잠든 능력을 볼 수 있는 사람들은 아이들을 학대하지 않습니다. 아이들이 가진 능력을 제대로 이해할 수 있는 성인은 유아기부터 큰 프로젝트를 가지고 대하고 교육하게 됩니다. 저출산 문제를 돈과 캠페인으로 해결하려는 노력은 충분히 실패했습니다. 정확하게 유아들의 가치에 기준을 둔 노력을 정확히 10년만 한다면 더 많은 부부가 보석보다 빛나는 아이를 가지길 원할 것입니다. 잘못된 극소수의 성인들이 저지르는 아동 학대와 아이들을 양육하면서 겪는 소소한 어려움을 크게 보도하는 사회에서는 가장 소중한 것을 잃게 되는 것은 너무나 당연한 것이 아니겠습니까? 아이 한 명 키우는 데 1인당 사교육비가 얼마 든다, 청소년들의 범죄율, 결혼할 때 비용 이러한 잘못된 문화와 관행들이 바로잡히려면 이제 단 하나의 해결책만으로 단번에 해결되지는 않을 것입니다. 유아들에 대한 제대로 된 이해가 선행되고 본바탕이 될 때 우리 사회가 안고 있는 많은 문제들이 제대로 해결되는 것이 많을 것입니다.

49.
양면(상대) 독서의 중요성

　육체적 성장과 정신적 사고력 발전에서 균형을 이루는 것은 중요합니다. 강 위에 떠 있는 작은 배와 같이 한쪽으로만 몰려 있을 때 좌초의 위험이 있듯이 사람의 성장도 이와 같습니다. 어릴 적 음식을 먹을 때 '편식하지 마라'는 얘기들은 들어보았을 것입니다. 건강하고 균형 잡힌 건강을 위해 고른 음식 섭취는 영양에 중요합니다. 우리가 하는 독서도 이와 닮아 있습니다. 책을 읽는 것도 편식 독서만을 하면 정신적 사고력의 균형이 깨지게 됩니다. 독서를 처음 시작하는 분들과 이후 어떤 분야에서든 전문가 수준의 능력을 가진 분들의 유형에는 어떤 공통된 패턴이 있습니다. 처음 시작은 시야가 좁습니다. 그래서 작은 부분에서 시작합니다. 그리고 지식과 경험이 더해질수록 다양하고 넓은 독서를 할 수 있습니다. 이제 특정 분야에 전문가 수준이 되면 다시 처음과 같이 한 분야만 집중해서 읽게 되거나 연구하게 되는 유형을 볼 수 있습니다. 처음 독서 습관을 들이기 위해서는 편식 독서도 하나의 과정이라고 생각합니다. 이 또한 좋은 독서 실천이라 생각합니다. 하지만 어느 정도 독서력이 생긴 후에는 다양한 분야별 독서가 필요합니다. 결국 사고력을 위해서는 우리 몸의 건강을 위해서는 고른 영향을 취해야 하는 것과 같습니다. 오래전부터 필자 주위에는 네트워크 사업이나 방문 판매업을 하는 친구들이 있었습니다. 직업에는 귀천도 없고 땀 흘려 노력하는 모든 직업들은 존중 받아야 함을 잘 알고 있습니다. 이러한 사업을 하는 제 주변 지인들의 공통점은 자신이 선택한 사업을 오래 지속하지 않는다는 것입니다. 가끔 본인들이 선택한 사업의 정당성과 비전을 보여주기 위해 사업과 관련된 서적들을 건네주고 가는 친절도 자주 보여주었습니다. 갑자기 한동안 직업도 없던 분들이 본인이 어떤 계기로 선택한 네트워크 사업을 만나면 앞뒤 가리지 않고 오직 성공과 돈을 위해 하루아침에 모든 것이 변화된 사람처럼 가족, 친지, 주변의 모든 인적 풀을 가동해서 사업 확장을 위해 노력하는 모습들을 보면서 아무리 중요한 사업이나 일의 경우라도 균형을 이루는 것의 중요성을 인식하게 됩니다. 사람들에게 '하면 된다' '단지 간절히 바라기만 해도 우주의 기운이 돕는다' 용기를 주고 자신감을 주는 자기 계발 열풍이 우리나라에서는 IMF 외환 위기 이후 전국적으로 확장되었습니다. 자신의 능력과 미래에 대한 확신이 부족한 분들에게 자기 계발이라는 열풍은 많은 사람에게 큰 희망을 가져다줍니다. 아무리 좋은 것도 균형을 이루지 못하면 부작용을 얻게 됩니다. 특히나 우리가 깊은 사고를 하기 위해서는 더욱 그렇습니다. 한쪽으로 치우친 사고력은 정상적인 행동에서 벗어난 일들을 하게 할 수도 있습니다. 한쪽으로 치우친 양극단에 서 있는 사람들이 보여주는 부작용은 굳이 설명하지 않아도 매일 많은 매체를 통해 정확히 볼 수 있습니다. 민주주의를 신봉하는 사람들은 민주주의로 시각으로만 세상을 해석하려 합니다. 공산주의를 신봉하는 사람들은 공산주의의 시각으로 세상을 해석하려 합니다. 종교도 마찬가지입니다. 세상은 분명히 검정과 흰색으로만 이루어져 있지 않음에도 양극단에 서 있는 사람들은 세상은 한 가지 색만 있다고 주장합니다. 우리는 〈ism~주의〉를 늘 조심해야겠습니다.

필자가 자주 가는 이발소가 있습니다. 이 가게 주인분은 거의 온종일 자신이 지지하는 정당의 유튜브 방송을 틀어놓고 일을 합니다. 유튜브에서 들려주는 소식을 듣고는 상대 정당 정치인의 문제에 대해 강한 분노뿐 아니라 감정 동요가 수시로 발생하는 모습을 보면서 이것은 중독의 한 단면임을 느끼게 되었습니다. 자신이 지지하고 좋아하는 것을 좋아할 권리는 누구에게나 있지만, 우리의 판단력과 사고력 그리고 행동에 부정적인 영향을 미친다면 좋은 것이 될 수는 없을 것입니다. 독서는 이러한 부작용과 불균형을 바로 잡아주는 역할을 해줍니다. 자기 계발에도 양면(상대)적인 계보와 전통이 있습니다. 도덕적이면서도 윤리적인 계보와 비밀과 신비를 주장하는 계보입니다. 윤리적 자기 계발은 인내, 근면, 노력의 힘을 강조하는 부류의 자기 계발을 주장하는 사람들을 말할 수 있습니다. 대표적으로 데일 카네기, 《성공하는 7가지 습관》의 저자 스티븐 코비와 같은 부류의 사람들입니다. 이 부류의 특징은 능력과 기술을 많이 강조한다는 것입니다. 이와는 반대로 신비적 자기 계발을 주장하는 사람들은 정신, 믿음, 상상의 힘 등을 더 많이 강조합니다. '간절히 바라기만 하면 이루어진다.'라는 정신의 중요성을 주장하며 대표적인 책은 '시크릿' 등의 비슷한 종류의 사람들과 책들이 계보를 잇고 있습니다. 필자는 이 두 부류의 계보 중에서 어느 한쪽만의 지식을 얻기보다는 두 가지 모두 필요하다고 생각합니다. 우리에게 양손이 필요한 것처럼 말입니다. 양면 독서는 정신에 균형 잡힌 사고력을 가져다줍니다. 본질과 통찰력을 가르쳐주는 최고의 방법이 다양한 독서를 실천하는 것입니다. 편식 독서보다 다양한 독서가 중요한 이유에 대해 좀 더 살펴보도록 하겠습니다.

"21세기 마르크스라고 불리는 토마 피케티는 21세기 자본에서 현대 사회의 불평등에 대해 강하게 이야기합니다. 이 책의 주장을 요약해보면 불평등이 가장 큰 문제이며 불평등을 없애야 한다고 주장합니다. 불평등을 없애기 위해서는 부자들에게 더 많은 세금을 내게 하고 불평등은 경제 성장률보다 자본 수익률이 커지게 되면 더 심화한다고 또한 주장하고 있습니다. 이 책만 읽은 독자는 21세기 자본주의에 대해 비판적이고 부정적인 견해를 가지게 될 수 있습니다. 왜냐하면 토마 피케티의 말대로라면 불평등한 사회를 만든 현대 자본주의는 시스템이기 때문입니다.

그렇기 때문에 토마 피케티의 책을 읽은 사람은 반드시 2015년 노벨 경제학상을 받은 앵거스 디턴의 《위대한 탈출》이라는 책도 읽어봐야 합니다. 앵거스 디턴은 토마 피케티와 전혀 상반되는 주장을 합니다. 경제 발전이 불평등을 더 야기하는 것이 아니라. 오히려 인류 전체의 복지를 증대시키고 있다는 것입니다. 특히 그는 수명과 물질적 번영은 21세기 자본주의의 선물이라고 주장하며 또 불평등이 21세기 자본주의 문제가 아니라 오히려 눈부신 성장의 결과물이라고 주장합니다. 21세기 자본을 읽은 독자는 세상은 점점 더 불평등해지고 있다고 하소연할지도 모릅니다. 하지만 앵거스 디턴의 《위대한 탈출》을 읽으면 세상은 그 어느 때보다 평등해졌다고 감사하게 될지도 모른다는 사실입니다."

양면(상대) 독서는 필자가 주장하는 그 이상으로 중요합니다. 어떤 경우라도 양극단에 치우치게 되면 균형이 깨지게 됩니다. 직업적으로 또는 분야별로 양극단에 서야 하는 사람이나 분야는 분명히 있습니다. 이러한 것을 구분해주는 기준도 분명히 독서를 통해 지혜를 얻을 수 있습니다. 어린 시절 양질의 독서가 중요함을 강조하는 사람들도 있지만 스스로 본인이 원하기 전까지 독서를 강조하는 것은 오히려 부작용이 있다고 주장하는 경우도 있습니다. 사람마다 의견도 다릅니다. 우리는 어떤 것에 영향을 먼저 받느냐에 따라 한쪽에 치우친 의견을 가지게 될 확률도 높아질 것입니다. 다음 예도 양면을 주장하는 경우입니다. 짐 트렐리즈는 《하루 15분 책 읽어주기의 힘》에서 이렇게 말했습니다.

"어떤 이유에서인지 요즘 사람들은 아이에게 무언가를 강제로 하는 것은 아이를 해치는 것이라고 생각한다. 방을 청소하고 몸을 씻게 하는 것은 당연하게 여기면서, 아이에게 강제로 책을 읽으라고 하는 것은 큰 잘못이나 되는 줄로 착각하고 있다."

방을 청소하고 몸을 씻는 일이 당연한 것처럼 독서도 습관이 잡힐 때까지 아이들이 독서를 하기 싫어해도 시켜야 한다는 주장에 가까운 글의 내용입니다.

이와는 반대도 책을 읽지 않아도 될 권리에 대한 글도 있습니다. 프랑스 작가 다니엘 페다크는 《소설처럼》에서 '무엇을 어떻게 읽든 침해할 수 없는 독자의 열 가지 권리'를 말했습니다.

첫째, 책을 읽지 않을 권리.
둘째, 건너뛰며 읽을 권리.
셋째, 책을 끝까지 읽지 않을 권리.
넷째, 책을 다시 읽을 권리.
다섯째, 아무 책이나 읽을 권리.
여섯째, 마음대로 상상하며 빠져들 권리.
일곱째, 아무 데서나 읽을 권리.
여덟째, 군데군데 골라 읽을 권리.
아홉째, 소리 내서 읽을 권리.
열째, 읽고 나서 아무 말도 하지 않을 권리.

독서뿐 아니라 모든 분야에는 양면(상대) 대립하는 주장이 팽배합니다. 독자분들께서는 다음에 인용하는 격언들을 들으며 살아왔을 것입니다.

"돌다리도 두들겨보고 건너라. 꾸물거리면 패한다."

"사공이 많으면 배가 산으로 간다." "백지장도 맞들면 낫다."

"없으면 더 그리워진다." "눈에서 멀어지면 마음에서도 멀어진다."

"늙은 개에게 새 기술을 가르치기는 어렵다." "배움에 있어서 늦었다는 말은 없다."

"바깥세상이 늘 더 좋아 보이는 법이다." "집만 한 곳은 없다."

"아끼면 남는다." "공수래공수거."

상호 대립적인 속담이나 격언

1	돌다리도 두들겨 보고 건너라.	꾸물거리면 패한다.
2	사공이 많으면 배가 산으로 간다.	백지장도 맞들면 낫다.
3	없으면 더 그리워진다.	눈에서 멀어지면 마음에서도 멀어진다.
4	늙은 개에게 새 기술을 가르치기는 어렵다.	배움에 있어서 늦었다는 말은 없다.
5	바깥세상이 늘 더 좋아 보이는 법이다.	집만 한 곳은 없다.
6	아끼면 남는다.	공수래공수거

어떻게 하라는 것일까요? 바로 언제, 누구에게, 왜가 없으므로 이 문장만으로 정의할 수 없는 것입니다. 상호 대립하는 말을 제대로 이해하기 위해서는 시간, 시대, 대상에 따라 적절하게 해석할 수 있어야 합니다. 잠만 자는 사람에게는 게으르기를 거치라. 잠도 자지 않고 일만 하는 사람에게는 제발 잠 좀 자라고 말을 할 수밖에 없는 것이기에 글이나 말로서만 본질을 파악하기 어려울 때가 많습니다. 문자로만 이해하려 하면 안 될 것입니다. 언제, 누구에게, 왜를 이해

해야 하며, 만일 언제, 누구에게, 왜를 빼고 문자만 가지고, 잠 좀 자라, 잠 좀 자지 마라라는 내용만 가지고는 이해할 수 없는 것과 같습니다. 다른 사람들을 가르치고 훈계하길 좋아하는 사람들은 언제든지 대립적인 글을 통해 가르침이라는 포장지에 포장된 말로 언제든지 비난할 수 있는 말로 사용할 수 있습니다. 양면 독서를 하지 않는다면 어떤 기준을 찾는 것은 쉬운 일이 아닐 것입니다. 사람이 가진 재물에 대해서도 성경 속 말씀은 반은 저주라고 알려주고 있고, 또 반은 물질적 소유는 축복의 근원임을 알려주고 있습니다. 양면 독서는 이러한 문제들 가운데 중심을 잡게 해주는 지혜를 가지도록 도움을 줍니다. 건강을 유지하기 위해 고른 영양 섭취는 필수입니다. 이에 대해 반문을 제기할 사람들은 없을 것입니다. 정신적 사고의 균형을 위해 다양한 독서 또한 선택이 아닌 필수입니다.

50.
원리의 힘

　인간을 발전시키는 좋은 교육은 언제나 좋은 교육 원리를 담고 있습니다. 원리가 가진 힘과 효율성에 대한 이해를 돕고자 두 가지 이야기를 나누겠습니다. 2차 대전이 한창이던 한 국가에 기독교 신앙을 가진 연합국 병사 중 한 명이 전쟁 지역에서 한 미망인에게 기독교 교리를 가르쳤습니다. 전쟁 중 마을 사람들과 함께 모여 예배 모임을 정규적으로 가졌지만, 종전 후 이 병사는 고국으로 돌아갔습니다. 전쟁 중에 기독교 신앙을 알게 된 한 미망인은 미군 병사가 전해준 십일조의 원리를 배웠습니다. 그리고 종전 후 고국에서는 기독교 종교 예배가 허용되지 않았기 때문에 홀로 신앙을 지켜갔습니다. 시간이 흘러 10년이라는 시간이 지나 이 미망인은 기독교 신앙을 알려준 그 병사의 나라를 방문했고, 10년 동안 준비한 십일조를 교회 책임자에게 전달했습니다. 이 미망인이 홀로 신앙을 지킬 수 있었던 힘은 무엇이었겠습니까?

　두 번째 이야기는 교육사업을 하면서 만난 유능한 한 분과의 만남에서 경험한 이야기입니다. 필자의 교육사업에 서로 도움이 될 수 있는 분이라며 주위 분의 소개를 받고 한 유능한 교육 관리자를 만나게 되었습니다. 필자는 이 교육을 그분에게 정성을 다해 소개했지만, 이분의 반응은 별로였습니다. 몇 번의 만남이 더 있고 난 후 이분께서는 예전에 자신의 교육 분야에서 탁월한 영업력으로 전국에 수백 개의 지점을 확장했지만, 사람을 관리하는 일이 너무 힘들어서 이제 더 이상 '사람을 관리하는 일은 하고 싶지 않다.'라는 말씀을 하셨습니다. 필자가 이분에 대해 소개받고, 또는 이분 주위에 계신 분께서 이분을 소개할 때는 과거에 화려했던 전적이 전국에 수백 개의 지점을 확장했다는 것이 전부였는데 이제는 그에 걸맞은 일을 하고 있지는 않은 것 같았습니다. 필자도 2007년도에 이 교육을 전국에 확장하면서 이분과 똑같은 경험을 하며 교육 경영이 참으로 어렵다는 경험을 하게 되었습니다. 필자는 이분에게 문제는 해결하라고 있는 것이 아니겠습니까? 누군가는 눈앞에 닥친 문제 때문에 그만두지만 또 누구는 그 문제 덕분에 성장하는 것을 우리는 알고 있지 않습니까? 저 또한 같은 경험에 대해 말씀드린 후 해결 방법에 관한 얘기도 잠시 나눌 수 있었습니다. 앞서 전해드린 두 이야기에서 중요한 것은 '원리가 가진 힘'을 배울 수 있습니다. 우리는 사람을 통제할 수 있는 권한과 힘이 없습니다. 좋은 원리는 본인을 스스로 다스릴 수 있는, 힘을 지니고 있습니다. 10년 동안 홀로 신앙을 지키면서 수입의 십 분의 일을 하나님의 돈으로 알고 자신을 지킨 힘은 '원리'였습니다. 사업이 확장될수록 더 많은 사람을 만나야 하고 관리하는 능력이 사업의 성패를 결정짓는 경우가 많습니다. 교육 현장에서는 다양한 점검표와 확인 사항들을 만들고 실행해보지만, 규칙을 만드는 자와 따르는 자의 머리싸움은 한 순간도 멈추지 않고 계속

됩니다. 아무리 촘촘한 관리표도 유통기한이 길지 않음을 알 것입니다. 좋은 교육은 좋은 원리를 담고 있습니다. 기독교 신앙의 관점에서 보면 한 병사는 한 미망인에게 많은 행동 지침서를 가르친 것이 아닌 신앙원리만을 가르쳐서 10년 동안 자신을 스스로 다스리도록 했습니다. 두 번째 이야기에서 유능한 교육 관리자는 자신이 많은 사람을 직접 한 명 한 명 관리하려고 했다는 것입니다. 저는 교육의 크기나 관리해야 하는 사람들의 수와 관계없이 다음 말을 좋아합니다. "올바른 원리를 가르쳐 그들이 본인 자신을 스스로 다스리게 합니다. I teach them correct principles, and they govern themselves." 올바른 원리는 자신을 스스로 다스리게 하는 힘을 담고 있습니다.

필자는 전국에 500명이 넘는 학습자를 개별로 관리해 왔습니다. 어떻게 한 사람이 개별로 500명이 넘는 학습자를 관리할 수 있을까요? 그것의 해답은 바로 원리를 가르친 후 그 원리가 자신을 스스로 다스리게 하면 되는 것입니다. 모든 분야에는 원리가 있습니다. 정확한 원리가 중요합니다. 정확한 원리를 찾고 적용할 수 있다면 큰 힘을 들이지 않고도 가르치는 사람과 배우는 학습자 모두 큰 만족이라는 결과를 얻을 수 있습니다. 스스로 다스리는 원리는 바로 자발성과 연결되지 않겠습니까? 첫 번째 이야기에서 한 미망인이 10년 동안 준비한 십일조는 완전한 자발성에 기인한 이야기이며 중요한 원리를 가르쳐주고 있습니다. 교육은 원리를 알게 하고 적용하게 하는 것입니다. 시중에 다양한 독서법을 말해주고 있습니다. 필자는 이 장에서 배우는 즉시 도움이 되는 독서 원리를 나누도록 하겠습니다. 필자가 개발한 영어 원리를 통해 영어를 배워보신 분들은 배운 날 즉시 영어 실력이 발전했음을 경험했다며 사례를 나누어주십니다. 영어는 하루아침에 느는 것이 아니기에 꾸준히 하다 보면 실력이 쌓여 어느 날 갑자기 영어가 튀어나온다는 전설과도 같은 말이 여전히 살아 있다는 것이 안타까운 얘기입니다. 쌓이기도 전에 대부분 포기하기 때문에 영어는 사회적 문제가 되었습니다. 옛말에 "선비란 헤어진 지 사흘이 지나 다시 만날 때 눈을 비비고 다시 볼 정도로 달라져 있어야 한다."라는 말이 있습니다. 좋은 교육은 반드시 그렇게 되어야 합니다. 배우는 즉시 성장을 경험하고 배우는 즐거움을 경험해야 합니다. 필자가 개발한 독서 원리도 이와 같습니다. 독서 원리를 배우는 즉시 개인 독서에 적용해서 성장을 느낄 수 있는 독서 원리입니다.

51.
독서 임계점: 닫힌 뇌가 열리는 독서

독자분들은 살아오면서 몇 권의 책을 읽었습니까? 필자는 추상적이거나 명확하지 않은 질문을 좋아하지 않습니다. 가장 좋아하는 단어 또한 '분명한'이라는 단어입니다. 독서는 양도 중요하고 질도 중요합니다. 부산에서 서울에 가기 위해서는 다양한 방법이 있습니다. 이것을 process라고 얘기할 수 있습니다. 버스보다 시간을 아끼고 싶다면 KTX를 이용하면 됩니다. 바쁜 일상생활 때문에 양보다는 질이 중요한 분들에게는 필자가 제안하는 올바른 독서 원리를 독서에 적용하면 됩니다. 평소 독서를 좋아하는 분들은 독서의 효율성을 위해 독서 임계점을 알고 실천하면 됩니다.

이 장에서는 독서의 임계점을 먼저 소개해드리고 싶습니다. 독서량으로 사람의 능력을 가늠할 수는 없지만 뇌가 열리는 시점은 독서량과 상당한 연관성이 있다는 사실은 분명해 보입니다. 우리 한국 교육에 대한 비판도 많지만, 그동안 교육을 열심히 해왔기에 세계 10위 경제 대국이라는 성과도 이룰 수 있지 않았겠습니까? 지금까지 잘해 왔지만, 더 잘하자는 의미로 모든 교사님께 부탁드려봅니다. 과목별로 학생들 지도에 앞서 매일, 매주, 매달 정규적으로 나무만 설명하지 마시고 숲의 모양을 먼저 설명한 후 이 숲에 대해 전체 배우는 기간과 시험은 언제 그리고 지금 배우는 지식을 배웠을 때 미래에 어떻게 사용되게 될지에 대해 구체적으로 먼저 반복해서 가르쳐주시길 부탁드리고 싶습니다. 예를 잠시 들자면 중1 영어를 가르치면 총과는 몇 과로 구성되어 있고 전체 1과~12과까지 문법은 어떻게 연결되어 있고, 1과를 이해하지 못하면 절대로 중급, 고급 실력을 배울 수 없는 구체적 이유와 중1부터 중3까지 전체 영어 구성이나 수준, 단어의 수, 문장의 수 등을 미리 개괄적으로 설명한다면 아이들의 머리에 좀 더 구체적인 숲의 그림을 그릴 수 있지 않을까를 생각합니다. '인장지덕이요 목장지패'라는 말은 큰 사람 밑에 큰 사람이 나고 큰 나무 밑에는 나무가 자랄 수 없다는 의미로 참으로 귀한 말입니다. 사람이 태어나서 평범한 삶을 살고 있다고 해서 잘 살아가고 있다고 말할 수 있는 것도 아닙니다. 평범함에서 위대함으로 변화하는 방법에는 독서와 깊은 연관성이 있습니다. 필자는 모든 평범함에서 위대함으로 바뀌는 과정에는 반드시 임계점이 있다는 설명을 드렸습니다. 물은 끓기 전에 액체의 상태에서 100도라는 임계점을 지나면서 기체로 변하게 됩니다. 마찬가지로 사람도 평범함에서 위대함으로 변화되기 위해서는 어느 분야에서든 반드시 임계점을 넘어서야 합니다. 숨겨진 잠재력을 발굴하기 위해서는 독서량이 중요합니다. 임계점을 넘기 위해서는 두 가지가 반드시 충족되어야 합니다. 첫 번째는 독서의 양입니다. 두 번째는 시간이 포함됩니다. 아무리 많은 독서와 아무리 오랜 세월 훈련을 해도 임계점의 시간을 이해하지 못한다면 위대함으로 변화될 수 없을 것입니다.

'연습이 완전함을 이룬다'라는 가르침을 받아보지 못한 사람은 별로 없을 것입니다. 하지만 평생 호떡을 굽는 사람도 달인이 되지 못하는 경우가 더 많지 않습니까? 20년간 교육원을 운영해도 영어 한마디를 할 수 없는 사람들이 더 많습니다. 필자는 뇌가 열린다는 표현을 좋아합니다. 사실 교육 현장에서 유아들의 능력이 열리는 경험들을 종종 합니다. 유아들의 뇌가 열린다고 표현할 때 가르치는 교사들도 설명할 순 없지만, 똑같이 변화된 상태를 보고 느낄 수 있습니다. '뇌가 열린다'라는 의미 중 하나는 '능력이 열린다'라는 의미입니다. 미국 교육 위원회에서는 초등학교 시절 평균 500권 이상 독서를 한 사람들이 리더가 되었다고 합니다. 필자는 3년 안에 1천 권의 독서를 권장합니다. 물론 충분한 근거가 있는 주장입니다. 결론부터 말하자면 독서를 하되 평생 취미생활로 천 권 정도의 책을 읽는 사람들은 평균적인 사람보다 조금 더 독서를 한 사람이라고 말씀 드릴 수 있습니다. 하지만 3년이라는 시간 동안 1천 권이라는 책을 읽는다면 평범한 뇌에서 위대한 뇌로 바뀌게 될 것입니다. 왜 임계점을 넘기 위해 시간과 양이 중요할까요? 3년 내 1천 권 독서를 하면 읽은 책들의 내용이 많이 겹치게 되고, 새로운 아이디어들이 샘물처럼 솟아오르는 경험을 많이 하게 됩니다. 짧은 시간 동안 많은 독서를 하기 때문에 책의 내용을 파악하는 능력과 반복되는 내용들이 처음에는 뒤죽박죽으로 머리에 저장되었다가 자신의 경험과 결합되면서 생산성에도 큰 영향을 미치게 됩니다. 3년 내 1천 권 독서는 머릿속에서는 지식 세포들이 서로 연결되는 작업이 쉼 없이 계속되고 있을 것입니다. 사회에서 리더로 자리매김하고 있는 사람들은 공통점이 있습니다. 특정 기간 내에 수천 권의 독서를 통해 뇌가 우수한 능력으로 변화되었다는 것입니다. 기록으로 알 수 있는 대표적인 인물들에 대해 잠시 차트를 통해 보겠습니다.

독서의 임계점 4인

인물	특징
김대중	사형선고, 암살기도, 6년간의 투옥, 두 차례의 망명, 1977년 진주 교도소 수감 시절과 1981년 청주 교도소 시절에 하루 10시간씩 독서. 4년 동안 2~3천 권 독서.
김용옥	대학 시절 악성 관절염으로 휴학 후 고향 집으로 내려온 후 1년 반 동안 천안의 중고 책방 책 절반을 사서 읽음. 그의 서재에는 2만 권의 책으로 가득.
신용호	신용호 회장은 초등 입학할 무렵 폐병에 걸린 것은 물론 가정 형편으로 인해 초등학교도 졸업하지 못했음. 그는 자신의 약점을 극복하기 위해 중학생이 될 나이에 3년 동안 천 일 독서를 실천.
손정의	24세 나이에 사업 시작. 2년 후 인생 최대의 위기 중증 만성간염으로 3년간 병원에 입원. 손정의는 83년 B형 간염으로 3년 넘게 병마와 싸웠지만 이 기간 동안 4천 권의 책 읽음. "투병 중에 4천 권을 독파하자, 한 줄기 빛은 단숨에 퍼져서 주변의 어두움을 날려 보냈다." -《나는 절대로 쓰러지지 않는다》중에서-

김대중 전 대통령 자서전에는 교도소에 복역하면서 독서를 전투적으로 한 내용을 잘 볼 수 있습니다. 4년 동안 2천 권 ~ 3천 권 정도의 독서를 하신 것으로 추정하고 있습니다. 도올 김용옥 교수님, 교보문고 창업자 신용호 회장, 일본의 소프트 뱅크 손정의 회장 모두 건강을 잃고 병중에 수천 권의 독서를 통해 뇌가 만들어진 우리 시대의 지도자들입니다. 이분들에게는 개인의 질병이 은혜가 되도

록 시간을 활용하신 분들인 것 같습니다. 독서의 임계점은 3년 내 1천 권의 독서를 하는 동안 분명한 변화를 경험할 수 있습니다.

독서의 임계점

독서	평범함에서 위대함으로	기간
임계점	1천 권	3년

독서의 임계점에 도전해 보시길 원하시면 독서를 취미로 해서는 경험할 수 없습니다. 조금 강한 말로 들릴 수는 있겠지만 전투 독서처럼 해야 합니다. 필자는 2016년 ~ 2018년도에 이 독서 임계점을 실천해 보았습니다. 그리고 코로나19 전염병이 발병한 후 2020년 2월부터~2021년 12월까지 1,204권의 독서를 실천했습니다.

2020년 2월~2021년 12월까지 1204권

월 평균 독서량

월 평균 독서량

2020년 2월~2021년 12월까지 개인 독서 달성 목록(1)

No	제목	No	제목	No	제목
1	오십에 읽는 논어	25	1천만의 국어책	49	긍정의 힘
2	나음보다 다름	26	코칭바이블	50	성공과 좌절
3	공부는 망치다	27	마흔에 읽는 손자병법	51	인생의 응어리를 풀라
4	진짜 마윈 이야기	28	행동하는 리더의 체크리스트	52	좋은병원만들기
5	손과 뇌	29	돈으로 살 수 없는 것들	53	이제는 실행이다
6	EBS 당신의 문해력	30	내 안의 성공을 찾으라	54	고구려
7	12가지 인생의 법칙	31	간파력	55	경제 기사의 바다에 빠져라
8	기독교와 새로운 자본주의 정신	32	판매의 신	56	하프타임
9	완벽한 공부법	33	아름다운 동행	57	순서파괴
10	존 메이너드 케인즈	34	마지막 몰입	58	원가절감의 포인트
11	정의란 무엇인가	35	운의 속성	59	지금 우리에게 필요한 것은
12	이기는 습관	36	십일조로 복받은 세계부자들	60	리치처럼 공부하라
13	생애재무설계	37	하루라도 공부만 할 수 있다면	61	나는 브랜드다
14	대충하려면 지금 때려 쳐라	38	기업이 원하는 변화의 리더	62	스토리 셀링
15	더불어 사는 자본주의	39	모두가 이야기를 원한다	63	경청
16	재테크의 비밀	40	팩트풀니스	64	배려
17	직장인DNA를 뒤집어라	41	우리의 불행은 당연하지 않다	65	부장님은 기획서가 쓰레기라고 말했다
18	팀장수업	42	미드&스크린	66	참을 수 없는 존재의 가벼움
19	성공하는 리더를 위한 중국고전 12편	43	잃어버린 한 조각 나를 찾아서	67	죄와 벌1
20	부자의 생각	44	구글드	68	죄와 벌2
21	1만 시간의 법칙	45	바이러스	69	데미안
22	빅픽쳐	46	배려리더십	70	원전에 가장 가까운 탈무드
23	살아온 기적 살아갈 기적	47	모자이크 법칙	71	편집을 디자인하라
24	세일즈를 지배하는 착한 고객	48	와이미	72	정상에서 만납시다

2020년 2월~2021년 12월까지 개인 독서 달성 목록(17)

No	제목	No	제목	No	제목
1150	중역이 되느냐 과장으로 그치느냐	1174	고객이 성공으로 이끈다	1198	어떻게 공부할 것인가
1151	가격파괴선언	1175	유대인의 상술	1199	스토아 수업
1152	경쟁의 종말	1176	위대한 상인	1200	3색볼펜 읽기 공부법
1153	국가의 종말	1177	미학적 마케팅	1201	보이지 않는 것에 의미가 있다
1154	미래의 결단	1178	마케팅원론	1202	와칭
1155	가치이동	1179	손님을 부르는 경영비법	1203	지쳤거나 좋아하는 게 없거나
1156	수익지대	1180	역사 속에서 본 비즈니스와 선교	1204	반대의 놀라운 힘
1157	맥킨지는 일하는 방식이 다르다	1181	디플레이션		
1158	이제는 수익경영이다	1182	나는 나를 배팅한다		**12월 29일 1204권**
1159	생산방식의 혁명	1183	숨은 강자들		
1160	지식 자산의 측정과 관리	1184	기업문화		
1161	단절의 시대	1185	리더십은 예술이다		
1162	세계화 이후의 세계화	1186	권력 없는 리더십은 가능한가		
1163	손대는 사업마다 성공으로 이끄는 길	1187	조승연처럼		
1164	1분간 리더쉽	1188	다윗과 골리앗		
1165	현명한 투자자	1189	어른의 어휘력		
1166	이제는 수익경영이다	1190	설득의 심리학1		
1167	재고 파괴	1191	설득의 심리학2		
1168	모방전략	1192	설득의 심리학3		
1169	손자병법	1193	하루 수업료 350만 원~		
1170	제5경영	1194	친애하는 나의 민원인		
1171	세계경제는 국경이 없다	1195	전달의 법칙		
1172	성공벤치마킹	1196	공부란 무엇인가		
1173	글로벌 학습조직	1197	그로잉업		

  코로나19는 필자에게 역기능적 문제들도 가져왔지만, 순기능적 유익함도 많이 가져주었습니다. 앞서 소개드린 우리 시대 4인이 고난과 질병 가운데 수천 권의 독서를 할 수 있는 기회로 만들었듯이 필자에게도 코로나19는 쉽게 끝나지 않는다는 생각이 있었기에 1년 10개월 동안 1,204권이라는 전투 독서를 할 수 있는 시간을 가져다주었습니다. 첨부한 사진 1에는 필자가 코로나 기간 동안 월 평균적으로 읽은 책의 사진입니다. 첨부 사진 2, 3은 읽은 책의 제목을 기록한 내용입니다. 전체 장수가 많아 처음과 마지막 기록지를 첨부해보았습니다.

모든 분야에는 임계점이 있습니다. 필자는 독서를 통해 이 사실을 알게 되었고, 내가 잘 해내길 바라는 분야에서는 임계점을 활용합니다. 필자는 코로나19기간 동안 교육사업도 진행해야 했고, 전투 독서도 치열하게 했습니다. 사실 모든 시간이 행복의 순간들이었습니다. 코로나19기간 동안 체중을 줄여야겠다는 결심을 한 후 체중이 감량되는 지점을 찾아내서 체중도 10Kg 감량하는 데 성공을 하였습니다.

식단 조절 없이 완전히 등산만으로 단 57일 만에 체중 감량에 성공한 요인은 바로 체중 감량에서도 임계점을 찾아 넘어설 수 있었다는 사실입니다. 독자분께서 어떤 분야에서 종사하고 계시던 반드시 임계점을 넘어서 평범함이 위대함으로 변화되는 경험을 해보시길 기원합니다. 독서의 임계점은 독서의 양을 통한 것입니다. 독서 원리를 배우는 것은 독서의 질을 위해서입니다. 바쁜 생활로 독서의 시간이 부족한 분들은 독서 원리를 배워서 적용하시면 큰 도움이 될 것입니다.

52.
6가지 독서 원리 소개

    6가지 독서법은 바쁜 일상생활로 독서 시간을 많이 낼 수 없는 분들을 위해 성장과 효율성을 위한 좋은 독서 원리를 포함하고 있습니다. 6가지 독서법은 1. 뒷받침 독서. 2. 증거 독서. 3. 본질 독서. 4. 원리독서. 5. 통찰력 독서. 6. 깨달음 독서법입니다. 한 권의 책만 읽는다고 할지라도 이 6가지 독서 원리를 적용하게 되면 단 한 권의 책에서도 다양한 유익을 얻을 수 있습니다.

    독자분들께서는 회를 좋아하십니까? 어류에 따라 회의 종류도 많지 않습니까? 어떤 물고기는 한 마리의 물고기에서 하나의 맛만 볼 수 있습니다. 하지만 참치회는 어떻습니까? 같은 고기지만 부위별로 즐길 수 있는 맛이 다르지 않습니까? 이 독서법을 이해하게 되면 한 권의 책이 같은 맛을 내는 것이 아니라 글의 내용별로 다양한 맛을 볼 수 있게 됩니다. 독서법을 알기 전과 알고 난 후의 삶이 같을 수 없습니다. 교육을 통해 어떤 것을 배우게 되면 변화됩니다. 전과 후가 같을 수 없는 변화를 경험하게 됩니다.

    먼저 한 권의 책을 읽으면서 적용하게 되는 독서 원리 중 첫 번째는 '뒷받침 독서'입니다. 필자는 수업 현장에서 처음에 학생들을 가르칠 때 독서를 많이 하지 못했습니다. 이미 습득된 지식을 전해주는 강사 역할만 충실히 하며 학생들을 지도하면서 다양한 방법을 시도하며 좋은 교수법들이 세월과 함께 쌓이기 시작했습니다.

경험을 통해 알게 된 사실을 독서를 통해 뒷받침해주는 독서가 첫 번째 소개하는 '뒷받침 독서법'입니다. 머릿속에 생각만으로 가지고 있는 지식은 암묵지입니다. 이것을 독서를 통해 글로 확인할 수 있는 독서법을 독서에 적용해 보시길 바랍니다. 두 번째 독서법은 '증거 독서법'입니다. 독자분들께서 새롭게 알게 된 어떤 정보나 지식이 중요하다고 생각한 것들에 대해 독서를 통해 어느 한 전문가만 얘기하는 것이 아닌 여러 전문가가 같은 주장을 하는 내용이 있는지를 찾을 수 있는 독서법이 '증거 독서법'입니다. 중요한 사실에 관한 주장에 증거가 많을수록 가치와 힘은 더해지는 것이기 때문입니다. 세 번째 독서법은 '본질 독서법'입니다. 사람은 배우기 전에는 현상을 본질로 알고 믿고 있는 경우가 많습니다. 그릇된 상식이나 대대로 의심 없이 반복해온 행동이나 풍습에도 남아 있을 수 있습니다. 본질 독서법은 이러한 편견을 바로잡아주며 진정한 가치를 볼 수 있는 눈을 가지게 도와줍니다. 네 번째 독서법은 '원리 독서법'입니다. 사람들은 같은 것을 보고도 다르게 느끼고, 같은 책을 읽고도 다르게 해석합니다. 그것은 살아온 환경과 교육의 차이, 문화의 차이 등으로 일어날 수 있는 당연한 현상입니다. '원리 독서법'은 같은 글을 읽고도 필자의 의도된 글의 의미는 물론이고 글에서 직접 전하고자 하는 의미 외에 원리를 찾아낼 수 있는 독서법을 의미합니다. 다섯 번째 독서법은 '통찰력 독서법'입니다. 책을 통해 글이 전해주는 내용에서 현재 문제 해결뿐 아니라 미래를 준비하는 큰 통찰력을 갖게 되는 독서법이며, 또한 책을 통해 통찰력 즉, 사물이나 현상을 관찰하여 미래를 예측하는 힘을 얻을 수 있는 독서법입니다. 마지막 여섯 번째 독서법은 '깨달음 독서법'입니다. 독서를 하면서 새롭게 알게 된 내용을 통해 깨달음을 얻는 독서법입니다. 어느 책에서든 깨달음을 얻을 수는 있습니다. 이상 여섯 가지 독서 원리를 다시 한번 정리하면 다음과 같습니다.

1. 뒷받침 독서
2. 증거 독서
3. 본질 독서
4. 원리 독서
5. 통찰력 독서
6. 깨달음 독서

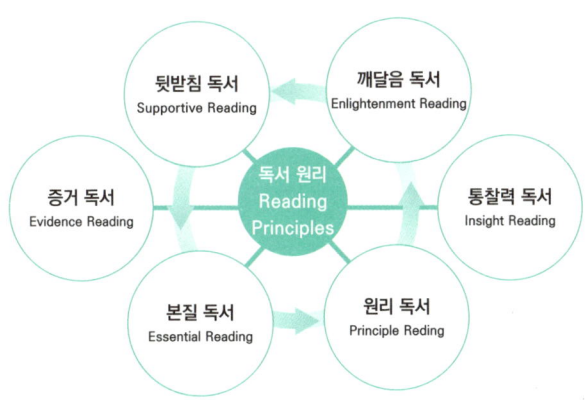

단 한 권의 책을 읽을 때도 이 독서법의 원리를 적용할 수 있다면 참치회처럼 한 마리의 생선에서 부위별로 다양한 입맛을 경험할 수 있는 것처럼 한 권의 책이지만 다양한 독서의 유익함을 얻어낼 수 있습니다. 공자는 40대 중반에 주역이라는 단 한 권의 책을 만나서 책을 묶고 있던 가죽 끈이 3번 끊어지도록 읽고 난 후 성인의 반열에 오른 인물이 되었습니다. 한 권의 책에서 필자가 제안한 6가지 독서법 원리를 적용해 보면 사고력과 이해력의 폭이 즉시 확장됨을 경험하게 될 것입니다. 좋은 원리를 담고 있는 교육은 배워서 적용하는 즉시 유익을 얻게 되는 경험을 하게 됩니다. 6가지 원리를 실제 독서에서 어떻게 적용하는지에 대한 방법을 하나씩 구체적으로 설명하겠습니다. 모든 좋은 원리는 단순함을 기준으로 전달됩니다. 이에 따라 짧은 글과 내용으로 각 독서법의 원리를 전해드릴 것입니다. 원리의 핵심을 이해하시면 되겠습니다. 6가지 독서법의 원리를 이해하게 되시면 독서의 질이 달라질 것입니다.

53.
뒷받침 독서 원리

    뒷받침 독서 원리는 일상 생활을 하면서 경험이나 우연히 알게 된 것에 대해 독서를 통해 전문가나 학문적, 과학적으로 뒷받침하는 내용을 알게 되는 독서 원리입니다. 수업 현장에서 영어 수업을 진행하여 오면서 습득력이 뛰어난 아이들과 학습자들의 공통점이 있었습니다. 가르친 내용에 대해 손글씨를 잘 쓰는 학습자가 대부분 습득력과 이해력도 좋다는 공통점이었습니다. 매번 새로운 학습자들을 만나 가르쳐도 손글씨를 잘 쓰는 학습자들은 뛰어난 습득 능력을 보여주었습니다. 이러한 사실을 경험으로 알고는 있었지만, 전문가의 연구 결과나 학문적 이론들은 몰랐기에 우연히 독서를 통해 경험한 사실들이 많은 전문가의 연구 결과로서 뒷받침하는 내용을 읽으면서 경험과 이론이 정확히 일치됨을 알게 되었습니다. 뒷받침 독서 원리를 이해하기에 좋은 예가 될 것입니다. 2016년 뉴욕타임즈와 버지니아 버닝거 교수, 카린 제임스 교수께서 증명한 손글씨 쓰기가 우리 아이들의 뇌를 천재적으로 바꾸어놓는 뒷받침 독서 원리를 이해하는 좋은 한 예가 될 수 있습니다.

필자의 경험: 영어를 지도하면서 손글씨를 잘 쓰는 학습자가 습득력이 빠른 경험

(독서를 통해 뒷받침 독서법 적용)

According to scholars studying child growth, writing is a study and brain development process. Handwriting increased concentration, helped students learn more about their learning, and their grades averaged 30% higher than those who didn't use handwriting. It also showed higher ability to organize complex tasks.

아동 성장을 연구하는 학자들에 따르면 글씨를 쓰는 것 자체가 공부이고 두뇌 발달 과정입니다. 손글씨는 집중력을 높여주고 학습 내용에 대해 더 잘 기억하게 하며 성적도 손글씨를 꾸준히 쓰지 않은 학생에 비해 평균 30% 높았습니다. 또 복잡한 일들을 간편하게 정리해내는 정리 기술 능력도 더 높게 나타났습니다.

그냥 손으로 글씨를 쓰는 것인데 이렇게 큰 차이가 나는 이유를 전문가들은 다음과 같이 설명했습니다.

First: Handwriting is a process of learning to think.

첫 번째: 손글씨는 생각을 배우는 과정이라고 합니다. 누르기만 하면 완성되는 키보드나 터치패드와 달리 손글씨는 끊임없이 우리 뇌를 집중시키고 단어의 조합을 생각하도록 합니다. 손글씨로 단어

하나를 적는 것은 정확한 철자 하나하나와 글자 크기에도 집중하게 만듭니다. 다음 철자를 어디서 시작해야 할지, 얼마나 띄워야 할지를 끊임없이 계산하고 집중하는 과정에서 우리의 생각도 발전하게 됩니다. (버지니아 버닝거 교수)

Second: Handwriting is not a study but a study itself.
두 번째: 손글씨는 공부 방법이 아니라 공부 그 자체입니다. 글씨를 쓰는 작업은 뇌 속에서 시각과 언어를 관장하는 부분이 동시에 작동하는 일입니다. 그래서 뭔가 집중해 내용을 손으로 써 내려가는 것은 우리 뇌를 발달시키는 가장 좋은 "공부"인 셈입니다. (뉴욕타임스)

Third: It is the basis of all study.
세 번째: 모든 공부의 기반입니다. 손글씨가 습관이 되지 않은 아이에게 인쇄물과 태블릿으로 정보를 보여주고 뇌를 스캔한 결과 정보가 제대로 정리되지 않고 머릿속에서 뒤죽박죽 돼 있었습니다. 심지어 단어들이 '글자'가 아니라 '도형'의 형태로 저장돼 있기도 했습니다. 손글씨 습관을 들여 단어의 구성, 글의 구성, 문자의 구성을 익히지 않는다면 아무리 많은 인쇄 매체를 섭렵한다고 해도 밑 빠진 독에 물 붓기라는 것입니다. (카린 제임스 인디애나대 교수)

현재 인간의 뇌를 연구하는 많은 과학자는 유아기부터 손을 많이 사용하고 특별히 연필을 사용해서 손글씨를 많이 쓰는 아이들은 대부분 학업성적뿐 아니라 천재성을 가진 사람으로 발전 되어감을 과학적으로 증명하고 있습니다. 독서를 통해 이러한 연구 결과를 알기 전에는 우리가 경험한 것 중 많은 것들은 단지 경험에 의한 확신과 생각에만 머물게 됩니다. 하지만 경험적 사실이 이론과 함께하게 될 때 누구도 부인할 수 없는 설득의 힘을 가지게 됩니다. 뒷받침 독서는 사실을 분명하게 만들어 줍니다. '당신의 뇌를 경영하라'의 김병완 작가는 손글씨의 중요성을 알려주고 있습니다. 독서를 하며 실제로 뒷받침 독서 원리를 적용한 사례를 첨부 사진을 통해 공유합니다.

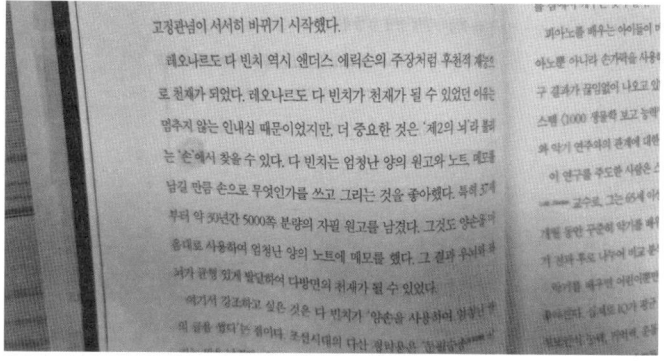

손글씨의 중요성

뒷받침 독서가 모이면 증거 독서가 됩니다. 6가지 독서법을 독서에 적용하면서 꼭 설명하고 싶은 것이 있습니다. 이 독서법은 답을 찾는 것이 아닙니다. 글을 읽으면서 독자가 느껴지는 이해되는 방식에 따라 분류해보는 독서 원리입니다. 독서법이라 해서 꼭 책을 읽을 때만 이러한 독서법을 적용하는 것이 아닙니다. 신문을 읽거나 친구로부터 온 문자 메시지를 읽을 때도 적용할 수 있습니다. 여행

중 기차 좌석 앞에 꽂혀있는 잡지 속 짧은 글을 읽을 때도 적용됩니다. 문자를 읽는 모든 활동에서는 적용 가능한 독서 원리임을 기억해 주시길 바랍니다.

54.
증거 독서 원리

증거 독서 원리는 어떤 정보, 지식, 사실의 내용에 대해 여러 사람들의 주장 또는 관련 분야 전문가 등의 일치된 내용을 두 개 이상 증거들을 모으는 독서법입니다. 독서량이 많을수록 증거 독서의 내용도 많이 찾게 되고 확보하게 됩니다. 만일 독자분들 중 어떤 분께서 다이어트 식품을 판매하는 일을 하고 계신다면, 이 상품 중 특별히 복부 지방을 없애주는 상품이 주력상품으로 판매하고 싶을 때 자신이 가진 상품의 성분 중 우수한 부분에 관해 임상실험 연구 결과나 전문가들의 주장 그리고 사용한 사람들이 직접 올린 후기 등이 많을수록 상품을 소개하고 소비자를 설득하기에 좋은 자료가 될 것입니다. 사람들에게 잘 알려져 있지는 않지만, 다이어트에 효능이 뛰어난 증거 자료들을 많이 가지고 있다면 이보다 더 좋은 자료는 없을 것입니다.

증거 독서는 독자분들이 종사하는 업의 분야와 관계없이 증거 독서 원리를 통해 생산성을 높일 수 있는 독서법입니다. 증거 독서법의 원리를 실례를 들어 자세히 설명하겠습니다. 지금까지 교육 현장에서는 유아들의 능력에 대해 제대로 평가해오지 못했습니다. 늘 모든 면에서 성인들의 능력에는 한참 못 미치는 능력을 지녔다고 단정하고 교육을 하게 됩니다. 유아들의 대하는 태도 또한 늘 동일합니다. 만일 5세 자녀가 있다면, 자녀를 대하는 평소 말투는 어떻습니까? '어서 일어나야지!' '손을 씻어야지.' 등 이와 같은 말투로 일상생활 언어들을 사용합니다. 하지만, 유아를 교육한다는 곳을 보내면 대부분의 사람들은 아이들을 대하는 말투부터 달라집니다. '있잖아! 이리 오라고 했잖아요옹~' 모두 약속이나 한 것처럼 혀 짧은 소리를 하게 됩니다. 혀 짧은 소리는 부모님을 초대해서 가지는 참관수업 등에서 더 많이 사용하게 됩니다. 필자는 유아들에게 교육을 하면서 늘 친절한 말투로 평소 사용하는 말들을 통해 교육을 계속 진행하여 왔습니다. 아이들은 어떤 면에서 자신을 똑같이 인정해 주고 존중해 주는 것에 더 큰 반응을 보인다는 것을 잘 알게 되었습니다. 어린아이라고, 능력 이하의 취급을 할 때 아이들은 '난 아기가 아니에요.'라고 직접적으로 불만을 표현하는 아이들도 가끔 있습니다. 아이들은 어쩜 자신의 나이보다 조금은 높은 대접을 받을 때 존중받고 있다고 느끼는 경우가 많았습니다. 어린아이를 어른으로 대하라는 의미는 아닙니다. 유아 교육에서 무분별한 혀 짧은 말은 언어 발달에는 도움이 별로 되지 않는다는 것입니다. 증거 독서법의 원리를 다음 내용으로 전해드립니다.

〈증거 독서 원리〉

아이들에게 혀 짧은 말을 사용하는 것이 언어 발달에 도움이 될까에 대한 의문을 평소 하면서 독서를 할 때 큰 도움이 되지 않는다는 주장을 하는 분들의 글을 찾고 읽게 되면 좋은 증거 독서 원리 내용이 됩니다.

〈증거 독서 1〉
《아이의 행복을 위해 부모는 무엇을 해야 할까》 p112.에는 이와 관련된 내용을 볼 수 있습니다.

"창의적인 감각을 아이에게 길러주고 싶다면 아기 말투로 말을 걸지 말아야 한다. 너무 어리니까 배려하는 차원에서 혀 짧은 소리로 아이에게 말을 거는 것은 자신감을 잃게 하는 원인이 된다. 자신감을 상실한 아이는 자신의 능력에 의심을 품고, 결국 개성이 요구되는 일에 도전하지 못하게 된다."

〈증거 독서 2〉
《조승현처럼 7개 국어 하는 아이로 키우는 법》 p62.에서도 관련된 내용을 볼 수 있습니다.

"아기에게 혀 짧은 소리로 재롱을 떨면서 한 번쯤은 우리 아이가 나의 이런 말을 듣고 '엄마' 그건, 너무 유치한 말이에요. 하고 비웃을지도 모른다는 생각을 해 보아야 한다. 아직 말을 못하는 아기들은 이런 부모의 미숙한 언어로 뇌가 세팅되기 때문이다. 그러나 부모가 평소 읽어야지, 언젠가는 꼭 읽어야지 하며 미루어 오던 훌륭한 고전들을 읽어 주면 아기 머리는 고급 언어와 사고로 채워져 나중에 "공부해라." "책 좀 읽어라."하는 성화를 부리지 않아도 스스로 좋은 책 골라 읽고 공부도 열심히 하려고 한다."

글을 읽는 독자분 모두 관련된 분야에 전문가가 아니라도 평소 옳다고 생각한 부분이나 주제들을 단지 생각만 하고 있다가 독서를 통해 본인이 옳다고 생각한 내용에 대해 증거로서 찾게 되는 내용을 정리하는 독서 원리 중 하나가 바로 증거 독서 원리입니다. 필자는 휴일이면 등산을 자주 갑니다. 한 번은 정산을 갔다가 내려오는 길에 연세가 지긋한 한 무리의 등산객분 중 한 분이 요즈음 젊은 사람들은 책임감도 부족하고 버릇이 없다는 말씀을 하셨습니다. 이 말을 듣고 일행분 중 한 분도 그 말씀에 적극 동의하는 말을 우연히 듣게 되었습니다. 필자는 여러 책을 통해 시대마다 그 시절의 어른들은 젊은이들에게 똑같은 불평을 했다는 것을 알고 있었습니다. 기원전의 젊은이나 기원후의 젊은이들은 늘 어른들에게는 버릇없는 존재였다는 사실은 기록을 통해 쉽게 알 수 있습니다. 증거 독서는 사실에 접근하는 독서 원리입니다.

증거 독서 1.
"고대 장수들은 혼자서도 가뿐히 돌을 들어 던졌지만 요즘 젊은이들은 두 명이 들지 못할 정도로 나약하다." **일리아스 (그리스, 기원전 8세기).**

증거 독서 2.
"지금 덜 떨어진 젊은 녀석이 있어 부모가 화를 내도 고치지 않고…"
한비자 (중국, 기원전 3세기).

증거 독서 3.
"세상이 갈수록 풍속이 쇠퇴해져서 선비의 버릇이 예전만 못하여…"
숙종실록 (한국, 1691년)

증거 기사 4.
문유석 판사님의 "전국의 부장님들께 감히 드리는 글"에서도 비슷한 주제의 증거 독서를 이해할 수 있습니다. 부장 직함을 달고 있는 한 사람으로서 나 자신을 포함한 전국 다양한 직장의 부장님들 및 이와 비슷한 위치에 있는 분들이 명심할 것들을 적어 보겠다. 경어체가 아님을 용서하시라. 저녁 회식하지 마라. 젊은 직원들도 밥 먹고 술 먹을 돈 있다. 친구도 있다. 없는 건 당신이 뺏고 있는 시간뿐이다. 할 얘기 있으면 업무시간에 해라. 괜히 술잔 주며 '우리가 남이가' 하지 마라. 남이다. 존중해라. 밥 먹으면서 소화 안 되게 '뭐 하고 싶은 말 있으면 자유롭게들 해 봐' 하지 마라. 자유로운 관계 아닌 거 서로 알잖나. 필요하면 구체적인 질문을 해라. 젊은 세대와 어울리고 싶다며 당신이 인사고과 하는 이들과 친해지려 하지 마라. 당신을 동네 아저씨로 무심히 보는 문화센터나 인터넷 동호회의 젊은이를 찾아봐라. 뭘 자꾸 하려고만 하지 말고 힘을 가진 사람은 뭔가를 하지 않음으로써 뭔가를 할 수도 있다는 점도 명심해라. 부하 직원의 실수를 발견하면 알려주되 잔소리는 덧붙이지 마라. 당신이 실수를 발견한 사실만으로도 이미 충분히 위축돼 있다. 실수가 반복되면 정식으로 지적하되 실수에 대해서만 얘기하지 인격에 대해 얘기하지 마라. 상사가 개떡같이 말해도 찰떡같이 알아들어야 한다는 사람들이 있다. 아니 처음부터 찰떡같이 말하면 될 것을 굳이 개떡같이 말해 놓고 찰떡같이 알아들으라니 이 무슨 개떡 같은 소리란

말인가. 술자리에서 여직원을 은근슬쩍 만지고는 술 핑계 대지 마라. 취해서 사장 뺨 때린 전과가 있다면 인정한다. 굳이 미모의 직원 집에 데려다 준다고 나서지 마라. 요즘 카카오택시 잘만 온다. 부하 여직원의 상사에 대한 의례적 미소를 곡해하지 마라. 그게 정 어려우면 도깨비 공유 이동욱을 유심히 본 후 욕실로 들어가 거울을 보는 요법을 추천한다. 내 인생에 이런 감정이 다시 찾아올 수 있을까 용기 내지 마라. 제발, 제발 용기 내지 마라. '내가 누군 줄 알아' 하지 마라. 자아는 스스로 탐구해라. '우리 때는 말야' 하지 마라. 당신 때였으니까 그 학점 그 스펙으로 취업한 거다. 정초부터 가혹한 소리 한다고 투덜대지 마라. 아프니까 갱년기다. 무엇보다 아직 아무것도 망칠 기회조차 가져 보지 못한 젊은이들에게 이래라 저래라 하지 마라. 하려면 이미 뭔가를 망치고 있는 이들에게 해라. "꼰대질은, 꼰대들에게."

기성세대에게 젊은이들은 늘 문제를 안고 있는 사람으로 인식된 것은 수천 년 전이나 지금이나 앞으로도 계속될 것입니다. 증거 독서를 통해 이러한 주장들을 알 수 있고 본질에 한 발자국 다가갈 수 있는 지혜를 배우게 됩니다. 이 독서법은 모두 연결되어 있습니다.

55.
본질 독서 원리

　사실과 거짓을 구별하지 못한다면 살아가면서 어떤 문제들이 일어나게 될까요? 예상치 못한 사기를 통해 금전적 피해를 입을 수도 있고, 건강이나 생명까지 위험에 빠뜨릴 수도 있을 것입니다. 이처럼 본질 독서는 본질과 현상을 구별할 수 있는 안목을 길러주는 독서법이라 할 수 있습니다. 사실과 광고를 구별하지 못하면 시간과 돈을 낭비할 수 있습니다. 독서는 본질과 비본질적인 것을 구별할 수 있는 지혜를 얻는 데 가장 좋은 방법을 알려줍니다. 본질 독서원리의 핵심을 잘 설명하기 위해 글보다는 어휘 설명으로 그 원리를 더 효과적으로 전해드릴 수 있기에 먼저는 어휘가 가진 뜻과 본질을 살펴보도록 하겠습니다.

　독서를 하면서 많은 어휘들도 만나게 됩니다. 우리가 이미 알고 있다고 생각하는 단어들도 하나하나 자세히 그 어휘가 가진 뜻을 설명해달라고 부탁하면 머리로 알고 있는 쉬운 어휘들도 입으로는 잘 설명이 되지 않습니다. 만일 '겸손'이라는 단어의 본질을 살펴보도록 합시다.

겸손의 사전적 의미는 "남을 존중하고 자기를 내세우지 않는 태도가 있음."이라고 정의합니다. 우리는 자신을 낮추는 사람들에 대해 '겸손'하다고 종종 말합니다. 하지만 이 또한 엄연히 구분하자면 영어로 겸손(Humility)은 자신을 낮추는 정신 태도, 다시 말해 겸손은 능력이 있음에도 스스로 자신을 낮추는 것을 말합니다. 하지만 우리는 겸손을 말할 때 '겸허 Modesty'라는 단어도 함께 혼용해서 사용하고 있습니다. 이 단어의 올바른 뜻은 자신의 한계를 아는 것, 즉 겸허(Modesty)는 본인의 능력에 한계가 있음을 깨닫고 낮추는 것, 이라는 의미입니다. 이 단순한 '겸손'이라는 단어의 뜻도 좀 더 자세히 들여다보면, 깊은 '본질'을 들여다볼 수 있습니다. 깊은 독서를 통해 우리가 알고 있는 대상에 대해 사전적 의미 이상의 뜻과 본질을 말해주는 것을, 본질 독서를 통해 배울 수 있습니다. 또 하나의 예를 보겠습니다.

필자는 교육에 참여하는 분들에게 자주 메시지를 통해 필자가 만든 교육은 세계 최고라는 표현을 자주 합니다. 이 메시지를 반복해서 받는 분 중에는 분명히 단 한 명도 필자에게 '뻥 치고 있네'라고 말은 하지 않았지만 그렇게 생각한 분도 있지 않을까요? 사실이 세계 최고의 교육입니다. 필자가 완전한 확신으로 이렇게 말할 수 있는 근거는 독서를 통해 이렇게 말할 수 있었습니다.

《그대 스스로를 고용하라》 p224에는 '최고'에 대한 새로운 설명이 나옵니다. "최고라는 의미는 '이미 되어 있는 결과'만을 말하는 것이 아니다." 늘 배우고 나아진다는 것을 의미한다. 또한 "최고란 학습 과정이다." 최고라는 의미를 얼마나 명확히 설명해주는 정의이자 최고의 본질을 말해줍니까? 이렇게 본질 독서는 새로운 깨달음과 통찰력을 가져다줍니다.

필자가 주관하는 한 독서 모임에 참여하신 분들 중에는 입에 불평을 달고 살아가는 분이 한 분 계셨습니다. 한번은 법정 스님의 《무소유》를 읽고 독서토론을 하는 시간이었습니다. 이분은 예상을 깨지 않고 여전히 그 모임 때도 불평으로 입을 여셨습니다. 어떻게 법정 스님께서 '무소유'를 말할 수 있느냐며 가진 것 다 가졌고, 가고 싶은 곳에 원하면 다 갈 수 있고, 스님을 따르는 제자와 신자만 해도 차고 넘치는데 무소유는 무슨 무소유냐며 불평을 하셨습니다. 이렇게 불평을 하시는 회원께서는 법정 스님께서 말씀하신 '무소유'의 의미를 이해하지 못했기 때문에 불평부터 말씀하셨습니다. '무소유'가 풍기는 어휘의 냄새는 가난, 청빈 이러한 느낌들을 가질 수 있지만 법정 스님께서 말씀하신 무소유의 본질은 다른 의미가 있습니다.

"무소유는 아무것도 소유하지 않는다는 의미가 아닌 가지고 있는 것에 대해 집착하지 않는다는 의미입니다. 아니다 싶을 때 다 버리고 떠날 수 있어야 진짜 자유인입니다. 반대로, 없어서 갈증을 느끼는 데도 무소유라는 이름으로 참고 사는 것은 진짜가 아닙니다."

어떻습니까? 본질 독서법을 통해 사전적 의미나 글의 내용만으로 알 수 없는 본질에 다가가는 방법은 독서가 주는 풍성한 유익이 아닙니까?

《그대 스스로를 고용하라》 p115에는 '변화'에 대한 뜻에 대해서도 본질적 의미를 알려주고 있습니다. 변화에도 종류가 있다는 것입니다. "Transformation 형태만 변하는 변형. transmutation 성질이 바뀌는 것을 변성. transubstantiation 본질이 바뀌는 것을 변역."

포도를 가지고 즙을 짜서 먹으면, 이는 변형입니다. 형태는 바뀌었지만 성분은 같기 때문입니다. 그러나 포도를 가지고 포도주를 만들어내면, 이는 변성입니다. 성분이 바뀌었기 때문입니다. 만일 사람이 포도주를 먹고 취해 버리면, 이는 변역입니다. 평소에 그가 가지고 있던 기능과 역할을 잊고 다른 사람이 되기 때문입니다. 보다 사회적 가치가 있는 곳으로 사람들을 바꾸어 가는 일반적인 자기 계발 과정은, 인간의 변성을 촉진하고자 하는 접근법 정도의 수준에서 벗어나지 못합니다. 그러나 여기에는 한계가 있습니다. 변화에서의 가장 높은 변화의 단계 "변역"은 "자기를 찾은 것"입니다. 변화를 결심하는 분들 중에는 새롭게 결심하지만, 어제와 같은 생각, 같은 행동은 변화의 가장 낮은 단계인 변형 정도의 수준에 첫발을 살짝 올려놓는 정도입니다. 새장에 오래 갇혀 있는 새들 중 태반은 문을 열어 놓아도 떠나지 못합니다. 익숙한 철창이 알 수 없는 자유보다 낫기 때문입니다. 알 수 없는 것들에 대한 두려움은 넓은 하늘을 날 수 있는 자유에 맞서 대항하고 있기 때문입니다. 이 심리적 싸움에서 진 대부분의 새들은 새장 속에 그대로 남아 있게 됩니다. 우리가 추구하는 변화의 수준은 '변역'입니다.

이렇게 '변화'라는 단어의 뜻이 단순한 것 같지만 '본질 독서법'을 통해 다양한 설명과 함께 알게 되면 진정한 변화의 의미에 더 가까이 다가가게 됩니다. 정말 멋진 독서법이지 않습니까?

걱정에 대해서도 독서를 통해 또 다른 의미를 알 수 있습니다.
어니 J. 젤린스의 《느리게 사는 즐거움》에는 다음과 같은 말이 나옵니다. "우리가 하는 걱정거리의 40%는 절대 일어나지 않을 사건들에 대한 것이고, 30%는 이미 일어난 사건들, 22%는 사소한 사건들, 4%는 우리가 바꿀 수 없는 사건들에 대한 것들이다. 나머지 4%만이 우리가 대처할 수 있는 진짜 사건이다. 즉 96%의 걱정거리가 쓸데없는 것입니다."

이미 많이 알려진 내용이기 때문에 많이들 아시겠지만, '걱정에 대한 본질'도 알고 나면 96%가 쓸데없는 것들이기에 걱정의 사전적 의미 정도만 알 때와 본질을 알게 된 후의 상태는 걱정을 대하는 태도와 마음가짐이 달라질 수 있음을 알게 됩니다. 독서로서 본질을 알게 되는 능력을 계발하는 것은 우리에게는 큰 선물입니다.

하나의 예를 더 들어서 본질 독서 원리를 설명하겠습니다.
《정상에서 만납시다》 p433에는 '안정'에 대한 내용이 있습니다. '안정'의 사전적 의미는 '위기나 위험, 의심이나 두려움, 긴장과 불확실에서 해방된 상태를 말한다.'라고 정의되어 있습니다. 하지만 맥아더 장군은 안정에 대해 이렇게 정의했습니다. "안정이란 '생산력'을 뜻한다." 군인으로서 내린 '안정'에 대한 정의치고는 너무나 대단한 통찰력인 것 같습니다. 우리가 살아가는 시대를 비추어 볼 때 청년들이 취업이 어렵고 별다른 소득이나 생산력이 없을 때 정말 '안정은 생산력을 뜻한다'라는 정의는 안정의 정확한 본질인 것 같습니다. 본질 독서법을 통해 독자분들만의 '본질' 찾기를 실천해 보시길 바랍니다. 구별할 수 있는 능력이 발전될 것입니다.

56.
원리 독서법

독서를 하며 원리를 찾아보는 원리 독서법은 저자들의 글 속에 전하고자 하는 뜻 이면에 있는 의미 속에 들어 있는 원리를 찾아내는 독서법입니다. 필자는 반복해서 독서와 영어 습득은 습관과의 전쟁이라고 강조해왔습니다. '습관'이 되었다는 것은 무의식중에도 반복해서 하는 생각이나 행동입니다. 독서가 습관이 되어 있는 분들은 아침에 출근길을 나서면서도 책을 손에서 놓지 않습니다. 엘리베이터를 기다리는 시간이나 버스를 기다리는 시간 외에도 혼자 있는 대부분 시간에도 책을 읽는 사람들은 독서 습관이 있는 사람입니다. 세계적인 화가 반 고흐는 본인이 어떻게 일상 속에서 매일 그림 그리는 작업을 했는지에 대해 장원섭 교수님의 《다시, 장인이다》에서 그 내용을 잠시 볼 수 있습니다. 이 글을 통해 원리 독서 적용 사례를 설명해 드리겠습니다.

〈반 고흐의 작품 활동〉
　장원섭 교수님의 저서 《다시, 장인이다》라는 책에는 반 고흐가 평소 작품 활동을 어떻게 했는지를 알 수 있는 내용을 볼 수 있습니다. 일생 동안 1천 점의 작품을 남긴 빈센트 반 고흐는 인류에게 최고의 미술작품뿐 아니라 아이들을 교육하는 저희들이 배워야 할 소중한 교훈도 남겼습니다. "고흐는 일상적으로 아무 데나 그리고(일상성), 즉흥적으로 아무 때나 그리며(즉흥성), 실험적으로 어디에나 그리며(실험성), 그리면서는 매우 계획적이고 체계적으로 설계하였다(체계성)고 하였습니다."

반 고흐가 세계 미술계의 거장이 될 수 있었던 이유는 그가 작품 활동을 평소 어떻게 했는지를 잘 말해주는 글에서 알 수 있습니다. 일상적으로, 즉흥적으로, 실험적으로, 체계성으로 작품 활동을 이어갔다는 글 속에는 원리 독서를 적용해서 찾을 수 있는 '원리'가 들어 있습니다. 그것은 바로 '습관'적으로 일상 속에서 고흐의 생활 전체를 차지하고 있었다는 원리입니다. 우리가 각자 어떤 분야에서 종사하든 자신의 분야에서 전문가가 될 수 있는, 업의 장인의 반열에 오를 수 있는 방법은 독서를 통해 찾은 이 원리를 실천하는 것입니다. 원리 독서를 이해하기 위한 좋은 예가 될 수 있는 이야기입니다.

다음 원리 독서에 대한 예는 한 영문을 통해 전해드리도록 하겠습니다. 조금은 긴 얘기이지만 영어 공부도 잠시 한다는 생각으로 전문을 주의 깊게 읽어보시길 바랍니다. 이 이야기는 멕시코에서 한 회사의 회계 업무를 담당하고 있는 한 관리자가 직업적 성공 기회를 위해 영어를 224시간 만에 배우게 되는 경험이 실린 내용입니다. 회사에서 회계 업무를 담당하게 된 계기부터 모국어도 아닌 영어를 2주 만에 배우게 되는 이야기를 통해 원리 독서를 적용할 수 있습니다. 이 글에서 찾을 수 있는 원리는 '몰입'이었습니다. 세계 2차 대전

때 짧은 시간 동안 적군의 언어를 습득해서 통역해야 하는 통역병을 교육하는 방법 또한 '몰입' 훈련이었습니다. 한 페이지의 글이나 책에서도 얼마든지 유용한 '원리'를 찾을 수 있습니다. 원리독서법은 긴 글과 내용에 담긴 얘기들을 단 하나의 원리가 되어 독서가들의 삶을 변화시키는 힘을 가져다주는 대단히 중요한 독서법입니다.

〈원리 독서 1〉

'2주 만에 영어를 배운 원리'

One manager in particular at the company had a lot of power. He requested that each department send two people to help him do an inventory. And he said the only requirement was that the people knew something about accounting. I had studied at a trade school, and I had a certificate from my accounting classes. My department boss said, "Go tell him that you are going to help with the inventory and that you are an accountant." He wanted to see the reaction of the other man because I was so young. When I arrived, the manager asked what I wanted. I answered, "I'm going to help you do the inventory." I did as I was instructed by my boss and told him I was an accountant. He laughed. Then he said, "Well, Mr. Accountant, come to my chair. Take this adding machine, and add everything in every column as fast as you can." I started with one finger, very slowly. He pushed me out of the chair and said, "You don't know anything; you are going to be punished. You are going to sit there in a chair in front of me for two weeks, watching how I do the work." I moved to another chair. He said, "Watch me." He started adding so fast, not even looking at his hands. I was amazed. I thought he was joking about having me watch him work for two weeks, but he wasn't. That first day I sat there for six or seven hours. That evening I stayed after work and waited for everyone to leave the building. Then I went to his office and changed the roll of paper in the adding machine and started practicing adding the same columns he did. For hours I worked and got faster and faster and faster. When I felt I was doing it as fast or faster than he did, I went to sleep for an hour or two. The next morning I just washed my face and went out the front doors when they opened early, then walked in again after the manager arrived. I knocked on his door. He said, "OK, you sit there and watch what I'm doing." When he started on the adding machine, he seemed slow to me. I had practiced for seven hours straight. I gently pushed him aside and asked him to sit in my chair. I started adding so fast. He was surprised. He said, "What did you do?" He forced me to tell him. He said, "From now on, because you learned this, you will work with me, and I'm going to teach you everything I know." I switched departments. After a few years he resigned, and I was able to take his place because of his recommendation. I used effort and concentration, and I was happy in what I was doing. I was not angry because he punished me at first. You can do any good thing. You just need to put forth the effort, the concentration, and be happy.

The company I was working for closed. I moved to Mexico City, and because I liked to work, I applied for a temporary job with an international editorial company. They wanted me to take an inventory, which was something of a specialty with me. I did the inventory in two weeks. They offered me a permanent job at good pay, and I accepted. I didn't speak English at that time. Our director, a man from Texas who didn't speak any Spanish, said to my boss, "This boy is doing good work. If he knew English, we would pay more. We would send him to New York for training, and he could eventually be a manager here." When my boss told me that, I asked, "All I have to do is learn English?" I was married by then. My wife spoke English because she was born in the Church colonies in Mexico. The first time I tried to speak a few words in English, someone told me not to try. It was not my gift. Now I was motivated by the thoughts of improving my job position and having opportunities such as traveling to New York. I went to a language school and told them I wanted to learn to speak English as soon as I could. They asked, "How much do you know?" I said, "Not a word. Not even 'Good morning.'" They said, "We have an intensive course: two weeks, 16 hours a day. Eight hours here with teachers and eight hours in your home with tapes. It costs $1,000." I said, "I can do that. I will ask for my vacation, and I can study 16 hours a day for two weeks." I went to my boss and said, "I'm going to learn English in two weeks, and you have to pay only $1,000." He laughed and said, "It is not possible. I learned in two years." I told my boss, "Ask the director to give me two weeks' vacation and pay for the course. If after these two weeks I cannot talk to him in English, then you can take the fee out of my salary." He gave permission. I went to the school. Every 45 minutes for eight hours, they changed teachers. They drilled and drilled the vocabulary, sentences, and conversations. After eight hours in school, I went into the streets looking for English-speaking tourists to talk to. Then I listened to eight more hours of tapes. The main reason I went to school was not to learn English. I really wanted to be a manager and go to New York City. Because I was highly motivated, learning English wasn't hard for me. I enjoyed every second of it. When I finished the 224 hours of study, I could communicate somewhat in English. I knew that the test was communicating with my director. If I couldn't, I would have to pay back the $1,000. So I made up a plan. I would talk to him about all that I had learned. When I entered his office, I talked and talked for 20 minutes without letting him say a word. He said, "That's enough. Send him to New York." And I went to New York! I can tell you that if you want to succeed in anything, you need to concentrate, put forth effort, and be happy with what you are doing. This approach can give you everything. You can learn much and achieve any worthy goal. Enjoy what you are doing, even if it is hard.

〈한글 번역〉

제가 일하는 회사에는 특별한 회사의 실권을 쥐고 있던 한 부장님이 계셨습니다. 그분은 각 부서에서 자신을 도와 재고 조사를 할 만한 사람을 두 명씩 차출하라고 요청했습니다. 그리고 그 일에 필요한 유일한 요건은 회계에 관한 지식이라고 덧붙였습니다.

저는 직업학교에 다녔으므로 회계학 강좌 수료증을 갖고 있었습니다. 우리 부서의 상관은 "그 부장님께 가서 재고 조사를 도우러 왔다고 하고 자네가 회계사라고 말씀드리게."라고 말했습니다. 그분은 저 같은 젊은 사람을 보낸 것을 부장님이 보시고 어떤 반응을 보일지 궁금해하는 듯했습니다. 부장님을 찾아가자 그분은 무슨 용무로 왔냐고 물으셨습니다. 저는 재고 조사를 도와드리러 왔습니다, 라고 말했습니다. 부장님은 큰 소리로 웃으셨습니다. 그러면서 말씀하시길 아, 그러신가요? 그럼 이 계산기를 사용해서 여기 장부에 적혀 있는 숫자들을 모두 가능한 한 빨리 더해 보시죠. 저는 한 손가락으로 느릿느릿 셈을 시작했습니다. 그분은 저를 의자에서 밀쳐내시며 말했습니다. "자네 도대체 아는 게 하나도 없구먼. 앞으로 두 주 동안 내 앞에 있는 의자에 앉아서 내가 어떻게 일을 하는지 똑똑히 보게." 하시며 손이 보이지 않을 정도로 번개같이 빠르게 계산을 시작했습니다. 정말 놀라웠습니다. 저는 일하는 모습을 두 주 동안 관찰하라는 부장님의 말씀이 처음엔 농담인 줄로만 알았습니다. 하지만 그 말씀은 진심이었습니다. 첫날 저는 그 의자에 예닐곱 시간을 앉아 있었습니다. 그날 저녁에 일이 끝나자 다른 사람들이 모두 퇴근하기를 기다렸습니다. 부장님의 사무실에 들어가서는 종이를 바꿔 끼운 후 그분이 계산하셨던 동일한 항목을 갖고 계산기 연습을 시작했습니다. 여러 시간의 연습 끝에 저의 계산은 점점 더 빨라져 갔습니다. 적어도 그분의 속도만큼 빨라졌다는 자신감이 들었을 때야 비로소 한두 시간의 잠을 청했습니다. 다음 날 아침 일찍 저는 세수만 한 채 열린 정문을 통해 밖에 나갔다가 부장님께서 출근하신 후에 다시 들어왔습니다. 그분의 계산기를 다루기 시작했을 때 왠지 제게는 그 동작이 느려 보였습니다. 연속으로 일곱 시간 동안 연습만 했던 저는 부장님께 공손히 제 의자에 앉아 계실 것을 권한 후 엄청난 속도로 계산을 시작했습니다. 부장님도 놀라셨습니다. "자네 어떻게 된 건가?" 하시며 그분은 비결을 물으셨습니다. "자네가 이 기술을 배웠으니 이제부터 나와 함께 일하세. 내가 아는 것을 모두 전수해 주겠네." 저는 부서를 옮겼고, 몇 년 후 부장님께서 퇴임하시면서 저를 추천해 주신 덕분에 저는 그분의 후임자가 되었습니다. 저는 노력과 집중력을 발휘했으며 제가 하는 일에 행복을 느꼈습니다. 처음에 부장님으로부터 벌을 받은 일에 대해서도 언짢게 생각하지 않았습니다. 여러분들은 유익한 일이라면 무엇이든 할 수 있습니다. 그저 노력과 집중을 기울이고 행복하게 생활하면 됩니다. 제가 몸을 담았던 직장은 결국 문을 닫았습니다. 멕시코시티로 이사를 간 저는 일하기를 즐겼기 때문에 한 국제 출판 회사의 임시직에 지원했습니다. 그 회사는 제게 재고 조사 업무를 맡겼는데, 그 분야라면 제가 전문이었습니다. 저는 재고 조사를 두 주 만에 끝마쳤으며, 넉넉한 봉급의 정규직으로 일할 것을 권하는 회사의 제의를 받아들여

그곳에서 일하게 되었습니다. 저는 그 당시 영어를 할 줄 몰랐습니다. 미국 텍사스주 출신으로 스페인어를 전혀 못 했던 회사의 한 이사님이 제 상관에게 이렇게 말씀을 하셨습니다. "이 친구가 일을 잘 한단 말이야. 영어만 할 줄 안다면 월급을 올려 줄 수도 있을 텐데. 뉴욕에 보내서 훈련만 받으면 여기서 관리직으로 일해도 손색이 없겠어." 상관으로부터 그 말씀을 전해들은 저는 반문했습니다. "영어만 배우면 된다 이거죠?" 그 당시 저는 이미 결혼한 상태였고, 제 아내는 교회가 설립한 멕시코의 정착촌에서 태어났기 때문에 영어를 할 줄 알았습니다. 사실, 제가 영어를 처음 배우면서 몇 마디를 영어로 말했을 때, 제 발음을 들은 어떤 분이 그만하라고 저를 말린 적이 있습니다. 그만큼 저는 영어에 소질이 없었습니다. 승진은 물론이고 뉴욕에도 갈 수 있다는 생각에 자극을 받은 저는 외국어 학원에 가서 가능하면 빠른 시일 내에 영어를 배우고 싶다고 말했습니다. 학원 측에서 물었습니다. "영어를 얼마나 하시나요?" 전 대답했습니다. "한마디도 못 합니다. '안녕하세요'도 몰라요. 학원 측에서 속성반이 있습니다. 여덟 시간은 여기에서 선생님과 수업을 듣고 나머지 여덟 시간은 집에서 테이프를 듣죠. 수업료는 1,000달러입니다." 저는 "하겠습니다. 휴가를 내서 두 주 동안 하루에 16시간씩 공부를 하겠어요."라고 말했습니다. 저는 제 상관에게 가서 "두 주 안에 영어를 배우겠습니다. 제게 1,000달러만 주시면 됩니다."라고 말했습니다. 그분은 큰 소리로 웃으며 말했습니다. "그건 불가능하네. 나는 2년이나 걸렸어." 전 다시 말씀을 드렸습니다. "이사님께 두 주 간의 휴가와 수강료를 지원해 달라고 말씀해주세요. 두 주 후에 제가 그분과 영어로 대화를 나누지 못한다면 수업료를 제 월급에서 공제하셔도 좋습니다." 그분은 결국 허락했습니다. 저는 학원을 다니게 되었습니다. 여덟 시간에 걸쳐 45분마다 교사가 교체되었으며 단어와 문장 및 대화문들을 끊임없이 반복해서 훈련 시켰습니다. 학원에서 여덟 시간을 공부한 후 저는 거리에 나가 영어를 할 줄 아는 관광객들을 찾아 나서곤 했습니다. 그리고 여덟 시간 동안 테이프를 또 들었습니다. 제가 학원에 다닌 가장 큰 이유는 영어를 배우기 위함이 아니었습니다. 저는 정말로 관리직에서 일하고 싶었고 또 뉴욕에도 가보고 싶었습니다. 제게 이러한 큰 꿈이 있었기에 영어 공부는 어렵지 않았으며 매시 매초가 즐거웠습니다. 장장 224시간의 공부를 마쳤을 때 어느 정도 영어로 의사소통이 가능해졌습니다. 저는 이사님과의 구두 면접시험 결과에 따라 1,000달러의 지불 여부가 달려 있음을 알았습니다. 그래서 작전을 세웠습니다. 바로 제가 배웠던 것 하나 하나를 그분께 전부 말씀드리기로 한 것입니다. 그래서 저는 그분의 사무실에 들어서자마자 20분 동안 재잘거리면서 그분께는 한마디도 말할 기회를 드리지 않았습니다. 이사님이 말씀을 하셨습니다. "이제 됐네. 이 친구 뉴욕으로 보내." 그렇게 해서 저는 뉴욕으로 떠났습니다. 여러분이 무엇을 하시든지 성공하고 싶으시다면 집중해서 노력을 기울이고 하는 일에서 행복을 찾으십시오. 여러분은 이 방법으로 무엇이든 얻을 수 있습니다. 수많은 것을 배우고 훌륭한 목표들을 달성할 수 있습니다. 하는 일이 힘들더라도 즐기십시오.

-옥타비아노 테노리오-

원리 독서를 이해하기 위한 너무나 훌륭한 내용의 글이지 않습니까? 계속해서 원리독서법을 이해하기 좋은 글을 통해 설명하겠습니다. 이 글은 미국 대학생이 방학 생활 중 한 호텔에서 아르바이트한 후 잠시 근무한 호텔의 비매품 수건을 기념품으로 허락 없이 고향 집으로 가져온 이야기입니다. 비매품 수건이었고, 그곳에서 일했다는 기념으로 가져오게 된 수건을 본 고향 집 아버지의 반응을 통해 소중한 원리를 이 글을 읽는 독자라면 공통으로 찾을 수 있을 것입니다.

<원리 독서 2>

'정직에 대한 원리'

"After the miracle of arriving home, my father came out and happily greeted me. After a hug and a few pleasantries, he looked into the backseat of the car and saw three Jackson Lake Lodge towels "the kind you cannot buy." With a disappointed look he merely said, "I expected more of you." I hadn't thought that what I had done was all that wrong. To me these towels were but a symbol of a full summer's work at a luxury hotel, a rite of passage. Nevertheless, by taking them I felt I had lost the trust and confidence of my father, and I was devastated. The following weekend I adjusted the plywood floorboard in my car, filled the radiator with water, and began the 370 mile (595km) round trip back to Jackson Lake Lodge to return three towels. My father never asked why I was returning to the lodge, and I never explained. It just didn't need to be said."

(한글 번역)

"기적적으로 집에 당도했을 때, 제 아버지께서는 밖으로 나오셔서 저를 기쁘게 맞아 주셨습니다. 저를 안아 주시고 반갑게 안부를 물으신 후, 아버지는 제 차의 뒷좌석에 놓여 있던 잭슨 레이크 호텔의 이름이 새겨진 수건 세 장을 보셨습니다. 물론 비매품들이었습니다. 실망스러운 얼굴로 아버지는 "내가 너에게 기대한 것은 이런 게 아니었다."라고만 말씀하셨습니다. 저는 그 수건들을 가져온 것이 그렇게 잘못된 일이라고는 생각하지 못했습니다. 그것들은 여름 내내 제가 고급 호텔에서 일했다는 것을 보여주는 통과 의례와 같은 기념품이었습니다. 그럼에도 불구하고 그 수건들 때문에 저는 아버지의 신임을 잃은 기분이었으며 매우 당황스러웠습니다. 그 주말에 저는 차 바닥에 놓여 있던 합판을 다시 손보고 냉각 장치에 물을 채운 후 왕복 595㎞에 달하는 길을 달려 잭슨 레이크 호텔로 돌아가 그 수건들을 돌려주고 왔습니다. 아버지는 제가 왜 호텔에 다시 다녀왔는지 묻지 않으셨고 저도 그 이유를 말씀드리지 않았습니다. 그럴 필요가 없었습니다."

-리차드 씨 에즐리-

필자는 이 글을 읽은 후 '정직의 원리'를 깊이 생각하게 되었습니다. 미국이 세계 최강국이 될 수 있었던 요인 중 하나도 분명히 정직이라는 국민 정신이었다는 것을 확신합니다. 원리독서법을 이해할 수 있는 글을 하나 더 소개하도록 하겠습니다. 이 글의 내용은 이렇습니다. 독일에서 태어나서 후에 비행기 조종사가 된 한 기장의 이야기입니다. 이 비행기 기장은 어릴 때 세계 2차 대전이 끝나고 난 후 동독에서 살았습니다. 그 당시 동독은 공산주의 정부하에 있었기 때문에 학교에서 러시아어를 배워야 했고, 이후 서독으로 가족이 탈출한 후 서독은 외국어로 영어를 배워야 했기 때문에, 영어를 배우는 어려움에 대해 기록한 글입니다. 글의 저자는 그 당시 본인은 결코 영어를 아무리 배우기 위해 노력해도 자신에게는 습득이 불가능한 언어가 영어임을 알고 좌절했지만, 하룻밤 사이 어떤 계기로 생각이 달라진 경험과 꿈을 이루게 된 이야기입니다.

〈원리 독서 3〉
'동기가 가진 힘에 대한 원리'

"Let me share with you a personal experience from my own youth about the power of righteous motives. After the turmoil of the Second World War, my family ended up in Russian-occupied East Germany. When I attended fourth grade I had to learn Russian as my first foreign language in school. I found this quite difficult because of the Cyrillic alphabet, but as time went on I seemed to do all right. When I turned 11 we had to leave East Germany over night because of the political orientation of my father. Now I was going to school in West Germany, which was

American-occupied at that time. There in school all children were required to learn English and not Russian. To learn Russian had been difficult, but English was impossible for me. I thought my mouth was not made for speaking English. My teachers struggled. My parents suffered. And I knew English was definitely not my language. But then something changed in my young life. Almost daily I rode my bicycle to the airport and watched airplanes take off and land. I read, studied, and learned everything I could find about aviation. It was my greatest desire to become a pilot. I could already picture myself in the cockpit of an airliner or in a military fighter plane. I felt deep in my heart this was my thing! Then I learned that to become a pilot I needed to speak English. Overnight, to the total surprise of everybody, it appeared as if my mouth had changed. I was able to learn English. It still took a lot of work, persistence, and patience, but I was able to learn English! Why? Because of a righteous and strong motive! Our motives and thoughts ultimately influence our actions."

(한글 번역)

"저는 의로운 동기가 주는 힘에 대해 유년 시절에 얻은 개인적인 경험을 나누고자 합니다.

제2차 세계 대전의 혼란 후에, 우리 가족은 러시아가 점령하고 있던 동독에 정착했습니다. 4학년 때, 저는 학교에서 제1 외국어로 러시아어를 배워야 했습니다. 러시아어는 키릴 문자이기 때문에 배우기가 무척 어려웠지만, 시간이 지나면서 어느 정도 할 수 있다는 느낌이 들었습니다. 제가 11세가 되었을 때, 우리는 아버지의 정치적 성향으로 인해 갑자기 동독을 떠나야 했습니다. 그리하여 저는 그 당시 미국의 점령지였던 서독에서 학교를 다니게 되었습니다. 그곳 학교에서는 러시아어가 아니라 영어를 배워야 했습니다. 러시아어를 배우는 것도 어려웠지만, 영어는 저에게 불가능한 것이었습니다. 저는 제 구강구조가 영어를 하는 데 적합하지 않다고 생각했습니다. 저를 가르치는 선생님들은 무척 애를 쓰셨습니다. 부모님은 힘들어 하셨습니다. 그리고 저는 영어는 확실히 제 언어가 아님을 알았습니다. 그러나 저의 어린 삶에 변화가 일어났습니다. 저는 거의 매일 자전거를 타고 공항으로 가서 비행기가 이착륙하는 것을 지켜보았습니다. 저는 비행술에 대해 제가 찾을 수 있는 모든 것을 읽고, 연구하고, 익혔습니다. 제 가장 큰 소망은 비행기 조종사가 되는 것이었습니다. 여객기나 전투기의 조종실에 있는 제 자신의 모습을 미리 그려볼 수 있었습니다. 제 마음속 깊은 곳에서 바로 이것이 나를 위한 것이라는 느낌이 들었습니다! 그때 저는 비행기 조종사가 되려면, 영어를 할 수 있어야 한다는 것을 알게 되었습니다. 하룻밤 사이에, 모든 사람이 깜짝 놀랄 정도로, 제 구강구조가 바뀐 것 같았습니다. 저는 영어를 배울 수 있었습니다. 큰 노력과 끈기와 인내를 요했으나, 영어를 배울 수 있었습니다. 왜였을까요? 의롭고 강한 동기 때문입니다! 우리의 동기와 생각은 궁극적으로 우리의 행위에 영향을 미칩니다."

-디이터 에프 우흐트도르프-

이 글에서 찾을 수 있는 원리 독서는 같은 일을 한다 해도 할 수 있다고 생각되는 일과 절대 할 수 없다는 일도 어떠한 동기가 부여되는지에 따라 생각과 행동이 한 번에 바뀔 수 있다는 '동기'가 가진 힘에 대한 원리를 발견할 수 있었다는 것이었습니다. 원리 독서는 글을 읽고 단지 내용을 이해하는 것에 그치지 않고 글이 전해주는 내용에서 보물과도 같은 '원리'를 찾아 우리 삶을 발전시키는 것입니다. 아무리 길고 두꺼운 책의 내용도 결국 하나의 원리로 응축할 수 있습니다.

57.
통찰력 독서 원리

　미래를 알 수 있는 사람은 없습니다. 단지 역사는 반복된다는 말처럼 비슷한 패턴은 어느 정도 감지할 수 있습니다. 통찰력 독서 원리는 미래를 대비한 선택지를 독서를 하지 않는 사람들보다는 좀 더 가지고 준비할 수 있다는 것을 말씀드리고 싶습니다. 독서를 통해 본질을 이해하는 능력이 향상되면 통찰력도 발전하게 됩니다. 통찰력은 우리의 시야를 넓혀줍니다. 통찰력이라는 힘을 가질 수 있는 방법은 당연히 독서입니다. 그냥 독서를 할 때와 독서법의 원리를 이해하고 배워서 독서를 할 때와의 차이는 말로 표현할 수 없을 만큼 유익함이 있습니다. 자신이 종사하는 분야에서 통찰력을 사용할 수 있다면 그 자체만으로도 독서의 유용성은 삶의 분명한 선물입니다. 독서를 하면서 통찰력 독서 원리를 적용하는 방법을 설명하도록 하겠습니다. 독서법의 원리와 개념을 이해하는 것이 우선이기에 간단한 내용으로 이 중요한 원리를 설명할 것입니다. 자기 계발 교육의 권위자였던 고 구본형씨의 책에 보면 다음의 내용이 있습니다. 이 짧은 글의 내용을 통해 통찰력을 얻을 수 있습니다.

"동물의 세계를 지배하는 규칙은 먹느냐 먹히느냐이다. 인간의 세계를 지배하는 규칙은, 누가 규정하고 누가 규정당하느냐이다. 법칙을 만들어 내는 사람은 지배자이고, 그 법칙을 따라야 하는 사람들은 피지배자가 되는 것이다."

이 짧은 글을 통해서도 심오한 '통찰력'을 얻을 수 있습니다. 세상의 리더는 결국 "표준(규칙)의 생산자"가 되어야 한다는 것을 말해주고 있습니다. 통찰력 독서 원리는 글을 읽으면서 끊임없이 영감을 받기 위해 노력해야 합니다. 갑자기 스쳐 지나가는 생각들을 펜으로 기록해서 잡아두지 않으면 이미 지나간 버스와도 같습니다. 독서를 통해 찾아온, 영감과 함께 통찰력은 시야를 넓혀주고 미래를 더 잘 준비할 수 있도록 도움을 가져다줍니다. 독자분들께서 꼭 기억하셔야 할 것이 있습니다. 필자가 제안한 독서법은 꼭 책을 통해서만 적용되는 원리가 아닙니다. 책, 신문, 잡지, 세상에 글과 말로 전달되는 모든 곳에서 적용이 가능한 독서 원리입니다. 통찰력 독서 원리의 개념을 이해하고 적용한 사례를 좀 더 살펴보도록 하겠습니다. 세계 최고의 부호 중 한 명이자 아마존 CEO 제프 베조스가 한 기자와 인터뷰한 기사를 읽은 적이 있습니다. 이 내용에서 찾을 수 있는 통찰력 독서 원리의 좋은 예가 있습니다.

한 기자는 제프 베조스에게 질문을 하였습니다. 앞으로 주목받게 될 산업은 무엇일까요? 이에 대해 베조스의 대답은 명료했습니다. 자신은 앞으로 변화될 것에 초점을 맞추기보다 앞으로도 변하지 않을 것은 무엇인지에 대해 집중하는 것이 중요하다고 강조했습니다. 전략은 "변하지 않는 것"에 토대를 두어야 합니다.

  이 짧은 글에서도 깊은 '통찰력'을 얻을 수 있습니다. 인간의 삶에서 앞으로도 변하지 않게 될 것은 무엇일까요? 많은 미래학자들은 과거, 현재, 미래에도 절대 변하지 않을 것 중 하나는 '읽고, 쓰고, 말하고, 듣는 교육, 수학, 화학' 등을 얘기하고 있습니다. 미래에도 사라지지 않을 분야를 선택해서 독서를 통해 경쟁력을 강화해 간다면 예측하기 어려운 미래일지라도 준비된 미래를 맞이할 수 있을 것입니다. 독서를 통한 '통찰력 독서 원리'를 적용하는 개념이 생겼다고 생각이 됩니다.

  통찰력은 쉽게 얻어지는 능력은 아닙니다. 수많은 시행착오, 경험, 사례, 독서 등을 통해 교육과 훈련을 통해 발전되는 부분인 것 같습니다. 한 영문 이야기를 통해 계속 원리를 설명하겠습니다. 이야기는 어릴 적 세탁소를 운영하는 부모님을 도와 세탁물 수거와 배달을 하며 가난 속에서도 열심히 자신의 꿈을 이룬 한 비행기 조종사의 이야기입니다. 이 소년은 어릴 적 꿈이 비행기 조종사였습니다. 조종사가 되기 위해 공군사관학교 시험을 본 후 신체검사를 통해 알게 된 놀라운 사실에 관한 이야기입니다. 이 글을 통해 통찰력 독서 원리를 이해할 수 있습니다. 군의관은 신체검사에서 찍은 청년의 폐 사진에서 이전에 폐렴을 앓은 흔적을 발견한 후 어릴 적 폐렴을 앓은 적이 있는지 질문을 하였습니다. 하지만 이 청년은 앓은 적이 없다고 했습니다. 지금은 건강한 상태이지만 아마도 폐렴이 발병 후 어떤 요인에 의해 자연 치료가 되었을 것으로 추정할 수 있었습니다. 이 청년은 가난했던 시절 부모님을 도와 아주 낡은 자전거로 세탁 배달 일을 하며 동네 산길을 매일 오르내리며 가슴이 터질 듯한 고통과 힘든 생활을 보내며 그때는 너무 힘든 노동이 싫었지만 가난한 가족의 생계에 도움을 주어야 했기에 어린아이가 감당하기에는 조금은 힘든 그때의 일을 통해 폐렴이 자동 치유가 되었을 수도 있다는 것을 알려 주는 글입니다.

〈통찰력 독서 원리〉
'미래를 통해서만 연결할 수 있는 원리'

"Allow me to share with you an experience from my own boyhood. When I was 11 years old, my family had to leave East Germany and begin a new life in West Germany overnight. Until my father could get back into his original profession as a government employee, my parents operated a small laundry business in our little town. I became the laundry delivery boy. To be able to do that effectively, I needed a bicycle to pull the heavy laundry cart. I had always dreamed of owning a nice, sleek, shiny, sporty red bicycle. But there had never been enough money to fulfill this dream. What I got instead was a heavy, ugly, black, sturdy workhorse of a bicycle. I delivered laundry on that bike before and after school for quite a few years. Most of the time, I was not overly excited about the bike, the cart, or my job. Sometimes the cart seemed so heavy and the work so tiring that I thought my lungs would burst, and I often had to stop to catch my breath. Nevertheless, I did my part because I knew we desperately needed the income as a family, and it was my way to contribute. If I had only known back then what I learned many years later if I had only been able to see the end from the beginning—I would have had a better appreciation of these experiences, and it would have made my job so much easier. Many years later, when I was about to be drafted into the military, I decided to volunteer instead and join the Air Force to become a pilot. I loved flying and thought being a pilot would be my thing. To be accepted for the program I had to pass a number of tests, including a strict physical exam. The doctors were slightly concerned by the results and did some additional medical tests. Then they announced, "You have scars on your lung which are an indication of a lung disease in your early teenage years, but obviously you are fine now." The doctors wondered what kind of treatment I had gone through to heal the disease. Until the day of that examination I had never known that I had any kind of lung disease. Then it became clear to me that my regular exercise in fresh air as a laundry boy had been a key factor in my healing from this illness. Without the extra effort of pedaling that heavy bicycle day in and day out, pulling the laundry cart up and down the streets of our town, I might never have become a jet fighter pilot and later a 747 airline captain. We don't always know the details of our future. We do not know what lies ahead."

〈한글 번역〉

"제 소년 시절의 경험을 나누고 싶습니다. 제가 열한 살이었을 때, 우리 가족은 갑자기 동독을 떠나 서독에서 새로운 생활을 시작해야 했습니다. 부친의 원래 직업인 정부 직원으로 복귀할 수 있을 때까지, 부모님께서는 우리가 살고 있는 작은 마을에서 조그마한 세탁소를 운영하셨습니다. 저는 세탁물 배달부가 되었습니다. 효과적으로 일하기 위해서는, 무거운 세탁물 수레를 매달아 끌 수 있는 자전거가 필요했습니다. 저는 늘 멋지고 반들거리고 빛나는 화려한 빨간색 자전거를 꿈꿨습니다. 그러나 그 꿈을 이루기 위한 돈이 충분치 않았습니다. 대신 제가 얻은 것은 무겁고 볼품없는 검은색의 튼튼한 화물 자전거였습니다. 수년 동안 저는 학교 수업 전후에 그 자전거에 세탁물을 싣고 배달을 했습니다. 그 자전거와 수레, 또는 제가 하고 있는 일로 인해 신이 났던 적은 거의 없었습니다. 때로는 그 손수레가 너무 무겁게 느껴졌고, 일이 너무 힘들어서 폐가 터져버릴 것 같다는 생각에 숨을 고르기 위해 자주 멈춰 서야 했습니다. 하지만 우리 가족에게 수입이 절실히 필요하다는 것을 알았기 때문에 저는 제 역할을 다했으며, 그것이 제가 가족에게 도움이 되는 길이었습니다. 오랜 세월이 지나고 나서 제가 알게 된 것을 그 당시에 알고만 있었더라도, 시작부터 끝을 볼 수 있었더라면, 이런 경험들을 보다 감사하게 여겼을 것이며 또 제 일을 훨씬 쉽게 했을 것입니다. 여러 해가 지난 후 군에 징집될 즈음, 저는 징집 대신 자원하여 공군에 들어가서 조종사가 되기로 했습니다. 저는 비행을 좋아했으며 조종사가 되는 것이 제가 할 일이라고 생각했습니다. 조종사가 되기 위해서 저는 엄격한 신체검사를 포함해 많은 검사를 통과해야 했습니다. 의사들은 검사 결과에 약간의 우려를 나타내고, 추가로 몇 가지 의료 검사를 실시했습니다. 그런 다음 그들은 "폐에 상처가 있고, 그것은 십 대 초반에 폐 질환이 있었다는 표시지만 지금은 나은 것이 분명하다."고 말했습니다. 의사들은 그 질환을 고치기 위해 제가 어떤 치료를 받았는지 궁금해했습니다. 검사를 받는 날까지만 해도 저는 제게 폐 질환이 있었다는 사실을 전혀 몰랐습니다. 세탁소 배달원으로서 신선한 공기를 마시며 규칙적인 운동을 한 것이 이 질병을 고쳐 준 중요한 요소였다는 사실이 갑자기 제게 분명해졌습니다. 매일 그 무거운 자전거에 세탁물 수레를 매달아 우리 마을 길거리 이곳, 저곳을 끌고 다니는 별도의 노력이 없었다면, 저는 결코 제트기 조종사와 747 항공기 기장이 되지 못했을 것입니다. 우리는 미래에 대해 항상 자세하게 알지는 못합니다. 우리는 앞으로 무슨 일이 일어날지 모릅니다."

-디이터 에프 우흐트도르프-

이 글을 통해 우리가 지금 하는 일이 미래와 어떤 연관성이 있는지 현재의 시점에서는 알 수 없다는 것을 알려 줍니다. 그렇지만, 현재는 미래라는 높은 산의 정상에서 내려다볼 때 연결됨을 알 수 있습니다. 통찰력 독서는 마음껏 상상할 기회를 제공하며, 예측하는 힘을 길러 줍니다. 통찰력 독서를 통해 각자의 미래를 디자인할 수 있습니다. 필자는 독서가 아니었다면 교육 사업을 하면서 찾아온 위기를 극복할 수 없는 경험을 몇 번 하였습니다. 함께 일한 중간관리자들이 집단으로 일으킨 문제부터, 수업 현장에 직접 대면 수업을 해야 하는데 코로나19로 대면 수업이 불가능하게 된 코로나 시기 동안 일어난 문제 등은 필자가 하는 교육 사업에 치명적인 위기를 불러왔습니다. 하지만 오래전 시작한 통찰력 독서를 통해 한국 교육시장은 지난 1세기 동안 진행해온 단체 교육이 이제는 저출산 시대를 통해 개인 관리의 시대로 변화될 것을 예상하고 개인 관리 시스템을 코로나19 이전에 구축한 덕분에 위기를 기회로 전환할 수 있는 준비를 할 수 있었습니다. 필자가 통찰력 독서 원리를 통해 위기를 기회로 바꾼 글을 나누도록 하겠습니다. 다시 아마존 CEO '제프 베조스'의 글 중 핵심적인 짧은 내용만 인용하겠습니다.

"만약 당신에게 450만 명의 고객이 있다면 상점도 450만 개가 있어야 한다. 즉 방문하는 한 사람 한 사람을 위한 상점이 필요하다."

필자는 이 글을 읽으면서 이제 교육시장에서도 늘 한 반에 30명씩 모아놓고 학년별로 정해진 과목을 배우는 시대는 저물게 될 것을 통찰할 수 있게 되었습니다. '제프 베조스'는 온라인 쇼핑몰을 통해 소비자 한 명 한 명에게 각자의 상점에서 쇼핑할 수 있는 꿈을 현실로 만들었습니다. 필자는 여기에 영감 받아 이 교육을 배우는 학습자 개인을 관리하는 프로그램을 만들어서 여러 위기를 넘길 수 있었습니다. 통찰력 독서가 주는 유용성은 형언할 수 없는 유익들로 넘쳐납니다. 여러분들의 독서에 적용해 보시길 바랍니다.

58.
깨달음 독서 원리

    독서를 하면서 매 순간 새로운 것을 간접적으로 경험하게 되는 것은 물론이며, 깨달음의 연속입니다. 사람은 어떤 것을 깨닫는 순간 감탄하게 되고 감동하게 됩니다. 필자가 사용하는 단순한 어휘가 가진 본질적 의미를 생각해 보시길 바랍니다. 감탄과 감동할 때 사람은 성장하게 됩니다. 호기심을 가지게 되고 수동적인 행동에서 능동적 자세와 태도를 가지게 됩니다. 학습자가 집중할 수 있을 때는 흥미를 느낄 때입니다. 재미있는 것에는 오랫동안 집중할 수 있습니다. 지금까지 수여된 노벨상 중 삼분의 일 정도는 유대인이 수상했습니다. 이 작은 나라에서 어떻게 지금까지 우리는 노벨평화상을 제외하고 학문적 분야에서는 단 하나도 수상하지 못한 상을 유대인들은 그렇게 많이 수상했을까요? 여러 요인 중 하나로 그들의 국민성 중 하나인 '감동하는 능력'에 수상 이유가 있다고 말하는 전문가들도 많습니다. 유대인들은 아주 작은 것에도 쉽게 감동하고 감탄합니다. 필자도 오래전 유대인 교수 한 분과 친구를 둔 적이 있습니다. 이분과 자연스럽게 친구가 되는 계기는 우연한 기회였지만 20년 이상이 지난 그때를 기억하면 이분에게도 감동과 연민, 그리고 감탄의 감정들이 탁월했음을 기억할 수 있습니다.

　필자가 한번은 심한 열로 인해 1주일간 대학병원에 입원 치료를 받은 적이 있습니다. 그때 이 유대인 친구가 병문안을 오셔서 손을 잡고 마음에서 우러나는 진심 어린 눈물을 흘리며 위로했던 경험을 떠올릴 수 있습니다. 이 친구는 저의 작은 말과 행동에도 깊은 감동과 감탄을 표현했습니다. 그때까지 우리나라 사람들에게는 쉽게 볼 수 없었던 인상적인 모습이었습니다. 필자가 성인들을 대상으로 세미나를 하면서 공통으로 알게 된 사실 가운데 하나는 수업하는 본인도 전하는 내용 중 어떤 부분은 별로 감동할 수 있는 내용도 아닌데 늘 참석자 중에는 감탄을 연발하는 학습자가 있다는 것입니다. 어떤 교육에서든 어떤 모임에서든 감동을 잘하는 분들은 대부분 성공한 순이자 생활도 넉넉한 분들이 대부분 그러한 특징을 보인다는 것에 동의하지 않는 강사는 없을 것입니다. 늘 불평하고, 험담하는 성향이 있는 사람들은 마음속뿐만 아니라 삶 전체가 빈자임을 보게 됩니다. 한 권의 독서를 할 때 감탄할 준비를 하고 책을 펼쳐야겠습니다. '깨달음 독서 원리'는 글의 내용을 통해 몸과 마음이 성숙 되고 영혼마저 깨끗해지는 기분이 들게 하는 독서법을 의미합니다. 깨닫게 되면 감동하게 됩니다. 감동할 수 있는 것은 집중할 수 있고, 지속해서 반복하면서 행복을 얻게 됩니다. 이 독서 원리를 전하기 위해 짧은 영문을 통해 핵심 원리를 전해드립니다. 은퇴하신 한 내과 의사분께서 현직 시절 부유한 한 사람이 암 검사를 통해 악성 암의 진단을 받고 보인 반응에 관한 내용을 담고 있는 이야기입니다. 부유한 환자는 본인이 암에 걸렸다는 사실을 알게 된 후, 보인 첫 번째 반응은 그가 가진 돈으로 건강을 살 수 있는 것처럼 행동했다는 것입니다. 치료를 위해서는 그가 가진 부로 세계 어디든 가서 전문의를 만나 치료할 수 있다는 반응을 본 후 이 의사는 얼마 후 이 환자의 죽음 소식을 듣게 되었고, 이분을 알고 있는 한 분의 질문이 필자에게 많은 깨달음을 주었습니다. 이 부유한 사람은 자신의 모든 재산을 가져갔나요? 어떻게 되었나요? 물론 답변할 필요도 없이 All of it. 전 재산이 그대로 남겨졌다는 글에서 '삶을 잘못된 사다리에 기대지는 말자'라는 원리를 배우는 글이 되어주었습니다. 모든 책에는 이러한 깨달음을 주는 내용들로 채워져 있습니다.

〈깨달음 독서 원리〉
'내과 의사와 부유한 환자에 대한 글'

Trials and tests apply to rich and poor alike. Years ago, I was asked to perform an operation upon a very wealthy man. A surgical biopsy confirmed that he had an advanced cancer that had spread throughout his body. As I reported this news, his immediate response was to rely upon his wealth. He would go anywhere or do anything to treat his condition. He thought he could buy his way back to health. But he soon passed away. Someone asked, "How much wealth did he leave?" The answer, of course, was, "All of it!" His priorities were set upon things of the world. His ladder of success had been leaning against the wrong wall.

〈한글 번역〉

"시련과 시험은 가난한 자와 부자 모두에게 적용됩니다. 수년 전에 저는 매우 부유한 남자의 수술을 담당했었습니다. 외과적인 세포 검사를 통해 그의 몸 전체에 말기 암이 퍼져 있는 것이 확인되었습니다. 이 소식을 전하자 그의 즉각적인 반응은 자신의 부에 의존하는 것이었습니다. 그는 병을 치료하기 위해 어디든 가서, 무엇이든 하려고 했습니다. 그는 돈을 들여 건강을 회복할 수 있다고 생각했습니다. 그러나 그는 곧 죽었습니다. 어떤 사람이 "그가 재산을 얼마나 남겼습니까?"라고 물었습니다. 대답은 물론 "전 재산"이었습니다. 그는 우선순위를 세상의 것들에 두었습니다. 그의 성공의 사다리는 잘못된 벽에 기대어져 있었습니다."

-러셀 엠 넬슨-

"All of it." 가진 모든 것을 남겼다는 글이 깨달음을 가져다줍니다. 독서를 통해 큰 사명감의 깨달음을 준 글을 하나 더 소개하겠습니다. 한 대형 화재를 진압하는 소방대원의 이야기입니다. 미 동부 지역에서 대형 화재가 발생했습니다. 불은 순식간에 건물을 집어삼켰고 이 건물 안에는 다섯 명의 아이가 건물에 있었습니다. 소방대원들의 필사적인 노력으로 5명의 아이들은 모두 무사히 구출되었습니다. 하지만 한 용감한 소방대원은 이 불타는 건물 속에서 한 명의 아이가 건물 안에 더 있다는 사실을 알고 불길 속을 뛰어들었습니다. 이 소방관이 건물 속으로 뛰어 들어간 후 곧 건물은 주저앉았습니다. 이후 불길은 모두 잡혔지만, 건물 잔해 속에 이 용감한 소방관의 시신도 함께 발견되었습니다. 그가 양손으로 힘껏 감싸 안은 것은 사람 크기만 한 인형이었습니다. 이 소방관은 인형을 어린아이로 착각하고 불길 속으로 다시 들어갔던 것입니다. 이 글에서 제일 마지막 문장은 교육자로서 가져야 하는 사명감에 대한 큰 깨달음을 가져다줍니다. 이 소방관이 얼마나 잘 안았던지 인형에는 상처 하나 없었다고 합니다. 필자는 이 이야기를 반복해서 읽을 때면 늘 눈물을 흘립니다. 교육자로서 어떤 사명감을 가져야 하는지를 얘기해주는 글처럼 깨달음을 가져다줍니다. 독서는 이렇게 무수히 많은 얘기들로 깨달음을 줍니다. 모두가 소방관이 되어보지 않아도 소방관의 마음을 읽을 수 있게 간접 체험을 할 수 있도록 도와줍니다.

〈깨달음 독서 원리〉

'소방관 이야기'

I remember reading about a fire fighter in the eastern United States who ran into a burning house to rescue several children from an arson-induced fire. While his colleagues battled the blaze to keep it from spreading to other structures in the neighborhood, this man dashed into the building again and again, each time emerging with a child in his arms.

After rescuing the fifth child, he started back into the inferno once more. Neighbors shouted that there were no more children in the family. But he insisted that he had seen a baby in a cradle, and he dove into the intensifying heat. Moments after he disappeared into the fire and smoke, a horrifying explosion shook the building and the entire structure collapsed. It was several hours before fire fighters were able to locate their colleague's body. They found him in the nursery near the crib, huddled protectively over a life-sized and practically unscratched doll.

〈한글 번역〉

　나는 미국 동부에서 일어난 화재 현장에서 여러 명의 아이를 구하러 불 속으로 뛰어든 한 소방관의 이야기가 생각납니다. 그의 동료들이 다른 곳으로 불길이 번지지 않도록 화염과 싸우는 동안, 그는 건물 안으로 계속해서 들어가 아이를 하나씩 안고 나왔습니다. 다섯 번째 아이를 구하고 나서 그는 다시 그 지옥 같은 곳으로 들어갔습니다. 사람들이 그 안에 더 이상 다른 가족이 없다고 소리쳤습니다. 그러나 그는 요람에 있는 아기를 보았다고 주장했고 격렬한 불길 속으로 뛰어들어갔습니다. 그는 불과 연기 속으로 들어가자마자, 강력한 폭발이 건물을 뒤흔들어 놓았으며, 곧 건물 전체가 무너져 내렸습니다. 몇 시간 후에 동료 소방관들은 그를 찾을 수 있었습니다. 그들은 아이의 방에 있는 침대 옆에서 아기만 한 크기의 상처 하나 없는 인형을 감싸 안고 있는 그를 발견한 것입니다. -행복의 추구 중에서-

　한 권의 책만 읽는다고 할지라도 양질 독서법으로 읽게 되면 한 권의 책이 금광이 되어줍니다. 대부분의 평균 책들은 2만 원 전후 정도일 것입니다. 이만 원의 책값, 이것은 출판하기 위해 들인 원재료비나 수고비가 포함된 금액입니다. 하지만 양질독서법으로 한 권의 독서를 제대로 하게 되면 이만 원의 책값을 통해 성장하게 된 독자의 성장 값은 이억 원이 될 수도 있습니다. 필자에게는 대부분의 책이 그러한 가치를 가져다주었습니다. 여러분들에게 가장 영향력을 미친 책 중 가장 가치를 높게 생각하는 책의 가치 금액은 얼마 정도 됩니까? 독서력이 더해질수록 가치독서는 높아집니다. 독자는 책을 구매한 금액보다는 큰 유익을 얻어야 할 것입니다.

59.
독서 원리 《어린 왕자》에 적용

단 한 권의 책을 통해 삶이 변화되고 작은 일에 효율성과 생산성을 높일 수 있다면 독서의 유용성은 더 이상 강조할 필요가 없을 것입니다. 독서를 하는 분들과 모임을 하면서 공통된 특징들을 알 수 있었습니다. 좋은 책을 통해 감동 받고, 찬사를 아끼지 않는 책을 얘기하면서 자신의 실제적 삶에 적용해서 작은 변화를 일으키게 하는 것에는 상당한 거리가 있다는 것을 알게 되었습니다. 이러한 현상은 독서의 양이 많고 적고의 차이는 아니었습니다. 오히려 독서의 양이 많은 사람이 알고 느낀 것에 대해 행동으로 옮기는 것에는 더 큰 어려움을 느낀다는 것도 알게 되었습니다. 우리가 독서를 하면서도 놓치기 쉬운 부분을 에이브러햄 링컨 대통령의 일화에서 배울 수 있었습니다. 링컨 대통령은 재임 시절 매주 수요일 저녁이면 비서 한 명만 대동한 후 가까운 교회에서 목사님 연설을 들었다고 합니다. 한번은 감동적인 목사님의 설교가 끝나자 비서가 링컨 대통령에게 물었습니다. "오늘 설교가 어떠셨습니까?" 이에 대한 대답으로 링컨 대통령은 이렇게 말했다고 합니다. "설교는 훌륭했습니다. 그러나…." 비서는 "설교가 훌륭했다고 하시면서 무슨 더 필요한 게 있었을까요?" 하고 물었습니다. 링컨 대통령은 잠시 생각하시더니 이렇게 덧붙였습니다. "설교가 행동으로 이어지도록 하지는 않네요." 이 말의 뜻은 말만 감동적이고, 훌륭한 설교는 있지만 실제로 행동으로 이어지도록 하는 것의 중요성을 말해주는 일화입니다. 필자는 가끔 글만 읽는 바보처럼 느껴지는 사람들을 봅니다. 독서 모임에 모여 글과 말만으로 감동하고, 감탄하고, 내면의 허함을 겨우 채워가는 분들이 계시지만 읽는 만큼 행동과 실천이 따르지 않을 때 발전에는 언제나 한계가 있을 뿐입니다. 6가지 독서법의 원리를 실제로 단 한 권의 책에 적용해보는 시간을 가져보겠습니다. '무소유의 저자 법정 스님'께서는 《어린 왕자》를 읽지 않았거나 이 책을 좋아하지 않는 사람은 친구로 생각하지 않는다는 이 '명저'에 6가지 독서 원리를 어떻게 적용하는지를 보면서 단 한 권의 책이 주는 다양성과 독서의 맛을 제대로 이해할 수 있을 것입니다.

첫 번째, 뒷받침 독서 원리입니다. 필자는 성인이 된 후 스스로의 모습에서뿐 아니라 주변 성인들의 모습에서 동심을 잃어간다는 생각을 생활 속에서 문득문득 했습니다. 왜 사람들은 나이가 들어갈수록 좋은 성품들이 주변 환경에 많은 영향을 받는지 자주 생각했고, 성인이 되어서 《어린 왕자》라는 책을 처음으로 읽어보았습니다. 이 책은 필자가 가끔 궁금했던 생각에 관한 내용을 많이 담고 있었습니다. 더 구체적인 생각들을 어린 왕자라는 작품에서 볼 수 있는 것에 깊이 감사하게 되었습니다. 이 책의 저자는 상상력을 동원해서 어린 동심의 마음으로 사실 그대로 자신이 그린 그림에서 뱀이 코끼리를 통째로 삼킨 후 배 속에서 소화시키고 있는 그림을 그렸습니다. 자신의 작품을 어른들에게 보여 주었을 때 동심을 잃은 성인들의 반응은 이러했습니다.

〈뒷받침 독서 원리〉
"어른들은 나에게 속이 보이든, 보이지 않든 그런 보아뱀 그림 따위는 집어치우고 지리나 역사, 산수와 문법을 공부하는 게 더 나을 거라고 충고했다."

나이가 들어가면서 동심을 유지하지 못할 때 우리는 본질보다 현상만 쫓아 살아가는 경우가 많다는 것을 알게 되었습니다. 이 책은 시작 내용 부분에서 평소 필자가 나이가 들어가면서 가끔 생각한 '동심'에 대한 생각을 알게 해주었습니다. 이것이 뒷받침 독서 원리를 찾은 것입니다. 두 번째는 증거 독서 원리입니다. 사실 증거 독서 원리는 여러 책을 읽으면서 찾고 적용하는 원리입니다. 하지만 한 권의 책에서도 중요한 원리에 대해 반복해서 기술되어 있을 때 증거 독서 원리를 찾을 수 있습니다. 뒷받침 독서 원리가 모이게 되면 증거 독서 원리가 됩니다. 《어린 왕자》에는 동심을 잃은 성인들의 모습을 반복해서 찾을 수 있습니다.

〈증거 독서 원리〉
"어른들에게 새로 사귄 친구에 대해 이야기하면 정작 중요한 것은 묻지 않는다. "그 친구의 목소리는 어때? 그 친구는 무슨 놀이를 좋아하니? 나비를 채집하는 걸 좋아하니?" 이런 질문은 하지 않는다. "그 친구는 몇 살이니? 형제는 몇 명이야? 몸무게는 얼마나 나가니?

아버지는 수입이 얼마나 되니?" 이렇게 질문하고 친구가 어떤 사람인지 알고 있다고 생각한다."

동심을 잃어가는 성인은 세상을 숫자로 평가하려고만 합니다. 차의 크기, 집의 평수, 학교 성적, 수입 금액, 목적지까지 얼마나 빨리 등 동심을 잃어가는 성인들에 대해 반복해서 증거하는 내용을 통해 원리를 찾을 수 있습니다.

세 번째 '본질 독서 원리'는 글의 내용이나 어휘의 뜻 이면에 있는 것을 찾아내는 독서 원리입니다. 우리는 아침에 눈을 뜨면 눈앞에 보이는 사물들을 자연스럽게 볼 수 있기 때문에 보고 있다고 말을 하지만, 사실은 무엇을 '본다'는 의미는 다양한 해석이 가능합니다. 하나의 글을 통해 이해를 돕고자 합니다.

셜록 홈즈에서 명탐정 홈즈와 조수인 왓슨이 주고받는 대화에는 이런 내용이 있습니다.

왓슨: 자네의 설명을 듣고 보면 모든 게 어처구니없을 정도로 단순해서 나도 쉽게 할 수 있을 것 같은데, 하지만 매번 새로운 사례를 접할 때마다 자네에게 설명을 듣기 전에는 왜 감이 잡히지 않는 걸까?
홈즈: 자네는 보지만 나는 관찰한다네.

이것이 '보는 것'의 본질이 아닐까요? 《어린 왕자》 책에는 본질을 꿰뚫어 볼 수 있는 내용들이 많습니다.

〈본질 독서 원리〉

여우가 말했다. "비밀 하나를 알려 줄게. 아주 간단한 건데, 마음으로 봐야 잘 보인다는 거야. 정말 중요한 것은 눈에 보이지 않아. 안녕, 잘 가. ~ 세상에서 가장 아름다운 것들은 볼 수도 만질 수도 없고, 오직 마음으로 느낄 수도 있단다."

우리가 매일 출근하는 길에 대해서도 누군가 페인트 가게가 출근하는 길 어딘가에 있는지 물으면 다시 기억을 떠올리며 생각하게 됩니다. 매일 지나다니는 길도 사실은 유심히 보지 않고 있습니다.

〈원리 독서법〉

장례식장에서 가끔 볼 수 있는 장면이 있습니다. 집안에 할머니가 돌아가시면 자녀들은 목놓아 울며 눈물을 펑펑 쏟아냅니다. 하지만 함께 살지 않은 손자나 손녀들은 장례식장에서도 뛰어다니고 장난을 치며 웃습니다. 그런데 이 아이들도 함께 지낸 집의 강아지가 죽으면 슬픔을 느끼며 눈물을 흘립니다. 이것은 함께 보낸 대상과 보낸 시간과 추억 때문일 것입니다. 《어린왕자》에서 이런 내용의 글을 볼 수 있습니다.

"글쎄, 나는 나비들과 친해지려면 두세 마리의 애벌레는 견뎌야 해."

이 내용을 통해 '인내심'이란 원리를 생각할 수 있습니다. 아이들이 함께 지낸 강아지가 죽으면 눈물을 펑펑 흘리는 이유는 함께 산책하고, 목욕시켜주고, 오줌을 닦아주는 등의 노력을 통해 관계가 깊어지는 것입니다. 할아버지와 할머니 집을 일 년에 한두 번 방문하는 것으로는 깊은 추억이 기억 속에 자리 잡기 어렵습니다. 책임을 다할 때 감정과 함께 추억이 쌓이게 됩니다. 《어린 왕자》라는 책이 가진 위대함이 느껴지지 않습니까?

〈통찰력 독서 원리〉

필자는 사람들이 교육을 받고, 책을 읽는 이유는 '영감'을 받기 위해서임을 교육 때마다 설명합니다. 교육에 참석만 하면 그리고 책을 읽기만 하면 유익이 저절로 주어지는 것은 아닙니다. 교육을 받고 책을 읽는 이유가 명확하고, 방법이 분명하다면 큰 유익을 얻을 수 있습니다. 책을 읽는 분명한 이유는 '통찰력'을 얻고, 쌓기 위함입니다.

> "사람들은 가게에서 이미 만들어진 물건들을 사지. 하지만 우정을 살 수 있는 가게는 어디에도 없고, 그래서 사람들은 더 이상 친구가 없어."

만들어진 물건은 가게에서 살 수 있지만, 우정을 파는 가게는 없다는 이 글이 주는 '통찰력'은 우리의 상상력을 더 높일 수 있습니다. 누구나 판매하는 소비재 물품을 판매하는 사람들은 시장에서 독점권을 가질 수 없습니다. 예를 들면 비누는 다른 가게에서도 구매할 수 있습니다. 하지만 독창성을 가진 남들이 모방할 수 없는 기술이나, 상품을 가진 분들은 시장을 독점할 수 있습니다. 글을 쓰는 것도 독창성의 분야입니다. 독서를 하면서 이러한 원리를 계속 생각하며 글을 읽어야 합니다.

〈깨달음 독서 원리〉

독서를 하면서 필자에게 가장 큰 변화는 스스로를 바라볼 수 있는 객관적인 인식이라고 생각합니다. 사람들은 흔히 가족이나 친구 자신과 가까이 지내는 사람들을 가장 잘 안다고 착각을 합니다. 여기에 자신도 포함됩니다. 그러나 사실은 본인을 포함해서 자신과 가장 가까이하는 사람들에 대해 더 잘 모르는 경우가 많습니다. 다음 내용은 그러한 원리를 가르쳐 준 《어린 왕자》의 내용입니다.

> "다른 사람을 판단하는 것보다 자신을 판단하는 것이 훨씬 더 어렵습니다. 만약 여러분이 자신을 올바르게 판단하는 데, 성공한다면, 여러분은 진정한 지혜를 가진 사람입니다."

이 글의 내용을 다시 표현해 보면 지혜로운 사람은 자신을 올바르게 판단할 수 있는 능력이 있는 사람이라는 것입니다. 철학자 소크라테스도 "너 자신을 알라."고 했습니다. 독서는 결국 자신을 찾아가는 과정인 것 같습니다. 이번 장에서 6가지 독법 원리 적용 사례를 차트로 만들면 다음과 같습니다.

6가지 독서법 원리 적용

독서 원리	원리 적용	본문 내용
뒷받침 독서	평소 나이가 들어갈수록 동심은 사라지는 이유가 궁금	어른들은 나에게 속이 보이든, 보이지 않든 그런 보아뱀 그림 따위는 집어치우고 지리나 역사, 산수와 문법을 공부하는 게 더 나을 거라고 충고했다.
증거 독서	동심이 사라진 어른들의 모습	"어른들에게 새로 사귄 친구에 대해 이야기하면 정작 중요한 것은 묻지 않는다. "그 친구의 목소리는 어때? 그 친구는 무슨 놀이를 좋아하니? 나비를 채집하는 걸 좋아하니?" 이런 질문은 하지 않는다. "그 친구는 몇 살이니? 형제는 몇 명이야? 몸무게는 얼마나 나가니? 아버지는 수입이 얼마나 되니?" 이렇게 질문하고 친구가 어떤 사람인지 알고 있다고 생각한다."
본질 독서	본다는 것의 '본질'	여우가 말했다. "비밀 하나를 알려 줄게. 아주 간단한 건데, 마음으로 봐야 잘 보인다는 거야. 정말 중요한 것은 눈에 보이지 않아. 안녕, 잘 가. ~ 세상에서 가장 아름다운 것들은 볼 수도 만질 수도 없고, 오직 마음으로 느낄 수도 있단다."
원리 독서	'인내심'의 원리를 이해할 수 있는 내용	"글쎄, 나는 나비들과 친해지려면 두세 마리의 애벌레는 견뎌야 해."
통찰력 독서	사업에서 독점권을 가지기 위해서는 쉽게 카피할 수 없는 것에 대한 내용	사람들은 가게에서 이미 만들어진 물건들을 사지. 하지만 우정을 살 수 있는 가게는 어디에도 없고, 그래서 사람들은 더 이상 친구가 없어.
깨달음 독서	남을 판단하는 것보다 자신을 올바르게 판단하는 것이 어려움	다른 사람들을 판단하는 것보다 자신을 판단하는 것이 훨씬 더 어렵습니다. 만약 여러분이 자신을 올바르게 판단하는 데 성공한다면, 여러분은 진정한 지혜를 가진 사람입니다.

6가지 독서법 원리(양식)

독서 원리	원리 적용	본문 내용
뒷받침 독서		
증거 독서		
본질 독서		
원리 독서		
통찰력 독서		
깨달음 독서		

단 한 권의 책을 읽는다고 할지라도 이렇게 원리를 찾아본다면 큰 유익을 얻게 될 것입니다. 독자 여러분! 책을 '하대하십시오.' 독서 중 어떤 생각들이 스쳐 지나갈 때, 책의 빈 여백에 마음껏 기록하시길 바랍니다. 6가지 독서법 원리는 순서가 있는 것이 아닙니다. 답이 있는 것도 아닙니다. 본인이 깨달음이라고 생각하면 깨달음으로 표시를 하면 됩니다. 본인이 본질이라고 생각하면 본질이라고 기록하면 됩니다. 독서는 알게 된 만큼 실천력도 동반되어야 합니다. 그냥 책을 읽는 것이 아닙니다. 이 독서법은 바로 창의성 훈련에 큰 도움이 됩니다. 창의성 학교는 없지만, 창의성 독서는 이 교육을 통해 가능합니다. 놀라운 것입니다.

60.
1가구 1도서관 갖기 프로젝트

　독서와 영어 교육을 지도해오면서 좋은 교육을 통해 사회에 공헌할 수 있는 삶도 살아갈 수 있다는 생각을 하게 되었습니다. 우리는 소중한 가치를 지닌 것들에 대해 학창 시절 잘못된 교육으로 마음의 문을 닫았거나 잘못된 선입견과 편견을 가지게 된 것이 많습니다. 이러한 것들 중에는 손을 사용해서 글을 쓰는 것과 독서에 대한 편견입니다. 가끔 아침에 출근하면서 자녀들을 학교에 태워줄 때가 있습니다. 지각 시간을 몇 분 남겨 두고 중학생 자녀는 이렇게 말을 했습니다. '아빠, 빨리 데려다주세요.' 지각하면 노트에 '빽빽이'를 써야 해요. 이 말의 뜻은 지각하면 벌로써 연습장에 글을 종이에 여백 없이 가득 채워서 써야 한다는 것입니다. 필자가 학교에 다닐 때와 지금 교육을 받는 아이들에게 손글씨를 쓰는 것은 벌에 가깝다는 것입니다. 이러한 인식이 우리의 뇌 발달에 큰 영향을 미치는 손글씨의 중요성이 전혀 다른 방법으로 편견을 심어준다는 것입니다. 또한 독서도 마찬가지입니다. 방학이면 과제물로 책을 몇 권 읽고 독후감을 써야 하는 숙제부터 독서 논술이 학교 시험과 평가를 목적으로 수업으로 자리 잡게 되면서 졸업과 동시에 이제 인생에서 교과 과목 외에 독서가 주는 유익을 반드시 얻어야 할 시기에 소중한 것들과 담을 쌓게 된다는 것입니다. 우리도 이제 선진국 대열에 들었다는 국민 자부심이 대단합니다. 선진국이 되는 기준이 무엇일까요? 다양한 기준들이 있겠지만 필자가 생각하는 선진국의 기준은 경제적인 측면보다 독서를 통한 의식 수준과 사고력도 중요하다고 생각합니다. 사람의 의식과 사고력을 객관적으로 측정하기는 쉽지는 않을 것입니다. 하지만 한 국가의 국민이 1년 동안 읽는 독서량과 인구에 따른 도서관 수로서 선진국이 아닐까를 생각합니다. 이미 일찍부터 세계 선진국들의 특징은 도서관 수가 많다는 것입니다. 관련 자료를 참고해 주시길 바랍니다. 조금 오래전 자료이지만, 지금이나 큰 차이가 없기에 도움이 될 것입니다.

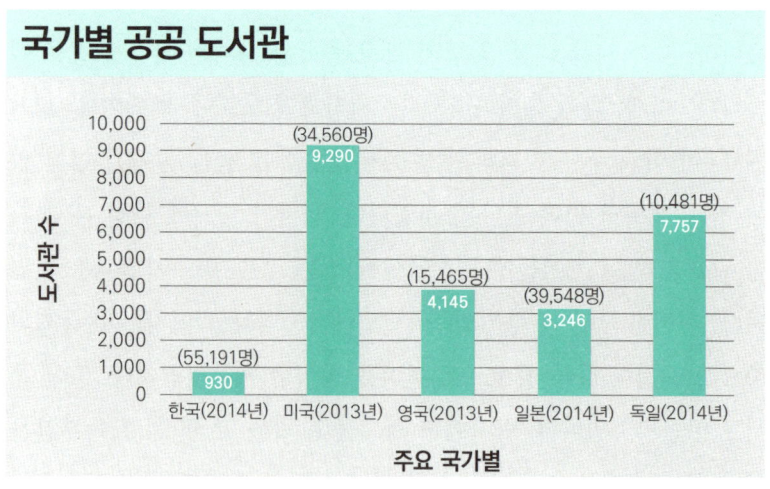

※ ( ) 안은 1관당 인구
출처: 문화체육 관광부

주요 선진국들의 도서관 수와 비교해 아직 우리나라의 도서관 수는 부족합니다. 선진국은 선진국인 이유가 있는 것 같습니다. 필자의 명함 뒷면에는 1가구 1도서관 갖기 운동을 독려하는 내용이 있습니다.

각 가정마다 거실에 멋진 책장을 준비해서 읽고 싶은 책과, 읽은 책들을 가지고 작은 도서관을 만든다면 날로 넘쳐나는 물질적 풍요로 인해 균형이 깨질 수 있는 생활을 바로 세울 좋은 기회가 될 것으로 생각합니다. 어떤 분들은 이렇게 생각하실 수도 있습니다. 온종일 전쟁과도 같은 사회생활을 벗어나서 이제 몸과 마음을 위해 휴식을 취하려고 하는데 책과 작은 도서관은 무슨 얘기냐는 생각을 하실 분도 계실 것입니다. 필자도 책을 가까이하기 전까지는 독서는 학습의 연속이거나 힘든 것으로 생각했습니다. 그런데 독서는 휴식을 위해 TV를 보거나 스마트폰을 들여다보는 것보다 훨씬 편안함과 유익함을 가져다주었습니다. 독서가 스트레스 해소에 가장 큰 도움이 된다는 연구 결과도 있습니다.

"영국의 한 대학 인지심리학과 데이비드 루이스 박사팀의 연구 결과 독서, 산책, 음악 감상, 게임, 커피 마시기 등 스트레스를 푸는 방법으로 흔히 떠올리는 활동 중 가장 효과가 좋은 것은 바로 '독서'라는 사실을 연구 결과를 통해 알렸습니다. 6분 정도 독서를 하면 스트레스의 68%가 감소되며, 근육과 긴장이 풀어질 뿐만 아니라 심박수가 낮아지는 것으로 밝혀졌습니다."

'독서는 책장을 만드는 순간부터 시작된다.'라고 했습니다. '장미의 이름'을 쓴 작가 움베르코 에코는 '책을 사서 책장에 꽂아만 둬도 그 책이 머리에 옮겨간다.'라고 했습니다. 거실에 놓인 TV를 없애고 가족들의 작은 도서관을 만들어 본다면 삶의 주체가 전자기기나 다른 사람에서 나와 우리 가족 구성원이 될 것입니다. 사람들이 혼자 있는 것을 좋아하는 것이 아니라 함께 할 수 있는 공감대가 없는 것입니다. 월드컵 축구 대회가 개최되는 연도에는 분명히 함께 모여서 응원해야 할 이유가 명확하기에 사람들은 함께 모여 행복을 나눕니다. 사람들은 '의미'를 찾고 싶어 합니다. 대화의 의미, 노력해야 할 의미, 행동해야 할 의미가 명확할 때 사람은 모든 어려움도 참고 견뎌낼 수 있습니다. 1가구 1도서관 갖기 운동에서 실행을 위해 '의미'를 찾아보시길 바랍니다. 이 책을 통해 20세기에 태어난 사람들은 영어를 외국어로 배웠지만, 21세기에 태어난 모든 사람에게는 모국어나 공용어가 되어야 한다고 주장했습니다. 독서와 영어를 분리해서 생각할 필요가 없습니다. 지금까지 제안한 방법으로 영어 독서를 하면 가장 훌륭한 조합임을 이해하실 것입니다.

교육 종류 및 상담 안내

　이 책 1~2장에서는 한국 영어 교육의 문제점과 해결 방법에 관해 기술하였습니다. 그리고 3장에서는 양질 독서법을 통해 변화를 경험할 수 있는 독서 원리를 소개하였습니다. 영어 습득과 독서법을 간단히 정리하면 첨부한 차트와 같습니다. 이 원리는 영어 습득과 개인 성장 독서에 바로 적용해 볼 수 있습니다. 평범함에서 위대함으로, 큰 변화를 이루게 될 것입니다.

영어와 독서 원리

영어교육	독서 원리
음절 교육	뒷받침 독서
연결고리	증거 독서
가지 뻗기	본질 독서
교수법	원리 독서
개인 추적관리	깨달음 독서
영어교육의 표준	통찰력 독서

　영어 교육원리와 독서 원리를 통해 본인의 발전은 물론이고 교육

창업에 관심이 있으신 분들은 첨부한 자료를 통해 볼 수 있는 교육 내용에 직접 참여할 수 있습니다. 이 교육에 대해 더 많은 관심이 있으신 분들은 언제든 연락 부탁드립니다. 친절히 안내해 드리겠습니다.

교육 및 상담 신청

교육 구분	교육 기간	대상	교육 특징
영어 자기 주도 학습	1일 6시간 과정	초등~성인	영어를 스스로 습득하는 방법과 습관 교육
영어 강사 자격 과정	2박 3일 과정	성인	효과적인 영어 지도 방법 교육
영어 창업 과정	3박 4일 과정	성인	교육사업 및 창업 과정 교육
6시간 독서 원리	1일 6시간 과정	초등~성인	성장 독서 교육
영어와 독서	1일 8시간 과정	초등~성인	영어 습득 방법과 성장 독서 교육

교육 상담 및 신청

메일: passoffeducation@naver.com

연락처: 010-4840-3101